————————————经 典 文 集

季羡林经典文集

季羡林自传——

季羡林 / 著

北方联合出版传媒（集团）股份有限公司
万卷出版公司
2017年·沈阳

ⓒ 季羡林 2015

图书在版编目（CIP）数据

季羡林自传 / 季羡林著. — 沈阳：万卷出版公司，2015.3（2017.11 重印）
　　（季羡林经典文集 / 巫晓燕主编）
　　ISBN 978-7-5470-3396-8

　　Ⅰ . ①季… Ⅱ . ①季… Ⅲ . ①季羡林（1911 ~ 2009）—自传 Ⅳ . ① K825.4

中国版本图书馆 CIP 数据核字 (2014) 第 249316 号

出版发行：北方联合出版传媒（集团）股份有限公司
　　　　　万卷出版公司
　　　　　（地址：沈阳市和平区十一纬路 25 号　邮编：110003）
印 刷 者：沈阳绿洲印刷有限公司
经 销 者：全国新华书店
幅面尺寸：145mm×210mm
字　　数：270 千字
印　　张：12
出版时间：2015 年 3 月第 1 版
印刷时间：2017 年 11 月第 3 次印刷
责任编辑：高　爽
封面设计：任展志
版式设计：任展志
责任校对：侯俊华
ISBN 978-7-5470-3396-8
定　　价：34.80 元

联系电话：024-23284090
邮购热线：024-23284050
传　　真：024-23284521
E - m a i l：vpc_tougao@163.com
腾讯微博：http://t.qq.com/wjcbgs

目　录

我的童年

中学时光

回到祖国

《牛棚杂忆》节选

耄耋之年

我的童年

回忆起自己的童年来,眼前没有红,没有绿,是一片灰黄。

最穷的村中最穷的家

20世纪初期的中国，刚刚推翻了清朝的统治，神州大地，一片混乱，一片黑暗。我最早的关于政治的回忆，就是"朝廷"二字。当时的乡下人管当皇帝叫坐朝廷，于是"朝廷"二字就成了皇帝的别名。我总以为朝廷这种东西似乎不是人，而是有极大权力的玩意儿。乡下人一提到它，好像都肃然起敬，我当然更是如此。总之，当时皇威犹在，旧习未除，是大清帝国的继续，毫无万象更新之象。

我就是在这新旧交替的时刻，于1911年8月6日，生于山东省清平县（现改临清市）的一个小村庄——官庄。当时全中国的经济形势是南方富而山东（也包括北方其他省份）穷。专就山东论，是东部富而西部穷。我们县在山东西部又是最穷的县，我们村在穷县中是最穷的村，而我们家在全村中又是最穷的家。

父辈们

我们家据说并不是一向如此。在我诞生前似乎也曾有过比较好的日子。可是我降生时祖父、祖母都已去世。我父亲的亲兄弟共有三人，最小的一个（大排行是第十一）送给了别人，改了姓。我父亲同另外的一个弟弟（九叔）孤苦伶仃，相依为命。房无一间，地无一垄，两个无父无母的孤儿，活下去是什么滋味，活着是多么困难，概可想见。他们的堂伯父是一个举人，是方圆几十里最有学问的人物，做官做到一个什么县的教谕，也算是最大的官。他曾养育过我父亲和叔父，据说待他们很不错。可是家庭大，人多是非多。他们俩有几次饿得到枣林里去捡落到地上的干枣充饥。最后还是被迫弃家（其实已经没了家）出走，兄弟俩逃到济南去谋生。"文化大革命"中我自己"跳出来"反对那一位臭名昭著的"第一张马列主义大字报"的作者，惹得她大发雌威，两次派人到我老家官庄去调查，一心一意要把我"打成"地主。老家的人告诉那几个"革命"小将，说如果开诉苦大会，季羡林是官庄的第一名诉苦者，他连贫农都不够。

我父亲和叔父到了济南以后，人地生疏，拉过洋车，扛过大件，当过警察，卖过苦力。叔父最终站住了脚。于是兄弟俩一商量，让我父亲回老家，叔父一个人留在济南挣钱，寄钱回家，供我的父亲过日子。

每天最高的享受

我出生以后，家境仍然是异常艰苦。一年吃白面的次数有限，平常只能吃红高粱面饼；没有钱买盐，把盐碱地上的土扫起来，在锅里煮水，腌咸菜；什么香油，根本见不到。一年到底，就吃这种咸菜。举人的太太，我管她叫奶奶，她很喜欢我。我三四岁的时候，每天一睁眼，抬腿就往村里跑（我们家在村外），跑到奶奶跟前，只见她把手一卷，卷到肥大的袖子里面，手再伸出来的时候，就会有半个白面馒头拿在手中，递给我。我吃起来，仿佛是龙胆凤髓一般，我不知道天下还有比白面馒头更好吃的东西。这白面馒头是她的两个儿子（每家有几十亩地）特别孝敬她的。她喜欢我这个孙子，每天总省下半个，留给我吃。在长达几年的时间内，这是我每天最高的享受，最大的愉快。

大概四五岁的时候，对门住的宁大婶和宁大姑，每到夏秋收割庄稼的时候，总带我走出去老远到别人割过的地里去拾麦子或者豆子、谷子。一天辛勤之余，可以捡到一小篮麦穗或者谷穗。晚上回家，把篮子递给母亲，看样子她是非常喜欢的。有一年夏天，大概我拾的麦子比较多，她把麦粒磨成面粉，贴了一锅死面饼子。我大概是吃出味道来了，吃完了饭以后，我又偷了一块吃，让母亲看到了，赶着我要打。我当时是赤条条浑身一丝不挂，我逃到房后，往水坑里一跳。母亲没有法子下来捉我，我就站在水中把剩下的白面饼子尽情地享受了。

现在写这些事情还有什么意义呢？这些芝麻绿豆般的小事是不折不扣的身边琐事，使我终生受用不尽。它有时候能激励我前进，有时候能鼓舞我振作。我一直到今天对日常生活要求不高，对吃喝从不计较，难道同我小时候的这一些经历没有关系吗？我看到一些独生子女的父母那样溺爱子女，也颇不以为然。儿童是祖国的花朵，花朵当然要爱护；但爱护要得法，否则无异于坑害子女。

开始认字

　　不记得是从什么时候起我开始学着认字，大概也总在四岁到六岁之间。我的老师是马景功先生。现在我无论如何也记不起有什么类似私塾之类的场所，也记不起有什么《百家姓》《千字文》之类的书籍。我那一个家徒四壁的家就没有一本书，连带字的什么纸条子也没有见过。反正我总是认了几个字，否则哪里来的老师呢？马景功先生的存在是不能怀疑的。

　　虽然没有私塾，但是小伙伴是有的。我记得最清楚的有两个：一个叫杨狗，我前几年回家，才知道他的大名，他一字不识；另一个叫哑巴小（意思是哑巴的儿子），我到现在也没有弄清楚他姓甚名谁。我们三个天天在一起玩儿水，打枣，捉知了，摸虾，不见不散，一天也不间断。后来听说哑巴小当了山大王，练就了一身蹿房越脊的惊人本领，能用手指抓住大庙的椽子，浑身悬空，围绕大殿走一周。有一次他被捉住，是十冬腊月，赤身露体，浇上凉水，被捆起来，倒挂一夜，仍然能活着。据说他从来不到官庄来作案，"兔子不吃窝边草"，这是绿林英雄的义气。后来他终于被捉杀掉。我每次想到这样一个光着屁股游玩的小伙伴竟成为这样一个"英雄"，就颇有骄傲之意。

1997年，季羡林先生回到故乡，来到林清官庄小学，与孩子们的合影。

离开故乡

在故乡只待了六年，我能回忆起来的事情还多得很，但是我不想再写下去了。已经到了同我那一个一片灰黄的故乡告别的时候了。

我六岁那一年，是在春节前夕，公历可能已经是 1917 年，我离开父母，离开故乡。是叔父把我接到济南去的。叔父此时大概日子已经可以了，他兄弟俩只有我一个男孩子，想把我培养成人，将来能光大门楣，只有到济南去一条路。这可以说是我一生中最关键的一个转折点，否则我今天仍然会在故乡种地（如果我能活着的话），这当然算是一件好事。但是好事也会有成为坏事的时候。"文化大革命"中间，我曾想到：如果我叔父不把我从故乡接到济南的话，我总能过一个浑浑噩噩但却舒舒服服的日子，哪能被"革命家"打倒在地，身上踏上一千只脚还要永世不得翻身呢？呜呼，世事多变，人生易老，真叫作没有法子!

到了济南以后，过了一段难过的日子。一个六七岁的孩子离开母亲，他心里会是什么滋味，非有亲身经历者，实难体会。我曾有几次从梦里哭着醒来。尽管此时不但能吃上白面馒头，而且还能吃上肉，但是我宁愿再啃红高粱饼子就苦咸菜。这种愿望当然只是一个幻想。我毫无办法，久而久之，也就习以为常了。

叔父望子成龙，对我的教育十分关心。先安排我在一个私塾里学习。老师是一个白胡子老头儿，面色严峻，令人见而生畏。每天入学，先向孔子牌位行礼，然后才是"赵钱孙李"。

……

进入一师附小

第二年，我就上了一师附小，地点在南城门内升官街西头。所谓"升官街"，与升官发财毫无关系。"官"是"棺"的同音字，这一条街上棺材铺林立，大家忌讳这个"棺"字，所以改谓升官街，礼也。

附小好像是没有校长，由一师校长兼任。当时的一师校长是王士栋，字祝晨，绰号"王大牛"。他是山东教育界的著名人物。民国一创建，他就是活跃的积极分子，担任过教育界的什么高官，同鞠思敏先生等同为山东教育界的元老，在学界享有盛誉。当时，一师和一中并称，都是山东省立重要的学校，因此，一师校长也是一个重要的职位。在一个七八岁的小学生眼中，校长宛如在九天之上，可望而不可即。可是命运真正会捉弄人，十六年以后的1934年，我在清华大学毕业后到山东省立济南高中来教书，王祝晨老师也在这里教历史，我们成了平起平坐的同事。在王老师方面，在一师附小时，他根本不会知道我这样一个小学生。他对此事，决不会有什么感触。而在我呢，情况却迥然不同，一方面我对他执弟子礼甚恭，一方面又是同事，心里直乐。

我大概在一师附小只待了一年多，不到两年，因为在我的记忆中换过一次教室，足见我在那里升过一次级。至于教学的情况，老师的情况，则一概记不起来了。唯一的残留在记忆中的一件小事，就是认识了一个"盔"字，也并不是在国文课堂上，而是在手工课堂上。老师教我们用纸折叠东西，其中有一个头盔，知道我们不会写这个字，所以用粉笔写在黑板上。这事情发生在一间大而长的教室中，室中光线不好，有点暗淡，学生人数不少，教员写完了这个字以后，回头看学生，戴着近视眼镜的脸上，有一丝笑容。

我在记忆里深挖，再深挖，实在挖不出多少东西来。学校的整个建筑，一团模糊。教室的情况，如云似雾。教师的名字，一个也记不住。学习的情况，如海上三山，糊里糊涂。总之是一点儿具体的影像也没有。我只记得，李长之是我的同班。因为他后来成了名人，所以才记得清楚。当时对他的印象也是模糊不清的。最奇怪的是，我记得一个叫卞蕴珩的同学。他大概是长得非常漂亮，行动也极潇洒。对于一个七八岁的孩子来说，男女外表的美丑，他们是不关心的。可不知为什么，我竟记住了卞蕴珩，只是这个名字我就觉得美妙无比。此人后来再没有见过。对我来说，他成为一条神龙。

转入新育小学

　　然而，世事多变，风云突起，为了一件没有法子说是大是小的、说起来简直是滑稽的事儿，我离开了一师附小，转了学。原来，当时已是五四运动风起云涌的时候，而一师校长王祝晨是新派人物，立即起来响应，改文言为白话。忘记了是哪个书局出版的国文教科书中选了一篇名传世界的童话《阿拉伯的骆驼》，内容讲的是：在沙漠大风暴中，主人躲进自己搭起来的帐篷，而把骆驼留在帐外。骆驼忍受不住风沙之苦，哀告主人说："只让我把头放在帐篷里行不行？"主人答应了。过了一会儿，骆驼又哀告说："让我把前身放进去行不行？"主人又答应了。又过了一会儿，骆驼又哀告说："让我全身都进去行不行？"主人答应后，自己却被骆驼挤出了帐篷。童话的意义是非常清楚的。但是天有不测风云，这篇课文竟让叔父看到了。他大为惊诧，高声说："骆驼怎么能说话呢？荒唐！荒唐！转学！转学！"

于是我立即转了学。从此一师附小只留在我的记忆中了。

我从一师附小转学出来，转到了新育小学，时间是在 1920 年，我九岁。我同一位长我两岁的亲戚同来报名。面试时我认识了一个"骡"字，定在高小一班。我的亲戚不认识，便定在初小三班，少我一年。一字之差，我争取了一年。

新育小学的教员和职员

　　按照班级的数目，全校教员应该不少于十几个的，但是，我能记住的只有几个。

　　我们的班主任是李老师。我从来就不关心他叫什么名字。小学生对老师的名字是不会认真去记的。他大概有四十多岁，在一个九岁孩子的眼中就算是一个老人了。他人非常诚恳忠厚，朴实无华，从来没有训斥过学生，说话总是和颜悦色，让人感到亲切。他是我一生最难忘的老师之一。当时的小学教员，大概都是教多门课程的，什么国文、数学（当时好像是叫算术）、历史、地理等课程都一锅煮了。因为程度极浅，用不着有多么大的学问。一想到李老师，就想起了两件事。一件是，某一年初春的一天，大圆池旁的春草刚刚长齐，天上下着小雨，"沾衣欲湿杏花雨，吹面不寒杨柳风"。李老师带着我们全班到大圆池附近去种菜，自己挖地，自己下种，无非是扁豆、芸豆、辣椒、茄子之类。顺便说一句，当时西红柿还没有传入济南，北京如何，我不知道。当时碧草如茵，嫩柳鹅黄，一片绿色仿佛充塞了宇宙，伸手就能摸到。我们蹦蹦跳跳，快乐得像一群初入春江的小鸭。这是我一生三万多天中最快活的一天。至今回想起来还兴奋不已。另一件事是，李老师辅导我们英文。认识英文字母，他有妙法。他说，英文字母 f 就像一只大马蜂，两头长，中间腰细。这个比喻，我至今不忘。我不记得课堂上的英文是怎样教的，但既然李老师辅导我们，则必然有这样一堂课无疑。好像还有一个英文补习班。

另一位教员是教珠算（打算盘）的，好像是姓孙，名字当然不知道了。此人脸盘长得像知了，知了在济南叫 Shao qian，就是蝉，因此学生们就给他起了一个外号，叫 Shao qian，我到现在也不知道这两个字怎样写。此人好像是一个"迫害狂"，一个"法西斯分子"，对学生从来没有笑脸。打算盘本来是一个技术活，原理并不复杂，只要稍加讲解，就足够了，至于准确纯熟的问题，在运用中就可以解决。可是这一位 Shao qian 公，对初学的小孩子制定出了极残酷不合理的规定：打错一个数，打一板子。在算盘上差一行，就差十个数，结果就是十板子。上一堂课下来，每个人几乎都得挨板子。如果错到几十个到一百个数，那板子不知打多久才能打完。有时老师打累了，才板下开恩。那时候体罚被认为是合情合理的，八九十来岁的孩子到哪里去告状呀！而且"造反有理"的最高指示还没有出来。

那时候，新育已经有男女同学，还有缠着小脚去上学的女生，大家也不以为怪。大约在我高小二年级时，学校里忽然来了一个女教师，年纪不大，教美术和音乐。我们班没有上过她的课，不知姓甚名谁。除了她新来时颇引起了一阵街谈巷议之外，不久也就习以为常了。

至于职员，我们只认识一位，是管庶务的。我们当时都写大字，叫作写"仿"。仿纸由学生出钱，学校代买。这一位庶务，大概是多克扣了点儿钱，买的纸像大便用的手纸一样粗糙。山东把手纸叫草纸。学生们就把"草纸"的尊号赏给了这一位庶务先生。

在我的小学和中学中，新育小学不能说是一所关键的学校。可是不知为什么，我对在新育三年的记忆特别清楚。一闭眼，一幅完整的新育图景就展现在我的眼前，仿佛是昨天才离开那里似的，校舍和人物，以及我的学习和生活，巨细无遗，均深刻地印在我的记忆中。更奇怪的是，我上新育与上一师附小紧密相连，时间不过是几天的工夫，而后者则模糊成一团，几乎是什么也记不起来。其原因到现在我也无法解释。

新育三年，斑斓多彩。

在新育小学学习的一般情况

我是不喜欢念正课的。对所有的正课,我都采取对付的办法。上课时,不是玩儿小动作,就是不专心致志地听老师讲,脑袋里不知道在想些什么,常常走神儿,斜眼看到教室窗外四时景色的变化:春天繁花似锦,夏天绿柳成荫,秋天风卷落叶,冬天白雪皑皑。旧日有一首诗:"春天不是读书天,夏日迟迟正好眠,秋有蚊虫冬有雪,收拾书包好过年。"可以为我写照。当时写作文都用文言。语言障碍当然是有的。最困难的是不知道怎样起头。老师出的作文题写在黑板上,我立即在作文簿上写上"人生于世"四个字,下面就穷了词儿,仿佛永远要"生"下去似的。以后憋好久,才能憋出一篇文章。万没有想到,以后自己竟一辈子舞笔弄墨,逐渐体会到,写文章是要讲究结构的,而开头与结尾最难。这现象在古代大作家笔下经常可见。然而,到了今天,知道这种情况的人似乎已不多了。也许有人竟以为这是怪论，是迂腐之谈，我真欲无言了。有一次作文，我不知从什么书里抄了一段话："空气受热而上升，他处空气来补其缺，遂流动而成风。"句子通顺，受到了老师的赞扬。可我一想起来，心里就不是滋味，愧悔有加。在今天，这也可能算是文坛的腐败现象吧。可我只是个十岁的孩子，不知道什么叫文坛，我一不图名，二不图利，完全为了好玩儿。但自己也知道，这样做是不对的，所以才愧悔。从那以后，一生中再没有剽窃过别人的文字。

小学也是每学期考试一次。每年两次，三年共有六次，我的名次总盘旋在甲等三四名和乙等前几名之间。甲等第一名被一个叫李玉和的同学包办，他比我大几岁，是一个拼命读书的学生。我从来也没有争第一名的念头，我对此事极不感兴趣。根据我后来的经验，小学考试的名次对一个学生一生的生命历程没有多少影响，家庭出身和机遇影响更大。

我一生自认为是一个性格内向的人，可是现在回想起来，我在新育小学时期，一点儿也不内向，而是外向得很。我喜欢打架，欺负人，也被人欺负。有一个男孩子，比我大几岁，个子比我高半头，总好欺负我。最初我有点怕他，他比我劲儿大。时间久了，我忍无可忍，同他干了一架。他个子高，打我的上身。我个子矮，打他的下身。后来搂抱住滚在双杠下面的沙土堆里，有时候他在上面，有时候我也在上面，没有决出胜负。上课铃响了，各回自己的教室，从此他再也不敢欺负我，天下太平了。

我却反过头来又欺负别的孩子。被我欺负得最厉害的是一个名叫刘志学的小学生，岁数可能比我小，个头差不多，但是懦弱无能，一眼被我看中，就欺负起他来。根据我的体会，小学生欺负人并没有任何原因，也没有什么仇恨，只是个人有劲使不出，无处发泄，便寻求发泄的对象了。刘志学就是我寻求的对象，于是便开始欺负他，命令他跪在地下，不听就拳打脚踢。如果他鼓起勇气，抵抗一次，我也许就会停止，至少是会收敛一些。然而他是个窝囊废，一丝抵抗的意思都没有。这当然更增加了我的气焰，欺负的次数和力度都增加了。刘志学家同婶母是拐弯抹角的亲戚。他向家里告状，他父母便来我家告状。结果是我挨了婶母一阵数落，这一幕悲喜剧才告终。

从这一件小事来看，我无论如何也不能算是一个内向的孩子。怎么会一下子转成内向了呢？这问题我从来没有想到过。现在忽然想起来了，也就顺便给它一个解答。我认为，《三字经》中有两句话："性相近，习相远。""习"是能改造"性"的。我六岁离开母亲，童心的发展在无形中受到了阻碍。我能躺在一个非母亲的人的怀抱中打滚撒娇吗？这是不能够想象的。我不能说，叔婶虐待我，那样说是谎言；但是在日常生活中小小的歧视，却是可以感觉得到的。比如说，做衣服，有时就不给我做。在平常琐末的小事中，偏心自己的亲生女儿，这也是人之常情，不足为怪。一个七八岁的孩子对于这些事情并不敏感。但是，积之既久，在自己潜意识中难免留下些印记，从而影响到自己的行动。我清晰地记得，向婶母张口要早点钱，在我竟成了难题。有一个夏天的晚上，我们都在院子里铺上席，躺在上面纳凉。我想到要早点钱，但不敢张口，几次欲言又止，最后时间已接近深夜，才鼓起了最大的勇气，说要几个小制钱。钱拿到手，心中狂喜，立即躺下，进入黑甜乡，睡了一整夜。对一件事来说，这样的心理状态是影响不大的。但是时间一长，性格就会受到影响。我觉得，这个解释是合情合理的。

看杀人

济南地势，南高北低。到了夏天下大雨的时候，城南群山的雨水汇流成河，顺着一条大沙沟，奔腾而北，进了圩子墙，穿过朝山街、正觉寺街等马路东边房子后面的水沟，再向前流去，济南人把这一条沙沟叫"山水沟"。

新育小学坐落在南圩子门里，圩子门是朝山街的末端。出圩子门向右拐，有一条通往齐鲁大学的大道。大道中段要经过上面提到的山水沟，右侧有一座小小的龙王庙，左侧则是一大片荒滩，对面土堤很高，这里就是当时的刑场，是处决犯人的地方。犯人出发的地方是城里院东大街路北山东警察厅内的监狱。出大门向右走一段路，再左拐至舜井街，然后出南城门，经过朝山街，出南圩子门，照上面的说法走，就到了目的地。

朝山街是我上学必经之路。有时候，看到街道两旁都挤满了人，就知道，今天又要杀人了。我于是立即兴奋起来，把上学的事早已丢到九霄云外去了。挤在人群里，伸长了脖子，等候着，等候着。此时，只有街道两旁人山人海，街道中间则既无行人，也无车马。不久，看到一个衣着破烂的人，喝得醉醺醺的，右肩背着一支步枪，慢腾腾地走了过去。大家知道，这就是刽子手。再过不久，就看到大队警察，簇拥着待决的囚犯，一个或多个，走了过来。囚犯是五花大绑，背上插着一根木牌，上面写着他的名字，名字上面用朱笔画上了一个红叉。在"十年浩劫"中，我的名字也曾多次被"老佛爷"的鹰犬们画上红叉，表示罪该万死的意思。红卫兵们是很善于学习的。闲言少叙，书归正传。且说犯人过去了以后，街上的秩序立即大乱。人群纷纷向街中间，拥拥挤挤，摩肩接踵，跟着警察大队，挤出南圩子门，纷纷抢占制高点，能清晰地看到刑场的情况，但又不敢离得太近，理由自明。警察押着犯人走向刑场，犯人面南跪在高崖下面，枪声一响，仪式完毕，警察撤走。这时一部分群众又拥向刑场，观看躺在地上的死尸。枪毙土匪，是没有人来收尸的。我们几个顽皮的孩子当然不甘落后，也随着大家往前拥。经过了这整个过程，才想起上学的事来。走回学校，免不了受到教员的斥责。然而却决不改悔，下一次碰到这样的事，仍然照看不误。

当时军阀混战，中原板荡。农村政权，形同虚设。县太爷龟缩在县城内，广大农村地区不见一个警察，坏人或者为穷所逼铤而走险的人，变成了土匪（山东话叫"老缺"），横行乡里。从来没听说，哪一帮土匪劫富济贫，替天行道。他们绑票勒索，十分残酷。我的一个堂兄林字辈的第一人季元林，家里比较富裕，被土匪绑走，勒索巨款。家人交上了赎票的钱，但仍被撕票，家人找到了他的尸体，惨不忍睹，双眼上各贴一张狗皮膏药，两耳中灌满了蜡烛油。可见元林在匪穴中是受了多么大的痛苦。这样的土匪偶尔也会被捉住几个，送到济南来，就演出一出上面描写的那样的悲喜剧。我在新育三年，这样的剧颇看了不少。对一个十一二岁的孩子来说，了解社会这一方面的情况，并无任何坏处。

旧社会有定期举行的买卖骡马的集市。新育小学大门外空地上就有这样的马市。忘记是多久举行一次了。到了这一天，空地上挤满了人和马、骡、驴等，不记得有牛。这里马嘶驴鸣，人声鼎沸，一片繁忙热闹的景象。骡马的高低肥瘦，一看便知；但是年龄却是看不出来的，经纪人也自有办法。骡、马、驴都是吃草的动物，吃草要用牙，草吃多了，牙齿就受到磨损。专家们从牙齿磨损的程度上就能看出它们的年龄。于是，在看好了骡马的外相之后，就用手扒开它们的嘴，仔细观看牙齿。等到这一些手续都完了以后，就开始讨价还价了。在这里，不像在蔬菜市场上或其他市场上那样，用语言，用嘴来讨价还价，而是用手，经纪人和卖主或他的经纪人，把手伸入袖筒里，用手指头来讨论价格，口中则一言不发。如果袖筒中价钱谈妥，则退出手来，交钱牵牲口。这些都是没有见过世面的"下等人"，不懂开什么香槟酒来庆祝胜利。甚至有的价格还抵不上一瓶昂贵的香槟酒。如果袖筒空谈没有结果，则另起炉灶，找另外的人去谈了。至于袖筒中怎样谈法，这是经纪人垄断的秘密，我们局外人是无法知道的。这同中国佛教禅宗的薪火相传，颇有些类似之处。

学英文

我在上面曾说到李老师辅导我们学英文字母的事情。英文补习班似乎真有过，但具体的情况则完全回忆不起来了。时间大概是在晚上。我的记忆中有很清晰的一幕：在春天的晚间，上过课以后，在校长办公室高房子前面的两座花坛中间，我同几个小伙伴在说笑，花坛里的芍药或牡丹的大花朵和大叶子，在暗淡的灯光中，分不清红色和绿色，但是鼻子中似乎能嗅到香味。芍药和牡丹都不以香名。唐人诗"国色朝酣酒，天香夜染衣"，其中用"天香"二字，似指花香。不管怎样，当时，在料峭的春夜中，眼前是迷离的花影，鼻子里是淡淡的清香，脑袋里是刚才学过的英文单词，此身如遗世独立。这一幅电影画面以后常在我眼前展现，至今不绝。我大概确实学了不少的英文单词，毕业后报考正谊中学时，不意他们竟考英文，内容是翻译几句话："我新得了一本书，已经读了几页；不过有些字我不认识。"我大概是翻出来了，所以才考了一个一年半级。

国文竞赛

有一年，在秋天，学校组织全校学生游开元寺。

开元寺是济南名胜之一，坐落在千佛山东群山环抱之中。这是我经常来玩儿的地方。寺上面的大佛头尤其著名，是把一面巨大的山崖雕凿成了一个佛头，其规模虽然比不上四川的乐山大佛，但是在全国的石雕大佛中也是颇有一点名气的。从开元寺上面的山坡上往上爬，路并不崎岖，爬起来比较容易。爬上一刻钟到半个小时就到了佛头下。据说佛头的一个耳朵眼里能够摆一桌酒席。我没有试验过，反正其大可想见了。从大佛头再往上爬，山路当然更加崎岖，山石当然更加亮滑，爬起来颇为吃力。我曾爬上来过多次，颇有驾轻就熟之感，感觉不到多么吃力，爬到山顶上，有一座用石块垒起来的塔似的东西。从济南城里看过，好像是一个橛子，所以这一座山就得名橛山。同泰山比起来，橛山不过是小巫见大巫；但在济南南部群山中，橛山却是鸡群之鹤。登上山顶，望千佛山顶如在肘下，大有"一览众山小"之慨了。可惜的是，这里一棵树都没有，不但没有松柏，连槐柳也没有，只有荒草遍山，看上去有点童山濯濯了。

从槲山山顶，经过大佛头，走了下来，地势渐低，树木渐多，走到一个山坳里，就是开元寺。这里松柏参天，柳槐成行，一片浓绿，间以红墙，仿佛在沙漠里走进了一片绿洲。虽然大庙那样的琳宫梵宇、崇阁高塔在这里找不到；但是也颇有几处佛殿，佛像庄严。院子里有一座亭子，名叫静虚亭。最难得最引人注目的是一泓泉水，在东面石壁的一个不深的圆洞中。水不是从下面向上涌，而是从上面石缝里向下滴，积之既久，遂成清池，名之曰"秋棠池"，洞中水池的东面岸上长着一片青苔，栽着数株秋海棠。泉水是上面群山中积存下来的雨水，汇聚在池上，一滴一滴地往下滴。泉水甘甜清冽，冬不结冰。庙里住持的僧人和络绎不绝的游人，都从泉中取水喝。此水煮开泡茶，也是茶香水甜，不亚于全国任何名泉。有许多游人是专门为此泉而来开元寺的。我个人很喜欢开元寺这个地方，过去曾多次来过。这一次随全校来游，兴致仍然极高，虽归而兴未尽。

回校后，学校出了一个作文题目《游开元寺记》，举行全校作文比赛，把最好的文章张贴在教室西头走廊的墙壁上。前三名都为我在上面提到过的从曹州府来的三位姓李的同学所得。第一名作文后面老师的评语是"颇有欧苏真气"。我也榜上有名，但却在八九名之后了。

中学时光

　　我对新育小学的回忆，就到此为止了。我写得冗长而又拉杂。这对今天的青少年们，也许还会有点儿好处，他们可以通过我的回忆了解一下七十年前的旧社会，从侧面了解一下中国近现代史，对我自己来说，在写作的过程中，我仿佛又回到了七十多年前，又变成了一个小孩子，重新度过那可爱而实际上又并不怎么可爱的三年。

进入正谊中学

　　在过去的济南，正谊中学最多只能算是一所三流学校，绰号"破正谊"，与"烂育英"凑成一对，成为难兄难弟。但是，正谊三年毕竟是我生命中的一个阶段，即使不是重要的阶段，也总能算是一个有意义的阶段。因此，我在过去写的许多文章中都谈到了正谊；但是，谈得很不全面，很不系统。现在想比较全面地，比较系统地叙述一下我在正谊三年的过程。

　　正谊中学坐落在济南大明湖南岸阎公祠（阎敬铭的纪念祠堂）内。原有一座高楼还保存着，另外又建了两座楼和一些平房。这些房子是什么时候建造的，我不清楚，也没有研究过。校内的景色是非常美的，特别是北半部靠近原阎公祠的那一部分。绿杨撑天，碧水流地。一条清溪从西向东流，尾部有假山一座，小溪穿山而过。登上阎公祠的大楼，可以看到很远的地方，向北望，大明湖碧波潋滟，水光接天。夏天则是荷香十里，绿叶擎天。向南望，是否能看到千佛山，我没有注意过。我那时才十三四岁，旧诗读得不多，对古代诗人对自然美景的描述和赞美，不甚了了，也没有兴趣。我的兴趣是在大楼后的大明湖岸边上。每到夏天，湖中长满了芦苇。芦苇丛中到处是蛤蟆和虾。这两种东西都是水族中的笨伯。在家里偷一根针，把针尖砸弯，拎上一条绳，顺手拔一枝苇子，就成了钓竿似的东西。蛤蟆端坐在荷叶上。你只需抓一只苍蝇，穿在针尖上，把钓竿伸向它抖上两抖，蛤蟆就一跃而起，意思是想扑捉苍蝇，然而却被针尖钩住，提上岸来。我也并不伤害它，仍把它放回水中。有了这个教训的蛤蟆是否接受教训，不再上当，我没法研究。这疑难问题，虽然比不上相对论，但要想解开也并不容易，只有请美国科学家们代劳了。最笨的还是虾。这种虾是长着一对长夹的那一种，齐白石画的虾就是这样的。对付它们，更不费吹灰之力，只需顺手拔一枝苇子，看到虾，往水里一伸，虾们便用长夹夹住苇秆，死不放松，让我拖出水来。我仍然把它们再放回水中。我是醉翁之意不在酒，而在戏耍也。上下午课间的几个小时，我就是这样打发的。

我家住在南城，要穿过整个济南城才能到大明湖畔，因此中午不回家吃饭。婶母每天给两个铜圆当午餐费，一个铜圆买一块锅饼，大概不能全吃饱，另一个铜圆买一碗豆腐脑或一碗炸丸子，就站在校门外众多的担子旁边，狼吞虎咽，算是午饭，心里记挂的还是蛤蟆和虾。看到路旁小铺里卖的一个铜圆一碟的小葱拌豆腐，简直是垂涎三尺。至于那几个破烂小馆里的炒木樨肉等炒菜，香溢门外，则更是如望海上三山，可望而不可即了。有一次，我从家里偷了一个馒头带在身边，中午可以节约一个铜圆，多喝一碗豆腐脑或炸丸子，惹得婶母老大不高兴。古话说：君子不贰过，从此不敢再偷了。又有一次，学校里举办什么庆祝会，我参加帮忙。中午每人奖餐券一张，到附近一个小馆里去吃一顿午饭。

我如获至宝，昔日可望而不可即的地方，今天我终于来了，饱饱地吃了一顿，以致晚上回家，连晚饭都吃不下了。这也许是我生平吃得最饱的一顿饭。我当时并不喜欢念书。我对课堂和老师的重视远远比不上我对蛤蟆和虾的兴趣。每次考试，好了可以考到甲等三四名，坏了就只能考到乙等前几名，在班上总还是高材生。其实我根本不计较这些东西。

我的几个老师

提到正谊的师资，因为是私立，工资不高，请不到好教员。班主任叫王烈卿，绰号"王劣子"。不记得他教过什么课，大概是一位没有什么学问的人，很不受学生的欢迎。有一位教生物学的教员，姓名全忘记了。他不认识"玫瑰"二字，读之为"久块"，其他概可想象了。但也确有饱学之士。有一位教国文的老先生，姓杜，名字忘记了，也许当时就没有注意，只记得他的绰号"杜大肚子"。此人确系饱学之士，熟读经书，兼通古文，一手小楷写得俊秀遒劲，不亚于今天的任何书法家。听说前清时还有过什么功名。但是，他生不逢时，命途多舛，毕生浮沉于小学教员与中学教员之间，后不知所终。他教我的时候是我在高一的那一年。我考入正谊中学，录取的不是一年级，而是一年半级，由秋季始业改为春季始业。我只待了两年半，初中就毕业了。毕业后又留在正谊，念了半年高一。杜老师就是在这个时候教我们班的，时间是 1926 年，我十五岁。他出了一个作文题目，与描绘风景抒发感情有关。我不知天高地厚，写了一篇带有骈体文味道的作文。我在这里补说一句：那时候作文都是文言文，没有写白话文的。我对自己那一篇作文并没有沾沾自喜，只是写这样的作文，我还是第一次尝试，颇有期待老师表态的想法。发作文簿的时候，看到杜老师在上面写满了密密麻麻的字，等于他重新写了一篇文章。他的批语是："要作花样文章，非多记古典不可。"短短一句话，可以说是正击中了我的要害。古文我读过不少，骈文却只读过几篇。这些东西对我的吸引力远远比不上《彭公案》《济公传》《七侠五义》等一类的武侠神怪小说。这些东西被叔父贬为"闲书"，是禁止阅读的，我却偏乐此不疲，有时候读起了劲，躲在被窝儿里利用手电筒来读。我脑袋里哪能有多少古典呢？仅仅凭着那几个古典和骈文日用的词句就想写"花样文章"，岂非是一个典型的癞蛤蟆吗？看到了杜老师批改的作文，我心中又是惭愧，又是高兴。惭愧的原因，用不着说。高兴的原因则是杜老师已年届花甲竟不嫌麻烦这样修改我的文章，我焉得不高兴呢？离开正谊以后，好多年没有回去，当然也就见不到杜老师了。我不知道他后来怎样了。但是，我却不时怀念他。他那挺着大肚皮步履蹒跚地走过操场去上课的形象，将永远留在我的记忆中。

另外一个让我难以忘怀的老师，就是教英文的郑又桥先生。他是南方人，不是江苏，就是浙江。他的出身和经历，我完全不知道，只知道他英文非常好，大概是专教高年级的。他教我们的时间，同杜老师同时，也是在高中一年级，当时那是正谊的最高年级。我自从进正谊中学将近三年以来，英文课本都是现成的：《天方夜谭》《泰西五十轶事》，语法则是《纳氏文法》（Nesfield的文法）。大概所有的中学都一样，郑老师用的也不外是这些课本。至于究竟是哪一本，现在完全忘记了。郑老师教书的特点，突出地表现在改作文上。别的同学的作文本我没有注意，我自己的作文，则是郑老师一字不改，而是根据我的原意另外写一篇。现在回想起来，这有很大的好处。我情动于中，形成了思想，其基础或者依据当然是母语，对我来说就是汉语，写成了英文，当然要受汉语的制约，结果就是中国式的英文。这种中国式的英文，一直到今天，还没有能消除。郑老师的改写是地道的英文，这是多年学养修炼成的，并不是每个人都能做到的。拿我自己的作文和郑先生的改作细心对比，可以悟到许多东西。简直可以说是一把开门的钥匙。可惜只跟郑老师学了一个学期，我就离开了正谊。再一次见面已经是二十多年以后的事情了。1947年暑假，我从北京回到了济南。到母校正谊去探望，万没有想到竟见到了郑老师。我经过了三年高中，四年清华，十年德国，已经从一个小孩子变成了一个小伙子，而郑老师则已垂垂老矣。他住在靠大明湖的那座楼上中间一间屋子里，两旁以及楼下全是教室，南望千佛山，北倚大明湖，景色十分宜人。师徒二十多年没有见面，其喜悦可知。我曾改写杜诗："人生不相见，动如参与商。今日复何日，共此明湖光。"他大概对我这个徒弟很感到骄傲，曾在教课的班上，手持我的名片，激动地向同学介绍了一番。从那以后，"世事两茫茫"，再没有见到郑老师，也不知道他的下落。直到今天，我对他仍然是忆念难忘。

徐金台老师大概是正谊的资深教员，很受师生的尊敬。我没有上过他的课。但是，他在课外办了一个古文补习班。愿意学习的学生，只需每月交上几块大洋，就能够随班上课了。上课时间是下午放学以后，地点是阎公祠大楼的一间教室里，念的书是《左传》《史记》一类的古籍，讲授者当然就是徐金台老师了。叔父听到我说这一件事，很高兴，立即让我报了名。具体的时间忘记了，反正是在那三年中。记得办班的时间并不长，不知道是由于什么原因，突然结束了。大概读了几篇《左传》和《史记》。对我究竟有多大影响，很难说清楚。反正读了几篇古文，总比不读要好吧。

叔父对我的古文学习，还是非常重视的。就在我在正谊读书的时候，他忽然心血来潮，亲自选编，亲自手抄了一本厚厚的《课侄选文》，并亲自给我讲解。选的文章都是理学方面的，唐宋八大家的文章一篇也没有选。说句老实话，我并不喜欢这类的文章。好在他只讲解过几次之后就置诸脑后，再也不提了。这对我是一件十分值得庆幸的事情，我仿佛得到了解放。

要谈正谊中学，必不能忘掉它的创办人和校长鞠思敏（承颖）先生。由于我同他年龄差距过大，他大概大我五十岁，我对他早年的活动知之甚少。只听说，他是民国初年山东教育界的领袖人物之一，当过什么长。后来自己创办了正谊中学，一直担任校长。我十二岁入正谊，他大概已经有六十来岁了，当然不可能引起他的注意，没有谈过话。我每次见到他，就油然起敬仰之情。他个子颇高，身材魁梧，走路极慢，威仪俨然。穿着极为朴素，夏天布大褂，冬天布棉袄，脚上穿着一双黑布鞋，袜子是布做的。现在机器织成的袜子，当时叫作洋袜子，已经颇为流行了。可鞠先生的脚上却仍然是布袜子，可见他俭朴之一斑。

鞠先生每天必到学校里来，好像并不担任什么课程，只是来办公。我还是一个孩子，不了解办学的困难。在军阀的统治之下，军用票满天飞，时局动荡，民不聊生。在这样的情况下，维持一所有几十名教员、上千名学生的私立中学，谈何容易。鞠先生身上的担子重到什么程度，我简直无法想象了。然而，他仍然极端关心青年学生们的成长，特别是在道德素质方面，他更倾注了全部的心血，想把学生培养成有文化有道德的人。每周的星期一上午八时至九时，全校学生都必须集合在操场上。他站在台阶上对全校学生讲话，内容无非是怎样做人，怎样爱国，怎样讲公德、守纪律，怎样严于律己、宽以待人，怎样孝顺父母，怎样尊敬师长，怎样同同学和睦相处，总之，不外是一些在家庭中也常能听到的道德教条，没有什么新东西。他简直像一个絮絮叨叨的老太婆，而且每次讲话内容都差不多。事实上，内容就只有这些，他根本不可能花样翻新。当时还没有什么扩音器等洋玩意儿。他的嗓子并不洪亮，站的地方也不高。我不知道，全体学生是否都能够听到，听到后的感觉如何。我在正谊三年，听了三年。有时候确也感到絮叨。但是，自认是有收获的。他讲的那一些普普通通做人的道理，都是金玉良言，我也受到了潜移默化。

在正谊中学，我曾进入尚实英文学社。这是一个私人办的学社，坐落在济南城内按察司街南口一条巷子的拐角处。创办人叫冯鹏展，是广东人，不知道何时流寓在北方，英文也不知道是在哪里学的，水平大概是相当高的。他白天在几个中学兼任英文教员，晚上则在自己家的前院里招生教英文。学生每月记得是交三块大洋。教员只有三位：冯鹏展先生、钮威如先生、陈鹤巢先生，他们都各有工作，晚上教英文算是副业；但是，他们教书都相当卖力气。学子趋之若鹜，总人数大概有七八十人。别人我不清楚，我自己是很有收获的。我在正谊之所以能在英文方面居全班之首，同尚实是分不开的。在中小学里，课程与课程在得分方面是很不相同的。历史、地理等课程，考试前只需临时抱佛脚死背一气，就必能得高分。而英文和国文则必须有根底才能得高分，而根底却是在相当长的时间内打下的，现上轿现扎耳朵眼儿是办不到的。在北园山大高中时期，我有一个同班同学，名叫叶建特，记忆力特强。但是，两年考了四次，我总是全班状元，他总屈居榜眼，原因就是他其他杂课都能得高分，独独英文和国文，他再聪明也是上不去，就因为他根底不行。我的英文之所以能有点根底,同尚实的教育是紧密相连的。国文则同叔父的教育和徐金台先生是分不开的。

说句老实话，我当时并不喜欢读书，也无意争强，对大明湖蛤蟆的兴趣远远超过书本。现在回想起来，当时对我的压力真够大的。每天（星期天当然除外）早上从南关穿过全城走到大明湖，晚上五点再走回南关。吃完晚饭，立刻就又进城走到尚实英文学社，晚九点回家，真可谓马不停蹄了。但是，我并没有感觉到什么压力，在精神上和肉体上都没有。每天晚上，尚实下课后，我并不急于回家，往往是一个人沿着院东大街向西走，挨个儿看马路两旁的大小铺面，有的还在营业，当时电灯并不明亮。大铺子，特别是那些卖水果的大铺子，门口挂上一盏大的煤气灯，照耀得如同白昼。下面摆着摊子，在冬天也陈列着从南方运来的香蕉和橘子，再衬上本地产的苹果和梨。红绿分明，五光十色，真正诱人。我身上连一个铜板都没有，只能过屠门而大嚼，徒饱眼福。然而却百看不厌，每天晚上必到。一直磨蹭到十点多才回到家中。第二天一大早就又要长途跋涉了。

我就是这样度过了三年的正谊中学时期和几乎同样长的尚实英文学社时期。当时我十二岁到十五岁。

在济南高中

1928 年，日寇占领了济南，我被迫停学一年。

1929 年，日军撤走，国民党的军队进城，从此结束了军阀割据混战的局面，基本上由一个军阀统治中国。

北园高中撤销，成立了全山东省唯一的一个高中：山东省立济南高中，全省各县的初中毕业生，想要上进的，必须到这里来，这里是通向大学（主要是北京的）的唯一桥梁。

山东省立济南高中，坐落在济南西城杆石桥马路上，在路北的一所极大的院落内。原来这里是一个什么衙门，这问题当时我就不清楚，对它没有什么兴趣。校门前有一个斜坡，要先走一段坡路，然后才能进入大门。大门洞的左侧有一个很大的传达室。进了大门，是一个极大的院子，东西两侧都有许多房子。东边的一间是教员游艺室，里面摆着乒乓球台。从院子西侧再向前走，上几个台阶，就是另一个不大的院子。南侧有房子一排。北侧高台阶上有房子一排，是单身教员住的地方。1934年至1935年，我回母校任国文教员时，曾在其中的一间中住过一年。房子前，台阶下，种着一排木槿花。春天开花时，花光照亮了整个院子。院子西头，有一个大圆门，进去是一座大花园。现在虽已破旧，但树木依然蓊郁，绿满全园。有一个大荷塘，现已干涸。当年全盛时，必然是波光潋滟，荷香四溢。现在学生仍然喜欢到里面去游玩。从这个不大的院子登上台阶向北走，有一个门洞，门洞右侧有一间大房子，曾经是学生宿舍，我曾在里面住过一段时间。出了这个门洞，豁然开朗，全校规模，顿现眼前。到这里来，上面讲的那一个门洞不是唯一的路。进校门直接向前走，走上台阶，是几间极高大的北屋，校长办公室、教务主任办公室、教务处、训导处、庶务处等都在这里。从这里向西走，下了台阶，就是全校规模最大的院子，许多间大教室和学生宿舍都在这里。学生宿舍靠西边，是许多排平房。宿舍的外面是一条上面盖有屋顶的极宽极长的走廊，右面是一大排教室。沿走廊向北走，走到尽头，右面就是山东省立一中。原来这一座极大的房子是为济南省立高中和一中（只有初中）所占用。有几座大楼，两校平分。

有一个颇怪的现象，先提出来说一说。在时间顺序中，济南高中是在最后，也就是说，离现在最近，应该回忆得最清晰。可是，事实上，至少对教职员的回忆，却最模糊。其中道理，我至今不解。

高中初创办时，校长姓彭，是南方人，美国留学生，名字忘记了。不久就调山东省教育厅任科长。在现在的衙门里，科长是一个小萝卜头儿。但在当时的教育厅中却是一个大官，因为没有处长，科长直通厅长。接任的是张默生，山东人，大学国文系毕业，曾写过一本书《王大牛传》，传主是原第一师范校长王世栋（祝晨），上面已经提到过。"王大牛"是一个绰号，表示他的形象，又表示他的脾气倔强。他自己非常欣赏，所以采用作书名，不表示轻蔑，而表示尊敬。我不记得，张校长是否也教书。

教务主任是蒋程九先生，山东人，法国留学生，教物理或化学，记不清楚了。我们是高中文科，没有上过他的课。

有一位李清泉先生，法国留学生，教物理，我没有上过他的课。

我记得最详细最清楚的是教国文的老师。总共有四位，一律是上海滩上的作家。当时流行的想法是，只要是作家，就必然能教国文。因此，我觉得，当时对国文这一学科的目的和作用，是并不清楚的。只要能写出好文章，目的就算是达到了。北园高中也有同样的情况，唯一的区别只在于，那里的教员是桐城派的古文作家，学生作文是用文言文。国民党一进城，就仿佛是换了一个世界，文言文变为白话文。

我们班第一个国文教员是胡也频先生，从上海来的作家，年纪很轻，个子不高，但浑身充满了活力。上课时不记得他选过什么课文。他经常是在黑板上写上几个大字："现代文艺的使命。"所谓现代文艺，也叫普罗文学，就是无产阶级文学。其使命就是无产阶级革命。市场上流行着几本普罗文学理论的译文，作者叫弗理契，大概是苏联人，原文为俄文，由日译本转译为汉文，佶屈聱牙，难以看懂。原因大概是日本人本来就是没有完全看懂俄文。再由日文转译为汉文，当然就驴唇不对马嘴，被人称之为天书了。估计胡老师在课堂上讲的普罗文学的理论，也不出这几本书。我相信，没有一个学生能听懂的。但这并没有减低我们的热情。我们知道的第一个是革命，第二个是革命，第三个仍然是革命，这就足够了。胡老师把他的夫人丁玲从上海接到济南暂住。丁玲当时正在走红，红得发紫。中学生大都是追星族。见到了丁玲，我们兴奋得难以形容了。但是，国民党当局焉能容忍有人在自己鼻子底下革命，于是下令通缉胡也频。胡老师逃到了上海去，一年多以后，就给国民党杀害了。

接替胡先生的是董秋芳先生。董先生，笔名冬芬，北大英文系毕业，译有《争自由的波浪》一书，鲁迅先生作序。他写给鲁迅的一封长信，现保存于《鲁迅全集》中。董老师的教学风格同胡老师完全不同。他不讲什么现代文艺，不讲什么革命，而是老老实实地教书。他选用了日本厨川白村著、鲁迅译的《苦闷的象征》作教材，仔细分析讲授。作文不出题目，而是在黑板上大写四个字："随便写来。"意思就是，你愿意写什么就写什么。有一次，我竟用这四个字为题目写了一篇作文，董老师也没有提出什么意见。

高中国文教员，除了董秋芳先生之外，还有几位。一位是董每戡先生，一位是夏莱蒂，都是从上海来的小有名气的作家。

他们的作品，我并没有读过。董每戡在济南一家报纸上办过一个文学副刊。二十多年以后，我在一张报纸上看到了他的消息，他在广州的某一所大学里当了教授。

除了上述几位教员以外，我一个教员的名字都回忆不起来了。按高中的规模至少应该有几十位教员的。起码教英文的教员应该有四五位的，我们这一班也必然有英文教员，这同我的关系至为密切，因为我在全校学生中英文水平是佼佼者，可是我现在无论怎样向记忆里去挖掘，却是连教我们英文的教员都想不起来了。我觉得，这真是一件怪事。

荣誉感继续作美

　　我在上面回忆北园高中时，曾用过"虚荣心"这个词儿。到现在时间过了不久，我却觉得使用这个词儿，是不准确的，应改为"荣誉感"。

　　懂汉语的人，只从语感上就能体会出这两个词儿的不同。所谓"虚荣心"是指羡慕高官厚禄，大名盛誉，男人梦想"红袖添香夜读书"，女人梦想白马王子，最后踞坐在万人之上，众人则局蹐于自己脚下。走正路达不到，则走歪路，甚至弄虚作假，吹拍并举。这就是虚荣心的

高中毕业时的季羡林

表现，害己又害人，没有一点儿好处。荣誉感则另是一码事。一个人在某一方面做出了成绩，有关人士予以表彰，给予荣誉。这种荣誉不是苦求得来的，完全是水到渠成。这同虚荣心有质的不同。我在北园高中受到王状元的表彰，应该属于这一个范畴，使用"虚荣心"这一个词儿，是不恰当的。虚荣心只能作祟，荣誉感才能作美。

我到了杆石桥高中①，荣誉感继续作美。念了一年书，考了两个甲等第一。

①即济南高中，见前文第41页。——编者注

毕业旅行筹款晚会

　　我在济南高中一年，最重大最棘手的莫过毕业旅行筹款晚会的经营组织。不知道是谁忽然心血来潮，想在毕业后出去旅行一番。这立即得到了全班同学的热烈响应。但是，旅行是需要钱的，我们大多数的家长是不肯也没有能力出这个钱的。于是我们只有一条路可走：自己筹款。那时候还没有像现在这样多的暴发户大款，劝募无门。想筹款只能举办文艺晚会，卖票集资。于是全班选出了一个筹委会，主任一人，是比我大四五岁的一位诸城来的学生，他的名字我不说。我也是一个积极分子，在筹委会里担任组织工作。晚会的内容不外是京剧、山东快书、相声、杂耍之类。演员都是我们自己请。我只记得，唱京剧的主要演员是二年级的台镇中同学，剧目是《失空斩》。台镇中京剧唱得的确极有味，曾在学校登台演出过，其他节目的演员我就全记不清了。总之，筹备工作进行得顺利而迅速。连入场券都已印好，而且已经送出去了一部分。但是，万事俱备，只欠东风，东风就是校长的批准。张默生校长是一个老实人，活动能力不强，他同教育厅长何思源的关系也并不密切，远远比不上他的前任。他实在无法帮助推销这样多的入场券。但他又不肯给学生们泼冷水，实在是进退两难。只好采用拖的办法，能拖一天，就拖一天。后来我们逐渐看出了这个苗头。我们几经讨论，出于对张校长的同情（我简直想说，出于对他的怜悯），我们决定停止这一场紧锣密鼓的闹剧。我们每个人都空做了一场旅行梦。

以上就是我对济南高中的回忆。虽然只有一年，但是能够回忆能够写出的东西，绝不止上面这一些。可是那些鸡毛蒜皮的小事，写出来了无意义。于是我的回忆就到此为止了。

小学和中学，九岁（一般人是六岁）到十九岁，已是人生的初级阶段。还没有入世，对世情的冷暖没有什么了解。这些大孩子大都富于幻想，好像他们眼前的路上长的全是玫瑰花，色彩鲜艳，芬芳扑鼻，一点儿荆棘都没有。我也基本上属于这个范畴；但是，我的环境同绝大多数的孩子都不一样。我也并不缺乏幻想、缺乏希望；但是，在我面前的路上，只有淡淡的玫瑰花的影子，更多的似乎是荆棘。尽管我的高中三年是我生平最辉煌的时期之一，在考试方面，我是绝对的冠军，无人敢撄其锋者，但这并没有改变我那幼无大志的心态，我从来没有梦想成为什么学者，什么作家，什么大人物。家庭对我的期望是娶妻生子，能够传宗接代；做一个小职员，能够养家糊口，如此而已。到了晚年，竟还有写自己的小学和中学十年的必要，是我当时完全没有想到的。

不管怎样，我的小学和中学十年的经历写完了。要问写这些东西有什么好处的话，我的回答是有好处，有原来完全没有想到的好处。我仿佛又回到了七八十年前去，又重新生活了十年。喜当年之所喜，怒当年之所怒，哀当年之所哀，乐当年之所乐。如果不写这一段回忆，如果不向记忆里挖了再挖，这些情况都是不会出现的。

苏东坡词曰："谁道人生无再少？门前流水尚能西，休将白发唱黄鸡。"时间是一种无始无终、永远不停地前进的东西，过去了一秒，就永远过去了，虽有翻天覆地的手段也是拉不回来的。东坡的"再少"是指精神上的，我们不知道他是否有具体的经验。在我写这十年回忆的时候，我确实感觉到，自己是"再少"了十年。仅仅这一点，就值得自己大大地欣慰了。

清华逐梦

　　中国古代许多英雄，根据正史的记载，都颇有一些豪言壮语，什么"大丈夫当如是也！"什么"彼可取而代也！"又什么"燕雀安知鸿鹄之志哉？"真正掷地作金石声，令我十分敬佩，可我自己不是那种人。

报考邮政局

　　在我读中学的时候，像我这种从刚能吃饱饭的家庭出身的人，唯一的目的和希望就是——用当时流行的口头语来说——能抢到一只"饭碗"。当时社会上只有三个地方能生产"铁饭碗"：一个是邮政局，一个是铁路局，一个是盐务稽核所。这三处地方都掌握在不同国家的帝国主义分子手中。在那半殖民地社会里，"老外"是上帝。不管社会多么动荡不安，不管"城头"多么"变幻大王旗"，"老外"是谁也不敢碰的。他们生产的"饭碗"是"铁"的，砸不破，摔不碎。只要一碗在手，好好干活，不违"洋"命，则终生会有饭吃，无忧无虑，成为羲皇上人。

　　我的家庭也希望我在高中毕业后能抢到这样一只"铁饭碗"。我不敢有违严命，高中毕业后曾报考邮政局。若考取后，可以当一名邮务生。如果勤勤恳恳，不出娄子，干上十年二十年，也可能熬到一个邮务佐，算是邮局里的一个芝麻绿豆大的小官了；就这样混上一辈子，平平安安，无风无浪。幸乎？不幸乎？我没有考上。大概面试的"老外"看我不像那样一块料，于是我名落孙山了。

考入清华大学

在这样的情况下，我才报考了大学。北大和清华都录取了我。我同当时众多的青年一样，也想出国去学习，目的只在"镀金"，并不是想当什么学者。"镀金"之后，容易抢到一只饭碗，如此而已。在出国方面，我以为清华条件优于北大，所以舍后者而取前者。后来证明，我这一宝算是押中了。这是后事，暂且不提。

清华是当时两大名牌大学之一，前身叫留美预备学堂，是专门培养青年到美国去学习的。留美若干年镀过了金以后，回国后多为大学教授，有的还做了大官。在这些人里面究竟出了多少真正的学者，没有人做过统计，我不敢瞎说。同时并存的清华国学研究院，是一所很奇特的机构，仿佛是西装革履中一袭长袍马褂，非常不协调。然而在这个不起眼的机构里却有名闻宇内的四大导师：梁启超、王国维、陈寅恪、赵元任。另外有一名年轻的讲师李济，后来也成了大师，担任了台湾"中央研究院"的院长。这个国学研究院，与其说它是一所现代化的学堂，毋宁说它是一所旧日的书院。一切现代化学校必不可少的烦琐的规章制度，在这里似乎都没有。师生直接联系，师了解生，生了解师，真正做到了循循善诱，因材施教。虽然只办了几年，梁、王两位大师一去世，立即解体，然而所创造的业绩却是非同小可。我不确切知道究竟毕业了多少人，估计只有几十个人，但几乎全都成了教授，其中有若干位还成了学术界的著名人物。听史学界的朋友说，中国20世纪30年代后形成了一个学术派别，名叫"吾师派"，大概是由某些人写文章常说的"吾师梁任公""吾师王静安""吾师陈寅恪"等衍变而来的。从这一件小事也可以看到清华国学研究院在学术界影响之大。

吾生也晚，没有能亲逢国学研究院的全盛时期。我于1930年入清华时，留美预备学堂和国学研究院都已不再存在，清华改成了国立清华大学。清华有一个特点：新生投考时用不着填上报考的系名，录取后，再由学生自己决定入哪一个系；读上一阵，觉得不恰当，还可以转系。转系在其他一些大学中极为困难——比如说现在的北京大学，但在当时的清华，却真易如反掌。可是根据我的经验：世上万事万物都具有双重性。没有入系的选择自由，很不舒服；现在有了入系的选择自由，反而更不舒服。为了这个问题，我还真伤了点脑筋。系科盈目，左右掂量，好像都有点儿吸引力，究竟选择哪一个系呢？我一时好像变成了莎翁剧中的哈姆莱特，碰到了 To be or not to be, that is the question。我是从文科高中毕业的，按理说，文科的系对自己更适宜。然而我却忽然一度异想天开，想入数学系，真是"可笑不自量"。经过长时间的考虑，我决定入西洋文学系（后改名外国语文系）。这一件事也证明我"少无大志"，我并没有明确的志向，想当哪一门学科的专家。

在清华大学西洋文学系

　　当时的清华大学的西洋文学系，在全国各大学中是响当当的名牌。原因据说是由于外国教授多，讲课当然都用英文，连中国教授讲课有时也用英文。用英文讲课，这可真不得了呀！只是这一条就能够发聋振聩，于是就名满天下了。我当时未始不在被振发之列，又同我那虚无缥缈的出国梦联系起来，我就当机立断，选了西洋文学系。

　　从 1930 年到现在，几十年过去了。所有的当年的老师都已经去世了。最后去世的一位是后来转到北大来的美国的温德先生，去世时已经活过了一百岁。我现在想根据我在清华学习四年的印象，对西洋文学系做一点儿评价，谈一谈我个人的一点看法。我想先从古希腊找一张护身符贴到自己身上："吾爱吾师，吾尤爱真理。"有了这一张护身符，我就可以心安理得，能够畅所欲言了。

我想简略地实事求是地对西洋文学系的教授阵容作一点分析。我说"实事求是"，至少我认为是实事求是，难免有不同的意见，这就是平常所谓的"仁者见仁，智者见智"了。我先从系主任王文显教授谈起。他的英文极好，能用英文写剧本，没怎么听他说过中国话。他是莎士比亚研究的专家，有一本用英文写成的有关莎翁研究的讲义，似乎从来没有出版过。他隔年开一次莎士比亚的课，在课堂上念讲义，一句闲话也没有。下课铃一摇，合上讲义走人。多少年来，都是如此。讲义是否随时修改，不得而知。据老学生说，讲义基本上不做改动。他究竟有多大学问，我不敢瞎说。他留给学生最深的印象是他充当冰球裁判时那种脚踏溜冰鞋似乎极不熟练的战战兢兢、如履薄冰的神态。

再来介绍温德教授。他是美国人，怎样到清华来的，我不清楚。他教欧洲文艺复兴文学和第三年法语。他终身未娶，死在中国。据说他读的书很多，但没见他写过任何学术文章。学生中流传着有关他的许多逸闻趣事。他说，在世界上所有的宗教中，他最喜爱的是伊斯兰教，因为伊斯兰教的"天堂"很符合他的口味。学生中流传的逸闻之一就是：他身上穿着五百块大洋买来的大衣（当时东交民巷外国裁缝店的玻璃橱窗中摆出一块呢料，大书"仅此一块"。被某一位冤大头买走后，第二天又摆出同样一块，仍然大书"仅此一块"。价钱比平常同样的呢料要贵上五至十倍），腋下夹着十块钱一册的《万人丛书》（*Everyman's Library*）（某一国的老外名叫 Vetch，在北京饭店租了一间铺面，专售西书。他把原有的标价剪掉，然后抬高四五倍的价钱卖掉），眼睛上戴着用八十块大洋配好但把镜片装反了的眼镜，徜徉在水木清华的林荫大道上，昂首阔步，醉眼蒙眬。

还有翟孟生教授。他也是美国人，教西洋文学史。听说他原是清华留美预备学堂的理化教员。后来学堂撤销，改为大学，他就留在西洋文学系。他大概是颇为勤奋，确有著作，而且是厚厚的大大的巨册，在商务印书馆出版，书名叫 *A Survey of European Literature*。读了可以对欧洲文学得到一个完整的概念。但是，书中错误颇多，特别是在叙述某一部名作的故事内容中，时有张冠李戴之处。学生们推测，翟老师在写作此书时，手头有一部现成的欧洲文学史，又有一本 Story Book，讲一段文学发展的历史事实；遇到名著，则查一查 Story Book，没有时间和可能尽读原作，因此名著内容印象不深，稍一疏忽，便出讹误。不是行家出身，这种情况实在是难以避免的。我们不应苛责翟孟生老师。

吴可读教授。他是英国人，讲授中世纪文学。他既无著作，也不写讲义。上课时他顺口讲，我们顺手记。究竟学到了些什么东西，我早已忘到九霄云外去了。他还讲授当代长篇小说一课。他共选了五部书，其中包括当时才出版不太久但已赫赫有名的《尤里西斯》和《追忆逝水年华》。此外还有托马斯·哈代的《还乡》，吴尔芙和劳伦斯各一部。第一、二部谁也不敢说完全看懂。我只觉迷离模糊，不知所云。根据现在的研究水平来看，我们的吴老师恐怕也未必能够全部透彻地了解。

毕莲教授。她是美国人。我也不清楚她是怎样到清华来的。听说她在美国教过中小学。她在清华讲授中世纪英语，也是一无著作，二无讲义。她的拿手好戏是能背诵英国大诗人 Chaucer 的 Canterury Tale 开头的几段。听老同学说，每逢新生上她的课，她就背诵那几段，背得滚瓜烂熟，先给学生一个下马威。以后呢？以后就再也没有什么新花样了。年轻的学生们喜欢品头论足，说些开玩笑的话。我们说：程咬金还能舞上三板斧，我们的毕老师却只能砍上一板斧。

下面介绍两位德国教授。第一位是石坦安，讲授第三年德语。不知道他的专长何在，只是教书非常认真，颇得学生的喜爱。此外我对他便一无所知了。第二位是艾克，字锷风。他算是我的业师。他教我第四年德文，并指导我的学士论文。他在德国拿到过博士学位，主修的好像是艺术史。他精通希腊文和拉丁文，偏爱德国古典派的诗歌，对于其名最初隐而不彰后来却又大彰的诗人薛德林（Hölderlin）情有独钟，经常提到他。艾克先生教书并不认真，也不愿费力。有一次我们几个学生请他用德文讲授，不用英文。他便用最快的速度讲了一通，最后问我们："Verstehen Sie etwas davon？"（你们听懂了什么吗？）我们瞠目结舌，敬谨答曰："No！"从此天下太平，再也没有人敢提用德文讲授的事。他学问是有的，曾著有一部厚厚的《宝塔》，是用英文写的，利用了很丰富的资料和图片，专门讲中国的塔。这一部书在国外汉学界颇有一些名气。他的另外一部专著是研究中国明代家具的，附了很多图表，篇幅也相当多。由此可见他的研究兴趣之所在。他工资极高，孤身一人，租赁了当时辅仁大学附近的一座王府，他就住在银安殿上，雇了几个听差和厨师。他收藏了很多中国古代名贵字画，坐拥画城，享受王者之乐。1946年，我回到北京时，他仍在清华任教。此时他已成了家，夫人是一位中国女画家，年龄比他小一半，年轻貌美。他们夫妇请我吃过烤肉。北京一解放，他们就流落到夏威夷。锷风老师久已谢世，他的夫人还健在。

我在上面提到过，我的学士论文是在锷风老师指导下写成的，是用英文写的，题目是"The Early Poems of F. Hölderlin"。英文原稿已经遗失，只保留下来了一份中文译文。一看这题目，就能知道是受到了艾先生的影响。现在回忆起来，我当时的德文水平不可能真正看懂薛德林的并不容易懂的诗句。当然，要说一点儿都不懂，那也不是事实。反正是半懂半不懂，囫囵吞枣，参考了几部《德国文学史》，写成了这一篇论文，分数是E（excellent，优）。我年轻时并不缺少幻想力，这是一篇幻想力加学术探讨写成的论文。本章的题目是"学术研究的发轫阶段"。如果这就算学术研究的话，说它是"发轫"，也未尝不可。但是，这个"轫""发"得并不辉煌，里面并没有什么"天才的火花"。

现在再介绍西洋文学系的老师，先介绍吴宓（字雨僧）教授。他是美国留学生，是美国人文主义大师白璧德的弟子，在国内不遗余力地宣传自己老师的学说。他反对白话文，更反对白话文学。他联合了一些志同道合者，创办了《学衡》杂志，文章一律是文言。他自己也用文言写诗，后来出版了《吴宓诗集》。在中国文坛上，他属于右倾保守集团，没有什么影响。他给我们讲授两门课：一门是"英国浪漫诗人"，一门是"中西诗之比较"。在美国，他入的是比较文学系。在中国，他是提倡比较文学的先驱者之一。但是，他在这方面的文章却几乎不见。就以我为例，"比较文学"这个概念当时并没有形成。如果真有文章的话，他并不缺少发表的地方，《学衡》和天津《大公报·文学副刊》都掌握在他手中。留给我印象最深的只是他那些连篇累牍的关于白璧德人文主义的论述文章。在"英国浪漫诗人"这一堂课上，我记得最清楚的是他让我们背诵那些浪漫诗人的诗句，有时候要背得很长很长。理论讲授我一点儿也回忆不起来了。在"中西诗之比较"这一堂课上，除了讲点儿西方的诗和中国的古诗之外，关于理论，我的回忆中也是一片空白。反之，最难忘的却是：他把自己一些新写成的旧诗也铅印成讲义，在堂上散发。他那有名的《空轩诗》就是在这种情况下发到我们手中的。雨僧先生生性耿直，古貌古心，却流传着许多"绯闻"。他似乎爱过、追求过不少女士，最著名的一个是毛彦文。他曾有一首诗，开头两句是："吴宓苦爱○○○，三洲人士共惊闻。"隐含在三个○里面的人名，用押韵的方式呼之欲出。"三洲"指的是亚、欧、美。这虽是诗人的夸大，知道的人确实不少，这却是事实。他的《空轩诗》被学生在小报《清华周刊》上改写为打油诗，给他开了一个不大不小的玩笑。第一首的头两句被译成了"一见亚北貌似花，顺着秋秸往上爬"。"亚北"者，指一个姓欧阳的女生。关于这一件事，我曾在发表在香港《大公报·文学副刊》上的一篇谈叶公超先生的散文中写到过，这里不再重复。回头仍然讲吴先生的"中西诗之比较"这一门课。为这一门课我曾写过一篇论文，题目忘记了，是师命或者自愿，我也忘记了。内容依稀记得是把陶渊明同一位英国浪漫诗人相比较，当然不会比出什么东西来的。我在最近几年颇在一些文章和谈话中，对比较文学的"无限可比性"有所指责。X 和 Y，任何两个诗人或其他作家都可以硬拉过来一比，有人称之为"拉郎配"，是一个很形象的说法。焉知六十多年前自己就是一个"拉郎配"者或始作俑者。自己向天上吐的唾沫最终还是落到自己脸上，岂不尴尬也哉！然而这个事实我却无法否认。如果这样的文章也能算科学研究的"发轫"的话，我的发轫起点实在是很低的。但是，话又说了回来，在西洋文学系教授群中，讲真有学问的，雨僧先生算是一个。

下面介绍叶崇智（公超）教授。他教我们第一年英语，用的课本是英国女作家 Jane Austen 的《傲慢与偏见》。他的教学法非常离奇，一不讲授，二不解释，而是按照学生的座次——我先补充一句，学生的座次是并不固定的——从第一排右手起，每一个学生念一段，依次念下去。念多么长，好像也并没有一定之规，他一声令下：Stop！于是就 Stop 了。他问学生："有问题没有？"如果没有，就是邻座的第二个学生念下去。有一次，一个同学提了一个问题，他大声喝道："查字典去！"一声狮子吼，全堂愕然、肃然，屋里静得能听到彼此的呼吸声。从此天下太平，再没有人提任何问题了。就这样过了一年。公超先生英文非常好，对英国散文大概是很有研究的。可惜他惜墨如金，从来没见他写过任何文章。

在文坛上，公超先生大概属于新月派一系。他曾主编过——或者帮助编过一个纯文学杂志《学文》。我曾写过一篇散文《年》，送给了他。他给予这篇文章极高的评价，说我写的不是小思想、小感情，而是"人类普遍的意识"。他立即将文章送《学文》发表。这实出我望外，欣然自喜，颇有受宠若惊之感。为了表示自己的感激之情，兼怀有巴结之意，我写了一篇《我是怎样写起文章来的？》送呈先生。然而，这次却大出我意料，狠狠地碰了一个钉子。他把我叫了去，铁青着脸，把原稿掷给了我，大声说道："我一个字都没有看！"我一时目瞪口呆，赶快拿着文章开路大吉。个中原因我至今不解。难道这样的文章只有成了名的作家才配得上去写吗？此文原稿已经佚失，我自己是自我感觉极为良好的。平心而论，我在清华四年，只写过几篇散文：《年》《黄昏》《寂寞》《枸杞树》，一直到今天，还是一片赞美声。清夜扪心，这样的文章我今天无论如何也写不出来了。我一生从不敢以作家自居，而只以学术研究者自命。然而具有讽刺意味的是：如果说我的学术研究起点很低的话，我的散文创作的起点应该说是不低的。

公超先生虽然一篇文章也不写，但是，他并非懒于动脑筋的人。有一次，他告诉我们几个同学，他正考虑一个问题：在中国古代诗歌中人的感觉——或者只是诗人的感觉的转换问题。

他举了一句唐诗："静听松风寒。"最初只是用耳朵听，然而后来却变成了躯体的感受"寒"。虽然后来没见有文章写出，却表示他在考虑一些文艺理论的问题。当时教授与学生之间有明显的鸿沟：教授工资高，社会地位高，存在决定意识，由此就形成了"教授架子"这一个词儿。我们学生只是一群有待于到社会上去抢一只饭碗的碌碌青年。我们同教授们不大来往，路上见了面，也是望望然而去之，不敢用代替西方"早安""晚安"一类的致敬词儿的"国礼"："你吃饭了吗？""你到哪里去呀？"去向教授们表示敬意。公超先生后来当了大官：台湾的"外交部部长"。关于这一件事，我同我的一位师弟——一位著名的诗人有不同的看法。我曾在香港《大公报·文学副刊》上发表过的一篇文章中提到此事。此文上面已提到。

再介绍一位不能算是主要教授的外国女教授，她是德国人华兰德小姐，讲授法语。她满头银发，闪闪发光，恐怕已经有了一把子年纪，终身未婚。中国人习惯称之为"老姑娘"。也许正因为她是"老姑娘"，所以脾气有点变态。用医生的话说，可能就是迫害狂。她教一年级法语，像是教初小一年级的学生。后来我领略到的那种德国外语教学方法，她一点儿都没有。极简单的句子，翻来覆去地教，令人从内心深处厌恶。她脾气却极坏，又极怪，每堂课都在骂人。如果学生的卷子答得极其正确，让她无辫子可抓，她就越发生气，气得简直浑身发抖，面红耳赤，开口骂人，语无伦次。结果是把百分之八十的学生全骂走了，只剩下我们五六个不怕骂的学生。我们商量"教训"她一下。

有一天，在课堂上，我们一齐站起来，对她狠狠地顶撞了一番。大出我们所料，她屈服了。从此以后，天下太平，再也没有看到她撒野骂人了。她住在当时燕京大学南面军机处的一座大院子里，同一个美国"老姑娘"相依为命。二人合伙吃饭，轮流每人管一个月的伙食。在这一个月中，不管伙食的那一位就百般挑剔，恶毒咒骂。到了下个月，人变换了位置，骂者与被骂者也颠倒了过来。总之是每月每天必吵。然而二人却谁也离不开谁，好像吵架已经成了生活的必不可缺的内容。

我在上面介绍了清华西洋文学系的大概情况，绝没有一句谎言。中国古话：为尊者讳，为贤者讳。这道理我不是不懂。但是为了真理，我不能用撒谎来讳，我只能据实直说。我也绝不是说，西洋文学系一无是处。这个系能出像钱锺书和万家宝（曹禺）这样大师级的人物，必然有它的道理。我在这里无法详细推究了。

对我影响最大的两门课程

专就我个人而论，专从学术研究发轫这个角度上来看，我认为，我在清华四年，有两门课对我影响最大：一门是旁听而又因时间冲突没能听全的历史系陈寅恪先生的"佛经翻译文学"，一门是中文系朱光潜先生的"文艺心理学"，是一门选修课。这两门不属于西洋文学系的课程，我可万没有想到会对我终生产生了深刻而悠久的影响，绝非本系的任何课程所能相比于万一。陈先生上课时让每个学生都买一本《六祖坛经》。我曾到今天的美术馆后面的某一座大寺庙里去购买此书。先生上课时，任何废话都不说，先在黑板上抄写资料，把黑板抄得满满的，然后再根据所抄的资料进行讲解分析，对一般人都不注意的地方提出崭新的见解，令人顿生石破天惊之感，仿佛酷暑饮冰，凉意遍体，茅塞顿开。听他讲课，简直是最高最纯的享受。这同他写文章的做法如出一辙。当时我对他的学术论文已经读了一些，比如《四声三问》等。每每还同几个同学到原物理楼南边王静安先生纪念碑前，共同阅读寅恪先生撰写的碑文，觉得文体与流俗不同，我们戏说这是"同光体"。有时在路上碰到先生腋下夹着一个黄布书包，走到什么地方去上课，步履稳重，目不斜视，学生们都投以极其尊重的目光。

朱孟实（光潜）先生是北大的教授，在清华兼课。当时他才从欧洲学成归来。他讲"文艺心理学"，其实也就是美学。他的著作《文艺心理学》还没有出版，也没有讲义。他只是口讲，我们笔记。孟实先生的口才并不好，他不属于能言善辩一流，而且还似乎有点儿怕学生，讲课时眼睛总是往上翻，看着天花板上的某一个地方，不敢瞪着眼睛看学生。可他一句废话也不说，慢条斯理，操着安徽乡音很重的蓝青官话，讲着并不太容易理解的深奥玄虚的美学道理，句句仿佛都能钻入学生心中。他显然同鲁迅先生所说的那一类，在外国把老子或庄子写成论文让洋人吓了一跳，回国后却偏又讲康德、黑格尔的教授，完全不可相提并论。他深通西方哲学和当时在西方流行的美学流派，而对中国旧的诗词又极娴熟。所以在课堂上引东证西或引西证东，触类旁通，头头是道，毫无牵强之处。我觉得，这才是真正的比较文学，比较诗学。这样的本领，在当时是凤毛麟角，到了今天，也不多见。他讲的许多理论，我终生难忘，比如 Lipps 的"感情移入说"，到现在我还认为是真理，不能更动。

陈、朱二师的这两门课，使我终生受用不尽。虽然我当时还没有敢梦想当什么学者，然而这两门课的内容和精神却已在潜移默化中融入了我的内心深处。如果说我的所谓"学术研究"真有一个待"发"的"轫"的话，那个"轫"就隐藏在这两门课里面。

教书谋生

我在大学里学习了四年西方语言文学以后，带着满脑袋的荷马、但丁、莎士比亚和歌德，回到济南。

回母校当国文教员

我回济南后，在我的母校——济南高中当国文教员。当我走进学校大门的时候，我的心情是复杂的。可以说是一则以喜，一则以惧。喜的是我终于抓到了一个饭碗，这简直是绝处逢生；惧的是我比较熟悉的那一套东西现在用不上了，现在要往脑袋里装屈原、李白和杜甫。

从一开始接洽这个工作，我脑子里就有一个问号：在那找饭碗如登天的时代里，为什么竟有一个饭碗自动地送上门来？我预感到这里面隐藏着什么危险的东西。但是，没有饭碗就吃不成饭，我抱着铤而走险的心情想试一试再说。到了学校，才逐渐从别人的谈话中了解到，原来是校长想把本校的毕业生组织起来，好在对敌斗争中为他助一臂之力。我是第一届甲班的毕业生，又捞到了一张一个著名大学的毕业证书，因此被他看中，邀我来教书。英文教员满了额，就只好让我教国文。

就教国文吧。我反正是瘌子掉在井里，捞起来也是坐。只要有人敢请我，我就敢教。

1934年在济南高中任教的季羡林

但是，问题却没有这样简单。我要教三个年级的三个班，备课要顾三头，而且都是古典文学作品。我小时候虽然念过一些《诗经》《楚辞》，但是时间隔了这样久，早已忘得差不多了。现在要教人，自己就要先弄懂。可是，真正弄懂又不是一件轻而易举的事情。现在教国文的同事都是我从前的教员，我本来应该而且可以向他们请教的。但是，根据我的观察，现在我们之间的关系变了：不再是师生，而是饭碗的争夺者。在他们眼中，我几乎是一个眼中钉。即使我问他们，他们也不会告诉我的。我只好一个人单干。我日夜抱着一部《辞源》，加紧备课。有的典故查不到，就成天半夜绕室彷徨。窗外校园极美，正盛开着木槿花。在黑夜中，阵阵幽香破窗而入。整个宇宙都静了下来，只有我一人还不能安静。我仿佛为人所遗弃，很想到什么地方去哭上一场。

小小一招

　　我的老师们也并不是全不关心他们的老学生。我第一次上课以前，他们告诉我，先要把学生的名字都看上一遍，学生名字里常常出现一些十分生僻的字，有的话，就查一查《康熙字典》。如果第一堂就念不出学生的名字，在学生心目中这个教员就毫无威信，不容易当下去，影响到饭碗。如果临时发现了不认识的字，就不要点这个名。点完后只需问上一声："还有没有点到名的吗？"那一个学生一定会举手站起来。然后再问一声："你叫什么名字呀？"他自己一报名，你也就认识一个字。如此等等，威信就可以保得十足。

　　这虽是小小的一招。我却是由衷感激。我教的三个班果然有几个学生的名字连《辞源》上都查不到。如果没有这一招，我的威信恐怕一开始就破了产，连一年教员也当不成了。

　　可是课堂上也并不是平静无事。我的学生有的比我还大，从小就在家里念私塾，旧书念得很不少。有一个学生曾对我说："老师，我比你大五岁哩。"说罢嘿嘿一笑，我觉得里面有威胁，有嘲笑。比我大五岁，又有什么办法呢？我这老师反正还要当下去。

当时好像有一种风气：教员一定要无所不知。学生以此要求教员，教员也以此自居。在课堂上，教员决不能承认自己讲错了，决不能有什么问题答不出。否则就将为学生所讥笑。但是像我当时那样刚从外语系毕业的大娃娃教国文怎能完全讲对呢？怎能完全回答同学们提出来的问题呢？有时候，只好王顾左右而言他；被逼得紧了，就硬着头皮，乱说一通。学生究竟相信不相信，我不清楚。反正他们也不是傻子，老师究竟多轻多重，他们心中有数。我自己十分痛苦。下班回到寝室，思前想后，坐立不安。孤苦寂寞之感又突然袭来，我又仿佛为人们所遗弃，想到什么地方去哭上一场。

别的教员怎样呢？他们也许都有自己的烦恼，家家有一本难念的经。但是有几个人却是整天价满面春风，十分愉快。我有时候也从别人嘴里听到一些风言风语。说某某人陪校长太太打麻将了，某某人给校长送礼了，某某人请校长夫妇吃饭了。

我立刻想到自己的饭碗，也想学习他们一下。但是却来了问题：买礼物，准备酒席，都不是极困难的事情。可是，怎样送给人家呢？怎样请人家呢？如果只说："这是礼物，我要送给你。"或者："我要请你吃饭。"虽然也难免心跳脸红，但我自问还干得了。可是，这显然是不行的，事情并没有这样简单，一定还要耍一些花样。这就是我所力所不能及的事情了。我在自己屋里，再三考虑，甚至自我表演，暗诵台词。最后，我只有承认，我在这方面缺少天才，只好作罢。我仿佛看到自己手里的饭碗已经有点儿飘动，我真想到什么地方去哭上一场。

又长了一番见识

就这样，半年过去了。到了放寒假的时候，一位河南籍的物理教员，因为他的靠山——教育厅的一位科长垮了台，就要被解聘。校长已经托人暗示给他，他虽然没有出路，也只有忍痛辞职。我们校长听了，故意装得大为震惊，三番两次到这位教员屋里去挽留，甚至声泪俱下，最后还表示要与他共进退。我最初只是一位旁观者，站在旁边看校长的表演艺术，欣赏他的表演天才。但是，看来看去，我自己竟糊涂起来，我给校长的真挚态度所感动了。我也自动地变成演员，帮着校长挽留他。那位教员阅历究竟比我深，他不为所动，还是卷了铺盖。因为他知道，连他的继任人选都已经安排好了。

我又长了一番见识，暗暗地责备自己糊涂。同时，我也不寒而栗，将来会不会有一天校长也要同我"共进退"呢？

「拿到了没有？」

也就在这时候，校长大概逐渐发现，在我这个人身上，他失了眼力，看错了人。我到了学校以后，虽然也在别人的帮助（毋宁说是牵引）下，把高中毕业同学组织起来，并且被选为什么主席。但是，从那以后，就一点儿活动也没有。我确实不知道，应该活动一些什么。虽然我绞尽脑汁，办法就是想不出。这样当然就与校长的原意相违了。他表面上待我还是客客气气，只是有一次在有意和无意之间对我说道："你很安静。"什么叫作"安静"呢？别人恐怕很难体会这两个字的意思，我却是能体会的。我回到寝室，又绕室彷徨。"安静"两个字给我以很大威胁。我的饭碗就像与这两个字有关。我又仿佛为人所遗弃，想到什么地方去哭上一场。

春天早过，夏天又来，这正是中学教员最紧张的时候。在教员休息室里，经常听到一些窃窃私语："拿到了没有？"不用说拿到什么，大家都了解，这指的是下学期的聘书。有的神色自若，微笑不答。这都是有办法的人，与校长关系密切，或者属于校长的基本队伍。只要校长在，他们绝不会丢掉饭碗。有的就神色仓皇，举止失措。这样的人没有靠山，饭碗掌握在别人手里，命定是一年一度紧张。我把自己归入这一类。我的神色如何，自己看不见，但是心情自己是知道的。校长给我下的断语："安静"，我觉得，就已经决定了我的命运。但我还侥幸有万一的幻想，因此在仓皇中还有一点儿镇静。

但是，这镇静是不可靠的。我心里的滋味实际上同一年前大学将要毕业时差不多。我见了人，不禁也窃窃私语："拿到了没有？"我不喜欢那些神态自若的人。我只愿意接近那些神色仓皇的人，只有对这一些人我才有同病相怜之感。

这时候，校园更加美丽了。木槿花虽还开放，但已经长满了绿油油的大叶子。玫瑰花开得一丛一丛的，池塘里的水浮莲已经开出黄色的花朵。"小园香径独徘徊"，是颇有诗意的。可惜我什么诗意都没有。我耳边只有一个声音："拿到了没有？"我觉得，大地茫茫，就是没有我的容身之处。我又想到什么地方去哭上一场。

天赐良机

正当我心急似火而又一筹莫展的时候，真像是天赐良机，我的母校清华大学同德国学术交换处（DAAD）签订了一个合同：双方交换研究生，路费制装费自己出，食宿费相互付给：中国每月三十块大洋，德国一百二十马克。条件并不理想，一百二十马克只能勉强支付食宿费用。相比之下，官费一个月八百马克，有天渊之别了。

然而，对我来说，这却像是一根救命的稻草，非抓住不行了。我在清华名义上主修德文，成绩四年全优（这其实是名不副实的），我一报名，立即通过。但是，我的困难也是明摆着的：家庭经济濒于破产，而且亲老子幼。我一走，全家生活靠什么来维持呢？我面对的都是切切实实的现实困难，在狂喜之余，不由得又心忧如焚了。

我走到了一个岔路口上：一条路是桃花，一条是雪。开满了桃花的路上，云蒸霞蔚，前程似锦，不由得你不想往前走。堆满了雪的路上，则是暗淡无光，摆在我眼前的是终生青衿，老死学官，天天为饭碗而搏斗，时时引"安静"为鉴戒。究竟何去何从？我逢到了生平第一次重大抉择。

出我意料之外，我得到了我叔父和全家的支持。他们对我说：我们咬咬牙，过上两年紧日子，只要饿不死，就能迎来胜利的曙光，为祖宗门楣增辉。这种思想根源，我是清清楚楚的。当时封建科举的思想，仍然在社会上流行。人们把小学毕业看作秀才，高中毕业看作举人，大学毕业看作进士，而留洋镀金则是翰林一流。在人们眼中，我已经中了进士。古人说：没有场外的举人；现在则是场外的进士。我眼看就要入场，焉能悬崖勒马呢？

认为我很"安静"的那一位宋还吾校长，也对我完全刮目相看，表现出异常的殷勤，亲自带我去找教育厅长，希望能得到点儿资助。但是，我不成才，我的"安静"又害了我，结果空手而归，再一次让校长失望。但是，他热情不减，又是勉励，又是设宴欢送，相期学成归国之日再共同工作，令我十分感动。

我高中的同事们，有的原来就是我的老师，有的是我的同辈，但年龄都比我大很多。他们对我也是刮目相看。年轻一点儿的教员，无不患上了留学热，也都是望穿秋水，欲进无门，谁也没有办法。现在我忽然捞到了镀金的机会，洋翰林指日可得，宛如蛰龙升天，他年回国，绝不会再待在济南高中了。他们羡慕的心情溢于言表。我忽然感觉到，我简直成了《儒林外史》

中的范进，虽然还缺一个老泰山胡屠户和一个张乡绅，然而在众人心目中，我忽然成了特殊人物，觉得非常可笑。我虽然还没有春风得意之感，但是内心深处是颇为高兴的。

但是，我的困难是显而易见的。除了前面说到的家庭经济困难之外，还有制装费和旅费。因为我知道，到了德国以后，不可能有余钱买衣服，在国内制装必须周到齐全。这都需要很多钱。在过去一年内，我从工资中节余了一点儿钱，数量不大，向朋友借了点儿钱，七拼八凑，勉强做了几身衣服，装了两大皮箱。长途万里的旅行准备算是完成了。此时，我心里不知道是什么滋味，酸、甜、苦、辣，搅和在一起，但是绝没有像调和的鸡尾酒那样美妙。我充满了渴望，而又忐忑不安，有时候想得很美，有时候又忧心忡忡，在各种思想矛盾中，迎接我生平的第一次大抉择、大冒险。

我终于在1935年8月1日离开了家。我留下的是一个破败的家，老亲、少妻、年幼的子女。这样一个家和我这一群亲人，他们的命运谁也不知道，正如我自己的命运一样。生离死别，古今同悲。江文通说："黯然销魂者，唯别而已矣。"他又说："割慈忍爱，离邦去里，沥泣共诀，挤血相视。"我从前读《别赋》时，只是欣赏它的文采。然而今天自己竟成了赋中人。此情此景实不足为外人道也。

临离家时，我思绪万端。叔父、婶母、德华（妻子），女儿婉如牵着德华的手，才出生几个月的延宗酣睡在母亲怀中，都送我到大门口。娇女、幼子，还不知道什么叫离别，也许还觉

为天地立心　为去民立命
为往圣继绝学　为万世
开太平

景瑞兄

季羡林

乙酉年新春

季羡林先生题写的"为天地立心　为生民立命　为往圣继绝学　为
历世开太平"

得好玩儿。双亲和德华是完全理解的。我眼里含着泪，硬把大量的眼泪压在肚子里，没有敢再看他们一眼——我相信，他们眼里也一定噙着泪珠——扭头上了洋车，只有大门楼上残砖败瓦的影子在我眼前一闪。

我先乘火车到北平。办理出国手续，只有北平有可能，济南是不行的。到北平以后，我先到沙滩找了一家公寓，赁了一间房子，存放那两只大皮箱。立即赶赴清华园，在工字厅招待所找到了一个床位，同屋的是一位比我高几级的清华老毕业生，他是什么地方保险公司的总经理。夜半联床，娓娓对谈。他再三劝我，到德国后学保险。将来回国，饭碗绝不成问题，也许还是一只金饭碗。这当然很有诱惑力，但却同我的愿望完全相违。我虽向无大志，可是对做官、经商，却决无兴趣，对发财也无追求。对这位老学长的盛意，我只有心领了。

此时正值暑假，学生几乎都离校回家了。偌大一个清华园，静悄悄的。但是风光却更加旖旎，高树蔽天，浓荫匝地，花开绿丛，蝉鸣高枝；荷塘里的荷花正迎风怒放，西山的紫气依旧幻奇。风光虽美，但是我心中却感到无边的寂寞。仅仅在一年前，当我还是学生的时候，我那众多的小伙伴都还聚在一起，或临风朗读，或月下抒怀。黄昏时漫步荒郊，回校后余兴尚浓，有时候沿荷塘步月，领略荷塘月色的情趣，其乐融融，乐不可支。然而曾几何时，今天却只剩下我一个人又回到水木清华，睹物思人，对月兴叹，人去楼空，宇宙似乎也变得空荡荡的，令人无法忍受了。

我住的工字厅是清华的中心。我的老师吴宓先生的"藤影荷声之馆"就在这里。他已离校，我只能透过玻璃窗子看室中的陈设，不由忆起当年在这里高谈阔论时的情景，心中黯然。离开这里不远就是那一间临湖大厅，"水木清华"四个大字的匾就挂在后面。这个厅很大，里面摆满了红木家具，气象高雅华贵。平常很少有人来，因此幽静得很。几年前，我有时候同吴组缃、林庚、李长之等几个好友，到这里来闲谈。我们都还年轻，有点儿不知道天高地厚，说话海阔天空，旁若无人。我们不是粪土当年万户侯，而是挥斥当代文学家。记得茅盾的《子夜》出版时，我们几个人在这里碰头，议论此书。当时意见截然分成两派：一派完全肯定，一派基本否定。大家争吵了个不亦乐乎。我们这种侃大山，一向没有结论，也不需要有结论。各自把自己的话尽量夸大其词地说完，然后再谈别的问题，觉得其乐无穷。今天我一个人来到这间大厅里，睹物思人，又不禁有点儿伤感了。

　　在这期间，我有的是空闲。我曾拜见了几位老师。首先是冯友兰先生，据说同德国方面签订合同，就是由于他的斡旋。其次是蒋廷黻先生，据说他在签订合同中也出了力。他恳切劝我说，德国是法西斯国家，在那里一定要谨言慎行，免得惹起麻烦。我感谢师长的叮嘱。我也拜见了闻一多先生。这是我同他第一次见面；不幸的是，也是最后一次见面。等到十一年后我回国时，他早已被国民党反动派暗杀了。他是一位我异常景仰的诗人和学者。当时谈话的内容我已经完全忘记，但是他的形象却永远留在我心中。

有一个晚上，吃过晚饭，孤身无聊，信步走出工字厅，到朱自清先生的《荷塘月色》中所描写的荷塘边上去散步。于时新月当空，万籁无声。明月倒映荷塘中，比天上那一个似乎更加圆明皎洁。在月光下，荷叶和荷花都失去了色彩，变成了灰蒙蒙的一个颜色。但是缕缕荷香直逼鼻管，使我仿佛能看到翠绿的荷叶和红艳的荷花。荷叶丛中闪烁着点点的火花，是早出的萤火虫。小小的火点儿动荡不定，忽隐忽现，仿佛要同天上和水中的那个大火点儿，争光比辉。此时，宇宙间仿佛只剩下了我一个人。前面的鹏程万里，异乡漂泊；后面的亲老子幼的家庭，都离开我远远的，远远的，陷入一层薄雾中，望之如蓬莱仙山了。

但是，我到北平来是想办事儿的，不是来做梦的。当时的北平没有外国领事馆，办理出国护照的签证，必须到天津去。于是我同乔冠华就联袂乘火车赴天津，到俄、德两个领事馆去请求签证。手续绝没有现在这样复杂，领事馆的俄、德籍的工作人员，只简简单单地问了几句话，含笑握手，并祝我们一路顺风，我们的出国手续就全部办完，只等出发了。

回到北平以后，几个朋友在北海公园为我饯行，记得有林庚、李长之、王锦弟、张露薇等。我们租了两只小船，荡舟于荷花丛中。接天莲叶，映日荷花，在太阳的照射下，红是红，绿是绿，各极其妙，同那天清华园的荷塘月色，完全不同了。我们每个人都兴高采烈，臧否人物，指点时政，意气风发，所向无前，"语不惊人死不休"。我们真仿佛成了主宰沉浮的英雄。玩了整整一天，尽欢而散。

千里凉棚，没有不散的筵席。终于到了应该起程的日子。8月 31 日，朋友们把我们送到火车站，就是现在的前门老车站。当然又有一番祝福，一番叮嘱。在登上火车的一刹那，我脑海里忽然浮现出一句旧诗："万里投荒第二人。"

《留德十年》节选

　　终于又来到哥廷根了。这以后，在不安定的漂泊生活里会有一段比较长一点的安定的生活。我平常是喜欢做梦的，而且我还自己把梦涂上种种的彩色。

哥廷根

我于1935年10月31日从柏林到了哥廷根。原来只打算住两年，焉知一住就是十年整，住的时间之长，在我的一生中，仅次于济南和北京，成为我的第二故乡。

哥廷根是一个小城，人口只有十万，而流转迁移的大学生有时会到二三万人，是一个典型的大学城。大学已有几百年的历史，德国学术史和文学史上许多显赫的名字，都与这所大学有关。以他们的名字命名的街道，到处都是。让你一进城，就感到洋溢全城的文化气和学术气，仿佛是一个学术乐园，文化净土。

哥廷根素以风景秀丽闻名全德。东面山林密布，一年四季，绿草如茵。即使冬天下了雪，绿草埋在白雪下，依然翠绿如春。此地，冬天不冷，夏天不热，从来没遇到过大风。既无扇子，也无蚊帐，苍蝇、蚊子成了稀有动物。跳蚤、臭虫更是闻所未闻。街道洁净得邪性，你躺在马路上打滚，绝不会沾上任何一点尘土。

家家的老太婆用肥皂刷洗人行道，已成为家常便饭。在城区中心，房子都是中世纪的建筑，至少四五层。人们置身其中，仿佛回到了中世纪去。古代的城墙仍然保留着，上面长满了参天的橡树。我在清华念书时，喜欢谈德国短命抒情诗人荷德林（Hölderlin）的诗歌，他似乎非常喜欢橡树，诗中经常提到它。可是我始终不知道，橡树是什么样子。今天于无意中遇之，喜不自胜。此后，我常常到古城墙上来散步，在橡树的浓荫里，四面寂无人声，我一个人静坐沉思，成为哥廷根十年生活中最有诗意的一件事，至今忆念难忘。

　　我初到哥廷根时，人地生疏。老学长乐森碍先生到车站去接我，并且给我安排好了住房。房东姓欧朴尔（Oppel），老夫妇俩，只有一个儿子。儿子大了，到外城去上大学，就把他住的房间租给我。男房东是市政府的一个工程师，一个典型的德国人，老实得连话都不大肯说。女房东大约有五十岁，是一个典型的德国家庭妇女，受过中等教育，能欣赏德国文学，喜欢德国古典音乐，趣味偏于保守，一提到爵士乐，就满脸鄙夷的神气，冷笑不止。她有德国妇女的一切优点：善良、正直、能体贴人，有同情心。但也有一些小小的不足之处。比如，她有一个最好的朋友，一个寡妇，两个人经常来往。有一回，她这位女友看到她新买的一顶帽子，喜欢得不得了，想照样买上一顶，她就大为不满，对我讲了她对这位女友的许多不满意的话。原来西方妇女——在某些方面，男人也一样——绝对不允许别人戴同样的帽子，穿同样的衣服。这一点我们中国人无论如何也是难以理解的。从这里可以看出，我这位女房东小市民习气颇浓。然而，瑕不掩瑜，她是我生平遇到的最好的妇女之一，善良得像慈母一般。

我就是在这样一个只有一对老夫妇的德国家庭里住了下来，同两位老人晨昏相聚，成为这个家庭的一员，一住就是十年，没有搬过一次家。我在这里先交代这个家庭的一般情况，细节以后还要谈到。

我初到哥廷根时的心情怎样呢？为了真实起见，我抄一段我到哥廷根后第二天的日记：

终于又来到哥廷根了。这以后，在不安定的漂泊生活里会有一段比较长一点的安定的生活。我平常是喜欢做梦的，而且我还自己把梦涂上种种的彩色。最初我做到德国来的梦，德国是我的天堂，是我的理想国。我幻想德国有金黄色的阳光，有Wahrheit（真），有schönheit（美）。我终于把梦捉住了，我到了德国。然而得到的是失望和空虚。我的一切希望都泡影似的幻化了去。然而，立刻又有新的梦浮起来。我梦想，我在哥廷根，在这比较长一点的安定的生活里，我能读一点书，读点古代有过光荣而这光荣将永远不会消灭的文字。现在又终于到了哥廷根了。我不知道我能不能捉住这梦。其实又有谁能知道呢？

从这一段日记里可以看出，我当时眼前仍然是一片迷茫，还没有找到自己要走的道路。

德国留学时期的季羡林

道路终于找到了

在哥廷根,我要走的道路终于找到了,我指的是梵文的学习。这条道路,我已经走了将近六十年,今后还将走下去,直到不能走路的时候。

这条道路同哥廷根大学是分不开的。因此我在这里要讲讲大学。

我在上面已经对大学介绍了几句,因为,要想介绍哥廷根,就必须介绍大学。我们甚至可以说,哥廷根之所以成为哥廷根,就是因为有这一所大学。这所大学创建于中世纪,至今已有几百年的历史,是欧洲较为古老的大学之一。它共有五个学院:哲学院、理学院、法学院、神学院、医学院。一直没有一座统一的建筑,没有一座统一的大楼。各个学院分布在全城各个角落,研究所更是分散得很,许多大街小巷,都有大学的研究所。学生宿舍更没有大规模的。小部分学生住在各自的学生会中，绝大部分分住在老百姓家中。行政中心叫 Aula，楼下是教学和行政部门，楼上是哥廷根科学院。文法学科上课的地方有两个：一个叫大讲堂（Auditorium），一个叫研究班大楼（Seminargebäude）。白天，大街上走的人中有一大部分是到各地上课的男女大学生，熙熙攘攘，煞是热闹。

在历史上，大学出过许多名人。德国最伟大的数学家高斯（Gauss），就是这个大学的教授。在高斯以后，这里还出过许多大数学家。从 19 世纪末起，一直到我去的时候，这里公认是世界的数学中心。当时，当代最伟大的数学家大卫·希尔伯特（David Hilbert）虽已退休，但还健在。他对中国学生特别友好。我曾在一家书店里遇到过他，他走上前来，跟我打招呼。除了数学以外，理科学科中的物理、化学、天文、气象、地质等，教授阵容都极强大。有几位诺贝尔奖奖金获得者在这里任教。蜚声全球的化学家 A. 温道斯（A. Windaus）就是其中之一。

文科教授的阵容，同样也是强大的。在德国文学史和学术史上占有重要地位的格林兄弟，都在哥廷根大学待过。他们的童话流行全世界，在中国也可以说是家喻户晓。他们的大字典，一百多年以后才由许多德国专家编纂完成，成为德国语言研究中的一件大事。

哥廷根大学文理科的情况大体就是这样。

在这样一座面积虽不大但对我这样一个异域青年来说仍然像迷宫一样的大学城里，要想找到有关的机构，找到上课的地方，实际上是并不容易的。如果没有人协助、引路，那就会迷失方向。我三生有幸，找到了这样一个引路人，这就是章用。章用的父亲是鼎鼎大名的"老虎总长"章士钊。外祖父是在朝鲜统兵抗日的吴长庆。母亲是吴弱男，曾做过孙中山的秘书，名字见于钱基博的《现代中国文学史》。总之，他出身于世家大族，书香名门。但却同我在柏林见到的那些"衙内"完全不同，一点儿纨绔习气也没有。他毋宁说是有点儿孤高自赏，一身书生气。他家学渊源，对中国古典文献有很深的造诣，能写古文，作旧诗，却偏又喜爱数学，于是来到了哥廷根这个世界数学中心读博士学位。我到的时候，他已经在这里住了五六年，老母吴弱男陪儿子住在这里。哥廷根的中国留学生本来只有三四人。章用脾气孤傲，不同他们来往。我因从小喜好杂学，读过不少的中国古典诗词，对文学、艺术、宗教等有自己的一套看法。乐森璕先生介绍我认识了章用，经过几次短暂的谈话，简直可以说是一见如故，情投意合。他也许认为我同那些言语乏味、面目可憎的中国留学生迥乎不同，所以立即垂青，心心相印。他赠过一首诗：

空谷足音一识君

相期诗伯苦相薰

体裁新旧同尝试

胎息中西沐见闻

胸宿赋才徕物与

气嘘大笔发清芬

可见他的心情。我也认为，像章用这样的人，在柏林中国饭馆里面是绝对找不到的，所以也很乐于同他亲近。章伯母有一次对我说："你来了以后，章用简直像变了一个人。他平常是绝对不去拜访人的，现在一到你家，就老是不回来。"我初到哥廷根，陪我奔波全城，到大学教务处，到研究所，到市政府，到医生家里，等等，注册选课，办理手续的，就是章用。他穿着那一身黑色的旧大衣，动摇着瘦削不高的身躯，陪我到处走。此情此景，至今宛然如在眼前。

他带我走熟了哥廷根的路；但我自己要走的道路还没能找到。

我在上面提到，初到哥廷根时，就有意学习古代文字。但这只是一种朦朦胧胧的想法，究竟要学习哪一种古文字，自己并不清楚。在柏林时，汪殿华曾劝我学习希腊文和拉丁文，认为这是当时祖国所需要的。到了哥廷根以后，同章用谈到这个问题，他劝我只读希腊文，如果兼读拉丁文，两年时间来不及。在德国中学里，要读八年拉丁文，六年希腊文。文科中学毕业的学生，个个精通这两种欧洲古典语言，我们中国学生完全无法同他们在这方面竞争。我经过初步考虑，听从了他的意见。第一学期选课，就以希腊文为主。德国大学是绝对自由的。只要中学毕业，就可以愿意入哪个大学，就入哪个，不懂什么叫入学考试。入学以后，愿意入哪个系，就入哪个；愿意改系，随时可改；愿意选多少课，选什么课，悉听尊便；学文科的可以选医学、神学的课；也可以只选一门课，或者选十门、八门。上课时，愿意上就上，不愿意上就走；迟到早退，完全自由。从来没有课堂考试。有的课开课时需要教授签字，这叫开课前的报到（Anmeldung），学生就拿课程登记簿（Studienbuch）请教授签；有的在结束时还需要教授签字，这叫课程结束时的教授签字（Abmeldung）。此时，学生与教授可以说是没有多少关系的。有的学生，初入大学时，一学年，或者甚至一学期换一个大学。几经转学，二三年以后，选中了自己满意的大学、满意的系科，才安定住下，同教授接触，请求参加他的研究班，经过一两个研究班，师生互相了解了，教授认为孺子可教，才给博士论文题目。再经过几年努力写作，教授满意了，就举行论文口试答辩，及格后，就能拿到博士学位。在德国，是教授说了算，什么院长、校长、部长都无权干预教授的决定。如果一个学生不想做论文，绝没有人强迫他。只要自己有钱，他可以十年八年地念下去。这就叫作"永恒的学生"（Ewiger Student），是一种全世界所无的稀有动物。

我就是在这样一种绝对自由的气氛中，在第一学期选了希腊文。另外又杂七杂八地选了许多课，每天上课六小时。我的用意是练习听德文，并不想学习什么东西。

我选课虽然以希腊文为主，但是学习情绪时高时低，始终并不坚定。第一堂课印象就不好。1935年12月5日日记中写道：

上了课，Rabbow 的声音太低，我简直听不懂。他也不问我，如坐针毡，难过极了。下了课走回家来的时候，痛苦啃着我的心——我在哥廷根做的唯一的美丽的梦，就是学希腊文。然而，照今天的样子看来，学希腊文又成了一种绝大的痛苦。我岂不将要一无所成了吗？

日记中这样动摇的记载还有多处，可见信心之不坚。其间，我还自学了一段时间的拉丁文。最有趣的是，有一次自己居然想学古埃及文。心情之混乱可见一斑。

这都说明，我还没有找到要走的路。

至于梵文，我在国内读书时，就曾动过学习的念头。但当时国内没有人教梵文，所以愿望没有能实现。来到哥廷根，认识了一位学冶金学的中国留学生湖南人龙丕炎（范禹），他主攻科技，不知道为什么却学习过两个学期的梵文。我来到时，他已经不学了，就把自己用的施滕茨勒（Stenzler）著的一本梵文语法送给了我。我同章用也谈过学梵文的问题，他鼓励我学。于是，在我选择道路徘徊踟蹰的混乱中，又增加了一层混乱。幸而这混乱只是暂时的，不久就从混乱的阴霾中流露出来了阳光。12 月 16 日日记中写道：

我又想到我终于非读 Sanskrit（梵文）不行。中国文化受印度文化的影响太大了。我要对中印文化关系彻底研究一下，或能有所发明。在德国能把想学的几种文字学好，也就不虚此行了。尤其是Sanskrit，回国后再想学，不但没有那样的机会，也没有那样的人。

第二天的日记中又写道我又想到 Sanskrit，我左想右想，觉得非学不行。1936 年 1 月 2 日的日记中写道：

> 仍然决意读 Sanskrit。自己兴趣之易变，使自己都有点吃惊了。决意读希腊文的时候，自己发誓而且希望，这次不要再变了，而且自己也坚信不会再变了，但终于又变了。我现在仍然发誓而且希望不要再变了。再变下去，会一无所成的。不知道 Schicksal（命运）可能允许我这次坚定我的信念吗？

我这次的发誓和希望没有落空，命运允许我坚定了我的信念。

我毕生要走的道路终于找到了，我沿着这一条道路一走走了半个多世纪，一直走到现在，而且还要走下去。

哥廷根实际上是学习梵文最理想的地方。除了上面说到的城市幽静、风光旖旎之外，哥廷根大学有悠久的研究梵文和比较语言学的传统。19 世纪上半叶研究《五卷书》的一个转译本

《卡里来和迪木乃》的大家、比较文学史学的创建者本发伊（T. Benfey）就曾在这里任教。19世纪末弗朗茨·基尔霍（Franz Kielhorn）在此地任梵文教授。接替他的是海尔曼·奥尔登堡（Hermann Oldenberg）教授。奥尔登堡教授的继任人是读通吐火罗文残卷的大师西克教授。1935年，西克退休，瓦尔德施米特接掌梵文讲座。这正是我到哥廷根的时候。被印度学者誉为活着的最伟大的梵文家雅可布·瓦克尔纳格尔（Jakob Wackernagel）曾在比较语言学系任教。真可谓梵学天空群星灿列。再加上大学图书馆，历史极久，规模极大，藏书极富，名声极高，梵文藏书甲德国，据说都是基尔霍恩从印度搜罗到的。这样的条件，在德国当时，是无与伦比的。

我决心既下，1936年春季开始的那一学期，我选了梵文。4月2日，我到高斯—韦伯楼东方研究所去上第一课。这是一座非常古老的建筑，当年大数学家高斯和大物理学家韦伯（Weber）试验他们发明的电报，就在这座房子里，它因此名扬全球。楼下是埃及学研究室，巴比伦、亚述、阿拉伯文研究室。楼上是斯拉夫语研究室，波斯、土耳其语研究室和梵文研究室。梵文课就在研究室里上。这是瓦尔德施米特教授第一次上课，也是我第一次同他会面。他看起来非常年轻。他是柏林大学梵学大师海因里希·吕德斯（Heinfich Lüders）的学生，是研究新疆出土的梵文佛典残卷的专家，虽然年轻，已经在世界梵文学界颇有名声。可是选梵文课的却只有我一个学生，而且还是外国人。虽然只有一个学生，他仍然认真严肃地讲课，一直讲到四点才下课。这就是我梵文学习的开始。研究所有一个小图书馆，册数不到一万，然而对一个初学者来说，却是应有尽有。最珍贵的是奥尔登堡的那一套上百册的德国和世界各国梵文学者寄给他的论文汇集，分门别类，装订成册，大小不等，语言各异。如果自己去搜集，那是无论如何也不会这样齐全的，因为有的杂志非常冷僻，到大图书馆都不一定能查到。在临街的一面墙上，在镜框里贴着德国梵文学家的照片，有三四十人之多。从中可见德国梵学之盛。这是德国学术界十分值得骄傲的地方。

我从此就天天到这个研究所来。

我从此就找到了我真正想走的道路。

怀念母亲

我一生有两个母亲：一个是生我的那个母亲；一个是我的祖国母亲。

我对这两个母亲怀着同样崇高的敬意和同样真挚的爱慕。

我六岁离开我的生母，到城里去住。中间曾回故乡两次，都是奔丧，只在母亲身边待了几天，仍然回到城里。最后一别八年，在我读大学二年级的时候，母亲弃养，只活了四十多岁。我痛哭了几年，食不下咽，寝不安席。我真想随母亲于地下。我的愿望没能实现。从此我就成了没有母亲的孤儿。一个缺少母爱的孩子，是灵魂不全的人。我怀着不全的灵魂，抱终天之恨。一想到母亲，就泪流不止，数十年如一日。如今到了德国，来到哥廷根这一座孤寂的小城，不知道是为什么，母亲频来入梦。

我的祖国母亲，我这是第一次离开她。离开的时间只有短短几个月，不知道是为什么，我这个母亲也频来入梦。

为了保存当时真实的感情，避免用今天的情感篡改当时的感情，我现在不加叙述，不作描绘，只从初到哥廷根的日记中摘抄几段：

1935年11月16日

　　不久外面就黑起来了。我觉得这黄昏的时候最有意思。我不开灯。只沉默地站在窗前，看暗夜渐渐织上天空，织上对面的屋顶。一切都沉在朦胧的薄暗中。我的心往往在沉静到不能再沉静的氛围里，活动起来。这活动是轻微的，我简直不知道有这样的活动。我想到故乡。故乡里的老朋友，心里有点酸酸的，有点凄凉。然而这凄凉却并不同普通的凄凉一样，是甜蜜的，浓浓的，有说不出的味道，浓浓地糊在心头。

11月18日

　　从好几天以前，房东太太就向我说，她的儿子今天家来，从学校回家来，她高兴得不得了……但儿子只是不来，她的神色有点沮丧。她又说，晚上还有一趟车，说不定他会来的。我看了她的神气，想到自己的在故乡地下卧着的母亲，我真想哭！我现在才知道，古今中外的母亲都是一样的！

11月20日

　　我现在还真是想家，想故国，想故国里的朋友。我有时简直想得不能忍耐。

11月28日

　　我仰在沙发上，听风声在窗外过路。风里夹着雨。天色阴得如黑夜。心里思潮起伏，又想起故国了。

12月6日

　　近几天来，心情安定多了。以前我真觉得二年太长；同时，在这里无论衣食住行哪一方面都感到不舒服，所以这二年简直似乎无论如何也忍受不下来了。

　　从初到哥廷根的日记里，我暂时引用这几段。实际上，类似的地方还有不少，从这几段中也可见一斑了。总之，我不想在国外待。一想到我的母亲和祖国母亲，就心潮腾涌，惶惶不可终日，留在国外的念头连影儿都没有。几个月以后，在1936年7月11日，我写了一篇散文，题目叫《寻梦》。开头一段是：

　　夜里梦到母亲，我哭着醒来。醒来再想捉住这梦的时候，梦却早不知道飞到什么地方去了。

　　下面描绘在梦里见到母亲的情景。最后一段是：

　　天哪！连一个清清楚楚的梦都不给我吗？我怅望灰天，在泪光里，幻出母亲的面影。

我在国内的时候，只怀念，也只有可能怀念一个母亲。现在到国外来了，在我的怀念中就增添了一个祖国母亲。这种怀念，在初到哥廷根的时候，异常强烈。以后也没有断过。对这两位母亲的怀念，一直伴随着我度过了在德国的十年，在欧洲的十一年。

两年生活

清华大学与德国学术交换处订的合同，规定学习期限为两年。我原来也只打算在德国住两年。在这期间，我的身份是学生。在德国十年中，这两年的学生生活可以算是一个阶段。

在这两年内，一般说来，生活是比较平静的，没有大风大浪，没有剧烈的震动。希特勒刚上台不几年，德国人崇拜他如疯如狂。我认识一个女孩子，年轻貌美。有一次同她偶尔谈到希特勒，她脱口而出："如果我能同希特勒生一个孩子，是我莫大的光荣！"我真是大吃一惊，做梦也没有想到。我没有见过希特勒本人，只是常常从广播中听到他那疯狗的狂吠声。在德国人中，反对他的微乎其微。他手下那著名的两支队伍：SA（Sturm Abteilung，冲锋队）和SS（Schutz Staffel，党卫军），在街上随时可见。前者穿黄制服，我们称之为"黄狗"；后者着黑制服，我们称之为"黑狗"。这黄、黑二狗从来没有跟我们中国学生找过麻烦。进商店，会见朋友，你喊你的"希特勒万岁！"我喊我的"早安""日安""晚安"，各行其是，互不侵犯，井水不犯河水，倒也能和平共处。我们同一般德国人从来不谈政治。

实际上，在当时，无论是在中国，还是在德国，都是处在大风暴的前夕。两年以后，情况就大大地改变了。

这一点我是有所察觉的，不过是无能为力，只好能过一天平静的日子就过一天，苟全性命于乱世而已。

从表面上来看，市场还很繁荣，食品供应也极充足，限量制度还没有实行，只要有钱，什么都可以买到。我每天早晨在家里吃早点：小面包、牛奶、黄油、干奶酪，佐之以一壶红茶。然后到梵文研究所去，或上课，或学习。中午在外面饭馆里吃。吃完，仍然回到研究所，从来不懂什么睡午觉。下午也是或上课，或学习，晚上六点回家，房东老太太把他们中午吃的热饭菜留一份给我晚上吃。因此我就不必像德国人那样，晚饭只吃面包香肠喝茶了。

就这样，日子过得有条有理，满惬意的。

一到星期日，当时住在哥廷根的几个中国留学生：龙丕炎、田德望、王子昌、黄席棠、卢寿枬等就不约而同地到城外山下一片叫作"席勒草坪"的绿草地去会面。这片草地终年绿草如茵，周围古木参天，东面靠山，山上也是树木繁茂，大森林长、宽各几十里。山中颇有一些名胜，比如俾斯麦塔，高踞山巅，登临一望，全城尽收眼底。此外还有几处咖啡馆和饭店。我们在席勒草坪会面以后，有时也到山中去游逛，午饭就在山中吃。

见到中国人，能说中国话，真觉得其乐无穷。往往是在闲谈笑话中忘记了时间的流逝。等到注意到时间时，已是暝色四合，月出于东山之上了。

至于学习，我仍然是全力以赴。我虽然原定只能留学两年，但我仍然做参加博士考试的准备。根据德国的规定，考博士必须读三个系：一个主系，两个副系。我的主系是梵文、巴利文等所谓印度学（Indologie），这是大局已定。关键是在两个副系上，然而这件事又是颇伤脑筋的。当年我在国内患"留学热"而留学一事还渺茫如蓬莱三山的时候，我已经立下大誓：决不写有关中国的博士论文。鲁迅先生说过，有的中国留学生在国外用老子与庄子谋得了博士头衔，令洋人大吃一惊；然而回国后讲的却是康德、黑格尔。我鄙薄这种博士，决不步他们的后尘。现在到了德国，无论主系和副系决不同中国学沾边。我听说，有一个学自然科学的留学生，想投机取巧，选了汉学做副系。在口试的时候，汉学教授问的第一个问题是：中国的杜甫与英国的莎士比亚，谁先谁后？中国文学史长达几千年，同屈原等比起来，杜甫是偏后的。而在英国则莎士比亚已算较古的文学家。这位留学生大概就受这种印象的影响，开口便说："杜甫在后。"汉学教授说："你落第了！下面的问题不需要再提了。"

谈到口试，我想在这里补充两个小例子，以见德国口试的情况，以及教授的权威。19世纪末，德国医学泰斗微耳和（Virchow）有一次口试学生，他把一盘子猪肝摆在桌子上，问学生道："这是什么？"学生瞠目结舌，半天说不出话来。他哪里会想到教授会拿猪肝来呢？结果是口试落第。微耳和对他说：
"一个医学工作者一定要实事求是，眼前看到什么，就说是什么。
连这点本领和勇气都没有，怎能当医生呢？"又一次，也是这
位微耳和在口试，他指了指自己的衣服，问："这是什么颜色？"
学生端详了一会儿，郑重答道："枢密顾问（德国成就卓著的教
授的一种荣誉称号）先生！您的衣服曾经是褐色的。"微耳和大
笑，立刻说："你及格了！"因为他不大注意穿着，一身衣服穿
了十几年，原来的褐色变成黑色了。这两个例子虽小，但是意
义却极大。它告诉我们，德国教授是怎样处心积虑地培养学生
实事求是、不受任何外来影响干扰的观察问题的能力。

回头来谈我的副系问题。我坚决不选汉学，这已是定不可
移的了。那么选什么呢？我考虑过英国语言学和德国语言学。
后来，又考虑过阿拉伯文。我还真下功夫学了一年阿拉伯文。
后来，又觉得不妥，决定放弃。最后选定了英国语言学与斯拉
夫语言学。但斯拉夫语言学，不能只学一门俄文。我又加学了
南斯拉夫文。从此天下大定。

斯拉夫语研究所也在高斯—韦伯楼里面。从那以后，我每
天到研究所来，学习一整天。主要精力当然是用到学习梵文和
巴利文上。梵文班原先只有我一个学生。大概从第三学期开始，
来了两个德国学生：一个是历史系学生，一个是一位乡村牧师。
前者在我来哥廷根以前已经跟西克教授学习过几个学期。等到
我第二学年开始时，他来参加，没有另外开班，就在一个班上。
我最初对他真是肃然起敬，他是老学生了。然而，过了不久，

我就发现，他学习颇为吃力。尽管他在中学时学过希腊文和拉丁文，又懂英文和法文，但是对付这个语法规则烦琐到匪夷所思的程度的梵文，他却束手无策。在课堂上，只要老师一问，他就眼睛发直，口发呆，嗫嗫嚅嚅，说不出话来。一直到第二次世界大战爆发，他被征从军，始终没能征服梵文，用我的话来说，就是，他没有跳过龙门。

我自己学习梵文，也并非一帆风顺。这一种在现在世界上已知的语言中语法最复杂的古代语言，形态变化之丰富，同汉语截然相反。我当然会感到困难。但是，既然已经下定决心要学习，就必然要把它征服。在这两年内，我曾多次暗表决心：一定要跳过这个龙门。

章用一家

我上面屡次提到章用，对他的家世也做了一点简要的介绍，现在集中谈他的一家。

章士钊下台以后，夫妇俩带着三个儿子，到欧洲来留学，就定居在哥廷根。后来章士钊先回国，大儿子章可转赴意大利去就学，三儿子章因到英国去念书，只有二儿子章用留在哥廷根，陪伴母亲。我到哥廷根的时候，情况就是这样，母子在这里已经住了几年了。

他们租了一层楼，是在一座小洋楼的顶层，下面两层德国房东自己住。男房东一脸横肉，从来不见笑容，是一个令人见而生厌的人。他有一个退休的老母亲，看样子有七八十岁了，老态龙钟，路都走不全，孤身一人，住在二楼的一间小房子里。母子不在一起吃饭。我拜访章用时，有时候看到她的卧室门外地上摆着一份极其粗粝的饭菜，一点儿热气都没有。用中国话说就是"连狗都不吃的"。男房东确实养着一条大狼狗。他这条狗不但不吃这样的饭，据说非吃牛肉不行。牛肉吃多了，患了胃病，还要请狗大夫会诊。有一次，老太太病了，我到章家去，一连几天，看到同一份饭摆在房门口，清冷，寂寞，在等候着老太太享用。可惜这时候她大概连床都起不来了。

这是顺便提到的闲话，还是谈主题吧。

章老太太（我同龙丕炎管她叫"章伯母"）是英国留学生，英文蛮好的。她当孙中山的秘书，据说就是管英文的。她崇拜英国，到了五体投地的程度。英国人的傲慢与偏见，她样样俱全。对英文的崇拜，也绝不下于英国人。英国人常以英文自傲。他们认为，口叼雪茄烟而能运用自如的语言，大千世界中只有英文。因此，在西方国家中，最不肯学外国语言的人，就是英国人。而其他国家的人则必须以学习英文为神圣职责。在这方面，章伯母是一个地地道道的英国人。她来德国几年，连一句德语"早安""晚安"都不会说。她每天必须出去买东西。无论有多大本领，多少偏见，她反正无法让德国店员都履行自己的神圣职责。她就手持一本英德文小字典，想买什么东西，先找出英文，下面跟着就是德文，只需用手指头一指，店员就明白了。要买三个或者三斤，再伸出三个手指头。于是这一个买卖活动立即完成，不费吹灰之力，皆大欢喜。

她不肯说德国话，当然更不肯认德国字，德国的花体字母更成了她的眼中钉。这种字母与英法德等国通用的拉丁字母不同，认起来比较麻烦。法西斯锐意提倡花体字，以表示自己德意志超于一切的爱国主义。街名牌子多半改用了这种字母。因此，章伯母就遇到了更大的麻烦。再加上，她辨别方向、记忆街名的能力低到惊人的水平，在哥廷根住了几年，依然不辨东西南北。有几次出门，走路比较远了一点，结果是找不回家来。

章伯母就是这样一个人。她虽然已年逾花甲，但是却幼稚而单纯，似乎有点儿不失其赤子之心。在别的方面也有同样的表现，她出身名门大族，自己是留英学生，做过孙中山的秘书，嫁的丈夫又是北洋政府的总长，很自然地养成一种恶性发展的门第优越感。别人也许有这种优越感，但总是想方设法掩蔽起来，也许还做出一点谦恭下士的伪装。章伯母不懂这一套，她认为自己是"官家"，我们都是"民家"，官民悬隔，有如天壤，泾渭分明，不容混淆，她一开口就是："我们官家如何如何，你们民家又如何如何。"态度坦率泰然，毫不扭怩。我们听了，最初是吃一大惊，继之是觉得可笑。有时候也来点恶作剧，故意提高了声音说："你们官家也是用筷子吃饭，用茶杯喝茶吗？"她丝毫也觉察不出我们的用心，继续"官家""民家"嚷嚷不休。在这方面，她已修炼得超凡入圣，我辈凡人实在是束手无策。

她儿子章用是很聪明的人，对自己母亲这种举动当然是看不惯的。他是一个沉默寡言的人，又是一个很孝顺的人。他从不打断母亲的话。但是从他那紧蹙的眉头来看，他是很不愉快的。他经常好像是在考虑什么问题，也许是数学问题，也许是什么别的东西。平日家居，大概不大同母亲闲聊。老太太独处危楼，举目无亲，没有任何德国朋友，没有人可以说话，一定是寂寞得难以忍耐。所以一见我们这些"民家",便喜笑颜开,嘴里连连说着:"我告诉你一件大事!"连气都喘不上来。她所说的"大事",都是屁大的小事。她喋喋不休,话总说不完。但是她一不读书,二不看报,可谈的话题实在有限。往往是三句话过后,就谈章士钊,谈章士钊同她结婚时的情景。章士钊当了大官,但是对待妻子,总以西方礼节为准。上汽车给她开车门,走路挽着她的胳臂,而且满嘴喊 Darling(亲爱的)不止。她自己如坐云端,认为自己是普天之下最幸福的妇女。但是,天有不测风云,有一天,她忽然发现真实情况完全不是这个样子。于是立刻从九天之上的云端坠了下来。适逢章士钊也下了台,于是夫妇同儿子们来到了哥廷根。

她谈的有关章士钊的情况,远远不止这一点。为了为贤者讳,我在这里就讲这一些。在将近两年的时间内,她讲丈夫的故事,不知讲了多少遍,有时候绘形绘声,讲得琐细生动之至。这对章用当然更是刺激。他虽然照常是沉默不语,然而眉头却蹙得更加厉害了。

就这样,章伯母欢迎我们到她家去,我自己也愿意去看一看这一位简单天真的老人。我的目的主要是去找章用,听他谈一些问题。他母亲说,我一去,章用就好像变了一个人,脸上有了笑容,话也多了起来。这时,老太太显然也高兴了起来,立刻拿点心,沏龙井茶,还多半要留我吃饭,嘴里一方面讲章士钊,一方面忙前忙后,忙得不可开交。我同章用谈论什么问题,也谈得兴致正浓。有几次,在这样谈话的间隙中,忽然听到楼外雷声如播鼓。从楼顶上的小玻璃窗子里看出去，天空阴云翻滚，东面山上的丛林被乱云封住，迷蒙成一片，颇感到大自然的威力。但是，我们谈兴不减，稍一注意，就听到大雨敲窗的声音。

这样美好的时光并不很长，可能只有1936年一个夏天。一转到1937年，章家的国内经济来源出了问题，无力供给在德、英、意三个国家的孩子读书和生活。他们决定，章用先回国去探听探听。章用走了以后，老太太孤身一人，留在哥廷根，等候儿子的消息。此时，我同龙丕炎就承担了照看老太太的责任。我们三个人每天在饭馆里一起吃午饭。每天见面时，老太太照例气喘吁吁地说："我告诉你一件大事！"我们知道，绝没有什么大事。吃过午饭，送老太太回家，天天如此。后来，章用从国内来了信：经济问题无法解决，章用不能回来了，要老太太也立刻回国。我们于是又帮她退房子，收拾东西，办护照，买车船票，忙成一团。就在这样的非常时期，老太太还并没有忘记了自己的"官家"身份。她照了相，要我们帮她挑选"标准像"，回国后好送给新闻记者。

老太太终于走了，章用一家在哥廷根长达六七年的生活也终于结束了。章用在德国苦读了六七年，最终也没有能再回德国来，没有能取得博士学位。从此以后，我同他们母子都没有能再见面。章用先在浙江大学教书。抗战军兴，到处播迁，在颠沛流离之中，他没有忘记我，也没有忘记写诗。时常有信给我，有时附上自己的诗。我现在还能记住一些他的诗，比如"常歌建德非吾土，岂意祁门来看山"，等等。不记得是在哪一年了，他把自己生平写的不算太多的诗全部寄给了我。我不知道，他是怎样考虑的。难道他已经预感到自己肺病缠身，将不久于人世，因而尽早把自己心血的结晶寄给可靠的朋友，传之其人吗？他的预感是正确的，不久他就在流离播迁中离开人世，只剩下我这个受他重托的人还活在人间。综观章用一生，他是一个寂寞的人，一个孤傲的人，一个落落寡合的人，一个短命的才人。他是把我这个同他仅仅有一年多交谊的人，看作自己唯一的知己的。此境可悲，此情可感！现在茫茫人世，芸芸众生，知道章用，想到章用的人，恐怕只有我一个了。我愈来愈感到，我也失去了一位难得的知己。然而人天悬隔，欲哭无泪，"上穷碧落下黄泉，两处茫茫皆不见"，恐怕我要抱恨终天了。悲夫！

第二次世界大战爆发

一转眼，时间已经到了 1939 年。

在这以前的两年内，德国的邻国，每年春天一次，秋天一次，患一种奇特的病，称之为"侵略狂"或者"迫害狂"都是可以的，我没有学过医，不敢乱说。到了此时，德国报纸和广播电台就连篇累牍地报道：德国的东西南北四邻中有一个邻居迫害德国人了，挑起争端了，进行挑衅了，说得声泪俱下，气贯长虹。德国人心激动起来了，全国沸腾了。但是接着来的是德国出兵镇压别人，占领了邻居的领土。他们把这种行动叫"抵抗"，到邻居家里去"抵抗"。德国法西斯有一句名言："谎言说上一千遍，就变成了真理。"这就是他们新闻政策的灵魂。连我最初都有点儿相信，德国人不必说了。但是到了下半年，或者第二年的上半年，德国的某一个邻居又患病了，而且患的是同一种病，不由得我不起疑心。德国人聪明绝世，在政治上却幼稚天真如儿童。

他们照例又激动起来了，全国又沸腾起来了。结果又有一个邻国倒了霉。

我预感到情况不妙，大有"山雨欲来风满楼"之势了。

事实证明，我的预感是正确的。

1939 年 9 月 1 日，德国的东邻波兰犯了上面说的那种怪"病"，德国"被迫"出兵"抵抗"，没有用很多的时间，波兰的"病"就完全治好了，全国被德军占领。如此接二连三，许多邻国的"病"都被德国治好，国土被他们占领。等到法国的马其诺防线被突破，德军进占巴黎以后，德国的四邻的"病"都已完全被法西斯治好了。我预感，德国又要寻找新的病人了。这个病人不是别的国家，只能是苏联。

事实证明，我的预感又不幸而言中了。

1941 年 6 月 22 日，我早晨一起来，女房东就告诉我，德国同苏联已经开了火。我的日记上写道："这一着早就料到，却没想到这样快。"这本来应该说是一件天大的事，但是德国人谁也不紧张。原因大概是，最近几年来，几乎每年两次出现这样的事，"司空见惯浑无事"了。我当然更不会紧张。前两天约好同德国朋友苹可斯（Pinks）和格洛斯（Gross）去郊游，照行不误。整整一天，我们乘车坐船，几次渡过小河，在旷野绿林中，步行了几十公里，唱歌，拉手风琴，野餐，玩儿了个不亦乐乎，尽欢而归，在灯火管制、街灯尽熄的情况下，在黑暗中摸索着走回了家。无论是对我，还是对德国朋友来说，早晨德苏宣战的消息，给我们没有留下任何印象。

第一次世界大战爆发时，我刚三岁，什么事情都不知道。后来读了一些关于这方面的书，看到战火蔓延之广，双方搏斗之激烈，伤亡人数之多，财产损失之重，我总想象，这样大的大事开始时一定是惊天地，泣鬼神，上至三十三天，下达十八层地狱，无不震动，无不惊恐，才合乎情理。现在，我竟有幸亲身经历了规模比第一次世界大战要大得多，时间要长得多，伤亡要重得多的第二次世界大战的开端。可是万万没有想到，这一出人类历史上罕见的大戏，开端竟是这样平淡无奇。事后追思，真颇有点儿失望不过瘾的感觉了。

然而怪事还在后面。

战争既已打响，不管人们多么淡漠，总希望听到进一步的消息：是前进了呢？是后退了呢？是相持不下呢？然而任何消息都没有。23日没有，24日没有，25日没有，26日没有，27日仍然没有。到了28日，我在日记中写道："东战线的消息，一点都不肯定。我猜想，大概德军不十分得手。"隐含幸灾乐祸之意。然而，在整整沉默了一个礼拜之后，到了又一个礼拜日——29日，广播却突如其来地活泼，一个早晨就播送了八个"特别广播"：德军已在苏联境内长驱直入，势如破竹。一个"特别广播"报告一个重大胜利。一直表现淡漠的德国人，震动起来了，他们如疯了似的，山呼"万岁"，而我则气得内心暴跳如雷，一听"特别广播"，神经就极度紧张，浑身发抖，没有办法，就用双手堵住耳朵，心里数着一、二、三、四等，数到一定的程度，心想广播恐已结束；然而一松手，广播喇叭怪叫如故。此时我

人心激动起来了，全国沸腾了。但是德国毕竟
是德国出兵镇压别人，占领了别的国的领土。他
们把这种行动叫作"抗议"，到处都是这"抗
议"。德国法西斯有一句名言："谎言说上一千
遍，就变成了真理。"这就是他们新闻的关
键。连我最初都有点相信，德国人不过了
八但是到了下半年，未来第二年的上半年，德国
的某一个别的国又患病了，而且患的是同一种病
，不由得我不起疑心。德国人聪明绝世，在此
治上却幼稚天真如儿童。他们照例又激动起来
了，全国又沸腾起来了。结果又有一个别的国倒
了霉。

　　我预感到情况不妙，大有"山雨欲来风满
楼"之势了。

　　事实证明，我的预感是正确的。

　　1939年9月1日，德国的兵到波兰犯了上
面说的那种性"病"，德国被迫出兵"抗议"，没
有用很多的时间，波兰的"病"就完全治好了。
全国被德军占领。如此接二连三，许多别的国的
"病"都被德国治好，国土被他们占领。等到法
国的马其诺防线被突破，德军进占巴黎以后，
德国的四周的"病"都已完全被法西斯治好了
，我预感，德国人要寻找新的病人了。这个病
人不是别的国家，只能是苏联。

　　事实证明，我的预感又不幸而言中了。

《留德十年·第二次世界大战爆发》手稿（一）

1941年6月22日，我早晨一起来，女房东就告诉我，德国同苏联已经开了火。我的日记上写道："这一着早就料到，却没想到这样快。"这本来应该说是一件天大的事，但是德国人谁也不紧张。原因大概是，最近几年来，几乎每年两次大规进样的事，"司空见惯浑无事"了。我当然更不会紧张。前两天约好同 Frau Pinks 和 Gross 去北郊远足，照行不误。整整一天，我们乘车坐船，几次渡过小河，在旷野丛林中，步行了几十公里。唱歌，拉手风琴，野步，玩了一个下午半天，尽欢而归。在打打杀杀，街灯全熄的情况下，在黑暗中摸索着走回了来。无论是对我，还是对德国朋友来说，今天早晨德苏宣战的消息，给我们没有留下任何印象。

第一次世界大战大爆发时，我刚三岁，什么事情都不知道。后来读了一些关于这方面的书，看到战火蔓延之广，双方搏斗之激烈，伤亡人数之多，财产损失之重，我总想像，这样大的大事开始时一定是惊天地，泣鬼神，上生三十三天，下达十八层地狱，无不震动，无不惶恐，才合乎情理。现在，我竟身临其境身经历了规模比第一次世界大战重大得多，时间要长得多，伤亡惨重得多的第二次世界大战的开端，可是万万没有想到，这一次人类历史上罕见的大战，开端竟是这样平淡无奇。事怕想起来，有

《留德十年·第二次世界大战爆发》手稿（二）

心中热血沸腾，直冲脑海。晚上需要吃加倍的安眠药，才能勉强入睡。30日的日记里写道："住下去,恐怕不久就会进疯人院。"

我的失眠症从此进入严重的阶段了。

完成学业，尝试回国

　　精神是苦闷的，形势是严峻的；但是我的学业仍然照常进行。

　　在我选定的三个系里，学习都算是顺利。主系梵文和巴利文，第一学期，瓦尔德施米特教授讲梵文语法，第二学期就念梵文原著《那罗传》，接着读迦梨陀娑的《云使》等。从第五学期起，就进入真正的 Seminar（讨论班），读中国新疆吐鲁番出土的梵文佛经残卷，这是瓦尔德施米特教授的拿手好戏，他的老师 H. 吕德斯（H. Lüders）和他自己都是这方面的权威。第六学期开始，他同我商量博士论文的题目，最后定为研究《大事》（Mahāvastu）偈陀部分的动词变化。我从此就在上课、教课之余，利用一切可利用的时间，啃那厚厚的三大册《大事》。第二次世界大战爆发后不久，我的教授被征从军。已经退休的西克教授，以垂暮之年，出来代替他上课。西克教授真正是诲人不倦，第一次上课他就对我郑重宣布：他要把自己毕生最专长的学问，统统地毫无保留地全部传授给我，一个是《梨俱吠陀》，一个是印度古典语法《大疏》，一个是《十王子传》，最后是吐火罗文。他是读通了吐火罗文的世界大师。就这样，在瓦尔德施米特教授从军期间，我就一方面写论文，一方面跟西克教授上课。学习是顺利的。

一个副系是英国语言学，我也照常上课，这些课也都是顺利的。

专就博士论文而论，这是学位考试至关重要的一项工作。教授看学生的能力，也主要是通过论文。德国大学对论文要求十分严格，题目一般都不大，但必须有新东西，才能通过。有的中国留学生在德国已经待了六七年，学位始终拿不到，关键就在于论文。章用就是一个例子。一个姓叶的留学生也碰到了相同的命运。我的论文，题目定下来以后，我积极写作。到了1940年，已经基本写好。瓦尔德施米特从军期间，西克也对我加以指导。他回家休假，我就把论文送给他看。我自己不会打字，帮我打字的是迈耶（Meyer）家的大女儿伊姆加德（Irmgard），一位非常美丽的女孩子。这一年的秋天，我天天晚上到她家去。因为梵文字母拉丁文转写，符号很多，穿靴戴帽，我必须坐在旁边，才不致出错。9月13日，论文打完。事前已经得到瓦尔德施米特的同意。10月9日，把论文交给文学院长戴希格雷贝尔（Deichgräber）教授。德国规矩，院长安排口试的日期，而院长则由最年轻的正教授来担任。戴希格雷贝尔是希腊文、拉丁文教授，是刚被提升为正教授的。按规矩本应该三个系同时口试。但是瓦尔德施米特正值休假回家，不能久等，英文教授勒德尔（Roeder）却有病住院，在 1940 年 12 月 23 日口试时，只有梵文和斯拉夫语言学，英文以后再补。我这一天的日记是这样写的：

早晨 5 点就醒来。心里只是想到口试，再也睡不着。7 点起来，吃过早点，又胡乱看了一阵书，心里极慌。

9 点半到大学办公处去。走在路上，像待决的囚徒。10 点多开始口试。Prof. Waldschmidt（瓦尔德施米特教授）先问，只有 Prof. Deichgräber（戴希格雷贝尔教授）坐在旁边。Prof. Braun（布劳恩教授）随后才去。主科进行得异常顺利。但当 Prof. Braun 开始问的时候，他让我预备的全没问到。我心里大慌。他的问题极简单，简直都是常识。但我还不能思维，颇呈慌张之相。12 点下来，心里极难过。此时，及格不及格倒不成问题了。

我考试考了一辈子，没想到在这最后一次考试时，自己竟会这样慌张。第二天的日记：

心绪极乱。自己的论文不但 Prof. Sieg、Prof.

Waldschmidt 认为极好,就连 Prof. Krause 也认为难得,满以为可以作一个很好的考试;但昨天俄文口试实在不佳。我所知道的他全不问,问的全非我所预备的。到现在想起来,心里还极难过。

这可以说是昨天情绪的余波。但是当天晚上:

7点前到 Prof. Waldschmidt 家去,他请我过节(羡林按:指圣诞节)。飘着雪花,但不冷。走在路上,心里只是想到昨天考试的结果,我一定要问他一问。一进门,他就向我恭喜,说我的论文是 sehr gut(优),印度学(Indologie)sehr gut,斯拉夫语言也是 sehr gut。这实在出我意料,心里对 Prof. Braun 发生了无穷的感激。

他的儿子先拉提琴,随后吃饭。吃完把耶诞树上的蜡烛都点上,喝酒,吃点心,胡乱谈一气。10点半回家,心里仍然想到考试的事情。

到了第二年 1941 年 2 月 19 日,勒德尔教授病愈出院,补英文口试,瓦尔德施米特教授也参加了,我又得了一个 sehr gut。连论文加口试,共得了四个 sehr gut。我没有给中国人丢脸,可以告慰我亲爱的祖国,也可以告慰母亲在天之灵了。博士考试一幕就此结束。

至于我的博士论文，当时颇引起了一点儿轰动。轰动主要来自 Prof. Krause（克劳泽教授）。他是一位蜚声世界的比较语言学家，是一位非凡的人物，自幼双目失明，但有惊人的记忆力，过耳不忘，像照相机那样准确无误。他能掌握几十种古今的语言。北欧几种语言，他都能说。上课前，只需别人给他念一遍讲稿，他就能几乎是一字不差地讲上两个小时。他也跟西克教授学过吐火罗语，他的大著《西吐火罗语语法》被公认为能够跟西克、西格灵（Siegling）、舒尔策（Schulze）的吐火罗语语法媲美。他对我的博士论文中关于语尾——mathe 的一段附录，给予了极高的评价，因为据说在古希腊文中有类似的语尾，这种偶合对研究印欧语系比较语言学有突破性的意义。1941 年 1 月 14 日，我的日记中有下列一段话：

Hartmann（哈特曼）去了。他先祝贺我的考试，又说：Prof. Krause 对我的论文赞不绝口，关于 Endung matha（动词语尾 matha）简直可以说是一个重要的发现。他立刻抄了出来，说不定从这里还可以得到有趣的发明。这些话伯恩克（Boehncke）小姐已经告诉过我。我虽然也觉得自己的论文并不坏，但并不以为有什么不得了。这样一来，自己也有点飘飘然起来了。

关于口试和论文，就写这样多。因为这是我留德十年中比较重要的问题，所以写多了。

我为什么非要取得一个博士学位不行呢？其中原因有的同一般人一样，有的则可能迥乎不同。中国近代许多大学者，比如王国维、梁启超、陈寅恪、郭沫若、鲁迅等，都没有什么博士头衔，但都在学术史上有地位。这一点我是知道的。可这些人都是不平凡的天才，博士头衔对他们毫无用处。但我扪心自问，自己并不是这种人，我从不把自己估计过高，我甘愿当一个平凡的人，而一个平凡的人，如果没有金光闪闪的博士头衔，则在抢夺饭碗的搏斗中必然是个失败者。这可以说是动机之一，但是还有之二。我在国内时对某一些趾高气扬、不可一世的留学生看不顺眼，窃以为他们也不过在外国炖了几年牛肉，一旦回国，在非留学生面前就摆起谱来了。但自己如果不是留学生，则一表示不平，就会有人把自己看成一个吃不到葡萄而说葡萄酸的狐狸。我为了不当狐狸，必须出国，而且必须取得博士学位。这个动机，说起来十分可笑，然而却是真实的。多少年来，博士头衔就像一个幻影，飞翔在我的眼前，或近或远，或隐或显。有时候近在眼前，似乎一伸手就可以抓到；有时候又远在天边，可望而不可即。有时候熠熠闪光，有时候又晦暗不明。这使得我时而兴会淋漓，时而又垂头丧气。一个平凡人的心情，就是如此。

现在夙愿终于实现了，我立即又想到自己的国和家。山川信美非吾土，漂泊天涯胡不归。适逢 1942 年德国政府承认了南京汉奸汪记政府，国民党政府的公使馆被迫撤离，撤到瑞士去。

我经过仔细考虑，决定离开德国，先到瑞士去，从那里再设法回国。我的初中同班同学张天麟那时住在柏林，我想去找他，看看有没有办法可想。决心既下，就到我认识的师友家去辞行。大家当然都觉得很可惜，我心里也充满了离情别绪。最难过的一关是我的女房东。此时男房东已经故去，儿子结了婚，住在另外一个城市里。我是她身边唯一的一个亲人，她是拿我当儿子来看待的。回忆起来，她丈夫逝世的那一个深夜，是我跑到大街上去叩门找医生，回家后又伴她守尸的。如今我一旦离开，五间房子里只剩下她孤身一人，冷冷清清，凄凄惨惨，她如何能忍受得了！她一听到我要走的消息，立刻放声痛哭。我一想到相处七年，风雨同舟，一旦诀别，何日再见？也不禁热泪盈眶了。

到了柏林以后，才知道，到瑞士去并不那么容易。即便到了那里，也难以立即回国。看来只能留在德国了。此时战争已经持续了三年，虽然小的轰炸已经有了一些，但真正大规模的猛烈的轰炸，还没有开始。在柏林，除了食品短缺外，生活看上去还平平静静。大街上仍然是车水马龙，行人熙攘，脸上看不出什么惊慌的神色。我抽空去拜访了大教育心理学家施普兰格尔（E. Sprabger），又到普鲁士科学院去访问西格灵教授，他同西克教授共同读通了吐火罗文。我读他的书已经有些年头了，只是从未晤面。他看上去非常淳朴老实，木讷寡言，在战争声中仍然伏案苦读，是一个典型的德国学者。就这样，我在柏林住了几天，仍然回到了哥廷根，时间是 1942 年 10 月 30 日。

我一回到家，女房东仿佛凭空捡了一只金凤凰，喜出望外。我也仿佛有游子还家的感觉。回国既已无望，我只好随遇而安，丢掉一切不切实际的幻想，同德国共存亡，同女房东共休戚了。

　　我又恢复了七年来的刻板单调的生活。每天在家里吃过早点，就到高斯—韦伯楼梵文研究所去，在那里一直工作到中午。午饭照例在外面饭馆子里吃。吃完仍然回到研究所。我现在已经不再是学生，办完了退学手续，专任教员了。我不需要再到处跑着去上课，只是有时到汉学研究所去给德国学生上课。主要精力用在自己读书和写作上。我继续钻研佛教混合梵语，沿着我的博士论文所开辟的道路前进。除了肚子饿和间或有的空袭外，生活极有规律，极为平静。研究所对面就是大学图书馆，我需要的大量的有时甚至极为稀奇古怪的参考书，这里几乎都有，真是一个理想的学习和写作的环境。因此，我的写作成果是极为可观的。在博士后的五年内，我写了几篇相当长的论文，刊登在《哥廷根科学院院刊》上，自谓每一篇都有新的创见；直到今天，已经过了将近半个世纪，还不断有人引用。这是我毕生学术生活的黄金时期，从那以后再没有过了。

　　日子虽然过得顺利、平静，但也不能说一点儿波折都没有。德国法西斯政府承认了汪伪政府，这就影响到我们中国留学生的居留问题：护照到了期，到哪里去请求延长呢？这个护照算是哪一个国家的使馆签发的呢？这是一个事关重大又亟待解决的问题。我同张维等几个还留在哥廷根的中国留学生，严肃地商议了一下，决意到警察局去宣布自己为无国籍者。这在国际法上是可以允许的。所谓"无国籍者"就是对任何国家都没有任何义务，但同时也不受任何国家的保护，其中是有一点儿风险的。然而事已至此，只好走这一步了。从此我们就变成了像天空中的飞鸟一样的人，看上去非常自由自在，然而任何人都能伤害它。

事实上，并没有任何人伤害我们。在轰炸和饥饿的交相压迫下，我的日子过得还算是平静的。我每天又机械地走过那些我已经走了七年的街道，我熟悉每一座房子，熟悉每一棵树。即使闭上眼睛，我也决不会走错了路。但是，一到礼拜天，就到了我难过的日子。我仍然习惯于一大清早就到席勒草坪去，脚步不由自主地向那个方向转。席勒草坪风光如故，面貌未改，仍然是绿树四合，芳草含翠。但是，此时我却是形单影只，当年那几个每周必碰头的中国朋友，都已是天各一方，世事两茫茫了。

我感到凄清与孤独。

大轰炸

然而来了大轰炸。

战争已经持续了三四年。最初一二年，英美苏的飞机也曾飞临柏林上空，投掷炸弹。但那时技术水平还相当低，炸弹只能炸坏高层楼房的最上一二层，下面炸不透。因此每一座高楼都有的地下室就成了全楼的防空洞，固若金汤，人们待在里面，不必担忧。即使上面中了弹，地下室也只是摇晃一下而已。德国法西斯头子都是说谎专家、牛皮大王。这一件事他们也不放过。他们在广播里报纸上，嘲弄加吹嘘，说盟军的飞机是纸糊的，炸弹是木制的，德国的空防系统则是铜墙铁壁。政治上比较天真的德国人民，哗然和唱，全国一片欢腾。

然而曾几何时，盟军的轰炸能力陡然增强。飞来的次数越来越多，每一次飞机的数目也越增越多。不但白天来，夜里也能来。炸弹穿透力量日益提高，由穿透一两层提高到穿透七八层，最后十几层楼也抵挡不住。炸弹由楼顶穿透到地下室，然后爆炸。此时的地下室就再无安全可言了。我离开柏林不久，英国飞机白天从西向东飞，美国飞机晚上从东向西飞，在柏林"铺起了地毯"。所谓"铺地毯"是当时新兴的一个名词，意思是，飞机排成了行列，每隔若干米丢一颗炸弹，前后左右，不留空隙，就像客厅里铺地毯一样。到了此时，法西斯头子王顾左右而言他，以前的牛皮仿佛根本没有吹过，而老实的德国人民也奉陪健忘，再也不提什么"纸糊木制"了。

哥廷根是个小城，最初盟国飞机没有光临。到了后来，大城市已炸遍，有的是接二连三地炸，小城市于是也蒙垂青。哥廷根总共被炸过两次，都是极小规模的，铺地毯的光荣没有享受到。这里的人民普遍大意，全城没有修筑一个像样的防空洞。一有警报，就往地下室里钻。灯光管制还是相当严的。每天晚上，在全城一片黑暗中，不时有"Licht aus！"（灭灯！）的呼声喊起，回荡在夜空中，还颇有点诗意哩。有一夜，英国飞机光临了，我根本无动于衷，拥被高卧。后来听到炸弹声就在不远处，楼顶上的窗子已被震碎。我一看不妙，连忙狼狈下楼，钻入地下室里。心里自己念叨着：以后要多加小心了。

第二天早起进城，听到大街小巷都是清扫碎玻璃的哗啦哗啦声。原来是英国飞机开了一个不大不小的玩笑：他们投下的是气爆弹，目的不在伤人，而在震碎全城的玻璃。他们只在东西城门处各投一颗这样的炸弹，全城的玻璃大部分都被气流摧毁了。

万没有想到，我在此时竟碰到一件怪事。我正在哗啦声中，沿街前进，走到兵营操场附近，从远处看到一个老头，弯腰屈背，仔细看什么。他手里没有拿着笤帚之类的东西，不像是扫玻璃的。走到跟前，我才认清，原来是德国飞机制造之父、蜚声世界的流体力学权威普兰特尔（Prandtl）教授。我赶忙喊一声："早安，教授先生！"他抬头看到我，也说了声："早安！"他告诉我，他正在看操场周围的一段短墙，看炸弹爆炸引起的气流是怎样摧毁这一段短墙的。他嘴里自言自语："这真是难得的机会！我在流体力学试验室里是无论如何也装配不起来的。"我陡然一惊，立刻又肃然起敬。面对这样一位抵死忠于科学研究的老教授，我还能说些什么呢？

无独有偶。我听说，在南德慕尼黑城，在一天夜里，盟军大批飞机，飞临城市上空来"铺地毯"。正在轰炸高峰时，全城到处起火。人们都纷纷从楼上往楼下地下室或防空洞里逃窜，急急如漏网之鱼。然而独有一个老头却反其道而行之，他是从楼下往楼顶上跑，也是健步如飞，急不可待。他是一位地球物理学教授。他认为，这是极其难得的做实验的机会，在实验室里无论如何也不会有这样的现场：全城震声冲天，地动山摇。头上飞机仍在盘旋，随时可能有炸弹掉在他的头上。然而他全然不顾，宁愿为科学而舍命。对于这样的学者，我又有什么话好说呢？

大轰炸就这样在全国展开。德国人民怎样反应呢？法西斯头子又怎样办呢？每次大轰炸之后，德国人在地下室或防空洞里蹲上半夜，饥寒交迫，担惊受怕，情绪当然不会高。他们天性不会说怪话，至于有否腹诽，我不敢说。此时，法西斯头子立即宣布，被炸城市的居民每人增加"特别分配"一份，咖啡豆若干粒，还有一点儿别的什么。外国人不在此列。不了解当时德国情况的人，无法想象德国人对咖啡偏爱之深。有一本杂志上有一幅漫画：一只白金戒指，上面镶的不是宝石，不是金刚钻，而是一颗咖啡豆。可见咖啡身价之高。德国人挨过一次炸，正当接近闹情绪的节骨眼儿上，忽然"皇恩浩荡"，几粒咖啡豆从天而降，一杯下肚，精神焕发，又大唱德国必胜的滥调了。

　　在哥廷根第一次被轰炸之后，我再也不敢麻痹大意了。只要警笛一响，我立即躲避。到了后来，英国飞机几乎天天来。用不着再在家里恭候防空警报了。我吃完早点，就带着一个装满稿子的皮包，走上山去，躲避空袭。另外还有几个中国留学生加入了这个队伍，各自携带着认为有价值的东西，走向山中。最奇特的是刘先志和滕菀君两夫妇携带的东西，他们只提着一只篮子，里面装的一非稿子，二非食品，而是一只乌龟。提起此龟，大有来历，还必须解释几句。原来德国由于粮食奇缺，不知道从哪一个被占领的国家运来了一大批乌龟，供人食用。但是德国人吃东西是颇为保守的，对于这一批敢同兔子赛跑的勇士，有点儿见而生畏，哪里还敢往肚子里填！于是德国政府又大肆宣扬乌龟营养价值之高，引经据典，还不缺少统计图表，证明乌龟肉简直赛过仙丹醍醐。刘氏夫妇在柏林时买了这只乌龟。但看到它笨拙的躯体，灵活的小眼睛，一时慈上心头，不忍下刀，便把它养了起来，又从柏林带到哥廷根，陪我们天天上山，躲避炸弹。我们仰卧在绿草上，看空中英国飞机编队飞过哥廷根上空，一躺往往就是几个小时。在我们身旁绿草丛中，这一只乌龟瞪着小眼睛，迈着缓慢的步子，仿佛想同天空中飞驰的大东西，赛一个你输我赢一般。我们此时顾而乐之，仿佛现在不是乱世，而是乐园净土，天空中带着死亡威胁的飞机的嗡嗡声，霎时间变成了阆苑仙宫的音乐，我们忘掉了周围的一切，有点儿忘乎所以了。

在饥饿地狱中

同轰炸并驾齐驱的是饥饿。

我初到德国的时候，供应十足充裕，要什么有什么，根本不知饥饿为何物。但是，法西斯头子侵略成性（其实法西斯的本质就是侵略），他们早就扬言：要大炮，不要奶油。在最初，德国人桌子上还摆着奶油，肚子里填满了火腿，根本不了解这句口号的真正意义。于是，全国翕然响应，仿佛他们真不想要奶油了。大概从1937年开始，逐渐实行了食品配给制度。最初限量的就是奶油，以后接着是肉类，最后是面包和土豆。到了1939年，希特勒悍然发动第二次世界大战，德国人的腰带就一紧再紧了。这一句口号得到了完满的实现。

我虽生也不辰，在国内时还没有真正挨过饿。小时候家里穷，一年至多只能吃两三次白面，但是吃糠咽菜，肚子还是能勉强填饱的。现在到了德国，才真受了"洋罪"。这种"洋罪"

是慢慢地感觉到的。我们中国人本来吃肉不多，我们所谓"主食"实际上是西方人的"副食"。黄油从前我们根本不吃。所以在德国人开始沉不住气的时候，我还优哉游哉，处之泰然。但是，到了我的"主食"面包和土豆限量供应的时候，我才感到有点儿不妙了。黄油失踪以后，取代它的是人造油。这玩意儿放在汤里面，还能呈现出几个油珠儿。但一用来煎东西，则在锅里嗞嗞几声，一缕轻烟，油就烟消云散了。在饭馆里吃饭时，要经过几次思想斗争，从战略观点和全局观点反复考虑之后，才请餐馆服务员（Herr Ober）"煎"掉一两肉票。倘在汤碗里能发现几滴油珠，则必大声唤起同桌者的注意，大家都乐不可支了。

最困难的问题是面包。少且不说，实质更可怕。完全不知道里面掺了什么东西。有人说是鱼粉，无从否认或证实。反正是只要放上一天，第二天便有腥臭味儿。而且吃了，能在肚子里制造气体。在公共场合出虚恭，俗话就是放屁，在德国被认为是极不礼貌、有失体统的。然而肚子里带着这样的面包去看电影，则在影院里实在难以保持体统。我就曾在看电影时亲耳听到虚恭之声，此伏彼起，东西应和。我不敢耻笑别人。我自己也正在同肚子里过量的气体做殊死斗争，为了保持体面，想把它镇压下去，而终于还是以失败告终。

但是也不缺少令人兴奋的事：我打破了纪录，是自己吃饭的纪录。有一天，我同一位德国女士骑自行车下乡，去帮助农民摘苹果。在当时，城里人谁要是同农民有一些联系，别人会垂涎三尺的，其重要意义绝不亚于今天的走后门。这一位女士同一户农民挂上了钩，我们就应邀下乡了。苹果树都不高，只要有一个短梯子，就能照顾全树了。德国苹果品种极多，是本国的主要果品。我们摘了半天，工作结束时，农民送了我一篮子苹果，其中包括几个最优品种的；另外还有五六斤土豆。我大喜过望，跨上了自行车，有如列子御风而行，一路青山绿水看不尽，轻车已过数重山。到了家，把土豆全部煮上，蘸着积存下的白糖，一鼓作气，全吞进肚子，但仍然还没有饱意。

　　"挨饿"这个词儿，人们说起来，比较轻松。但这些人都是没有真正挨过饿的。我是真正经过饥饿炼狱的人，其中滋味实不足为外人道也。我非常佩服东西方的宗教家们，他们对人情世事真是了解到令人吃惊的程度，在他们的地狱里，饥饿被列为最折磨人的项目之一。中国也是有地狱的，但却是舶来品，其来源是印度。谈到印度的地狱学，那真是博大精深，蔑以加矣。"死鬼"在梵文中叫 Preta，意思是"逝去的人"。到了中国译经和尚的笔下，就译成了"饿鬼"，可见"饥饿"在他们心目中占多么重要的地位。汉译佛典中，关于地狱的描绘，比比皆是。《长阿含经》卷十九《地狱品》的描绘可能是有些代表性的。这里面说，共有八大地狱：第一大地狱名想，其中有十六小地狱：第一小地狱名曰黑沙，二名沸屎，三名五百钉，四名饥，五名渴，六名一铜釜，七名多铜釜，八名石磨，九名脓血，十名量火，十一名灰河，十二名铁丸，十三名斩斧，十四名豺狼，十五名剑树，十六名寒冰。地狱的内容，一看名称就能知道。饥饿在里面占了一个地位。这个饥饿地狱里是什么情况呢？《长阿含经》说：

（饿鬼）到饥饿地狱。狱卒来问："汝等来此，
欲何所求？"报言：

"我饿！"狱卒即捉扑热铁上，舒展其身，以铁
钩钩口使开，以热铁丸着其口中，焦其唇舌，从咽
至腹，通彻下过，无不焦烂。

这当然是印度宗教家的幻想。西方宗教家也有地狱幻想，
在但丁的《神曲》里面也有地狱。第六篇，但丁在地狱中看到
一个怪物，张开血盆大口，露出长牙；但丁的引导人俯下身子，
在地上抓了一把泥土，对准怪物的嘴，投了过去。怪物像狗一
样猖猖狂吠，无非是想得到食物。现在嘴里有了东西，就默然
无声了。西方的地狱内容实在太单薄，比起东方的地狱来，大
有小巫见大巫之势了。

为什么东西方宗教家都幻想地狱，而在地狱中又必须忍受
饥饿的折磨呢？他们大概都认为饥饿最难忍受，恶人在地狱中
必须尝一尝饥饿的滋味。这个问题我且置而不论。不管怎样，
我当时实在是正处在饥饿地狱中，如果有人向我嘴里投掷热铁
丸或者泥土，为了抑制住难忍的饥饿，我一定会毫不迟疑地、
不顾一切地把它们吞了下去，至于肚子烧焦不烧焦，就管不了
那样多了。

我当时正在读俄文原文的果戈理的《钦差大臣》。在第二幕
第一场里，我读到了奥西普躺在主人的床上独自的一段话：

现在旅馆老板说啦，前账没有付清就不开饭；可我们要是付不出钱呢？（叹口气）唉，我的天，哪怕有点儿菜汤喝喝也好呀。我现在恨不得要把整个世界都吞下肚子里去。

这写得何等好呀！果戈理一定挨过饿，不然的话，他无论如何也写不出要把整个世界都吞下去的话来。

长期挨饿的结果是，人们都逐渐瘦了下来。现在有人害怕肥胖，提倡什么减肥，往往费上极大的力量，却不见效果。于是有人说："我就是喝白水，身体还是照样胖起来的。"这话现在也许是对的，但在当时却完全不是这样。我的男房东在战争激烈时因心脏病死去。他原本是一个大胖子，到死的时候，体重已经减轻了二三十公斤，成了一个瘦子了。我自己原来不胖，没有减肥的物质基础。但是饥饿在我身上也留下了伤痕：我失掉了饱的感觉，大概有八年之久。后来到了瑞士，才慢慢恢复过来。此是后话，这里不提了。

德国的老师们

　　在深切怀念我的两个不在眼前的母亲的同时，在我眼前那一些德国老师们，就越发显得亲切可爱了。

　　在德国老师中同我关系最密切的当然是我的 Doktor-Vater（博士父亲）瓦尔德施米特教授。我同他初次会面的情景，我在上面已经讲了一点儿。他给我的第一个印象是，他非常年轻。他的年龄确实不算太大，同我见面时，大概还不到四十岁吧。他穿一身厚厚的西装，面孔是孩子似的面孔。我个人认为，他待人还是彬彬有礼的。德国教授多半都有点儿教授架子，这是他们的社会地位和经济地位所决定的，是不以人的意志为转移的。后来听说，在我以后的他的学生们都认为他很严厉。据说有一位女士把自己的博士论文递给他，他翻看了一会儿，一下子把论文摔到地下，愤怒地说道："Das ist aber alles Mist！（这全是垃圾，全是胡说八道！）"这位小姐从此耿耿于怀，最终离

144

开了哥廷根。

我跟他学了十年，应该说，他从来没有对我发过脾气。他教学很有耐心，梵文语法抠得很细。不这样是不行的，一个字多一个字母或少一个字母，意义往往差别很大。我以后自己教学生，也学他的榜样，死抠语法。他的教学法是典型的德国式的。记得是德国19世纪的伟大东方语言学家埃瓦尔德（Ewald）说过一句话："教语言比如教游泳，把学生带到游泳池旁，把他往水里一推，不是学会游泳，就是淹死，后者的可能是微乎其微的。"瓦尔德施米特采用的就是这种教学法。第一二两堂，念一念字母。从第三堂起，就读练习，语法要自己去钻。我最初非常不习惯，准备一堂课，往往要用一天的时间。但是，一个学期四十多堂课，我就读完了德国梵文学家施腾茨勒（Stenzler）的教科书，学习了全部异常复杂的梵文文法，还念了大量的从梵文原典中选出来的练习。这个方法是十分成功的。

瓦尔德施米特教授的家庭，最初应该说是十分美满的。夫妇二人，一个上中学的十几岁的儿子。有一段时间，我帮助他翻译汉文佛典，常常到他家去，同他全家一同吃晚饭，然后工作到深夜。餐桌上没有什么人多讲话，安安静静。有一次他笑着对儿子说道："家里来了一个中国客人，你明天大概要在学校里吹嘘一番吧？"看来他家里的气氛是严肃有余，活泼不足。他夫人也是一个不大爱说话的人。

后来，大战一爆发，他自己被征从军，是一个什么军官。不久，他儿子也应征入伍。过了不太久，从1941年冬天起，东部战线胶着不进，相持不下，但战斗是异常激烈的。他们的儿子在北欧一个国家阵亡了。我现在已经忘记了，夫妇俩听到这个噩耗时反应如何。按理说，一个独生子幼年战死，他们的伤心可以想见。但是瓦尔德施米特教授是一个十分刚强的人，他在我面前从未表现出伤心的样子，他们夫妇也从未同我谈到此事。然而活泼不足的家庭气氛，从此更增添了寂寞冷清的成分，这是完全可以想象的了。

在瓦尔德施米特被征从军后的第一个冬天，他预订的大剧院的冬季演出票，没有退掉。他自己不能观看演出，于是就派我陪伴他夫人观看，每周一次。我吃过晚饭，就去接师母，陪她到剧院。演出有歌剧，有音乐会，有钢琴独奏，有小提琴独奏，等等，演员都是外地或国外来的，都是赫赫有名的人物。剧场里灯火辉煌，灿如白昼；男士们服装笔挺，女士们珠光宝气，一片升平祥和气象。我不记得在演出时遇到空袭，因此不知道敌机飞临上空时场内的情况。但是散场后一走出大门，外面是完完全全的另一个世界，顶天立地的黑暗，由于灯火管制，不见一缕光线。我要在这任何东西都看不到的黑暗中，送师母摸索着走很长的路到山下她的家中。一个人在深夜回家时，万籁俱寂，走在宁静的长街上，只听到自己脚步的声音，跫然而喜。但此时正是乡愁最浓时。

我想到的第二位老师是西克（Sieg）教授。

他的家世，我并不清楚。到他家里，见到他的老伴，是一个又瘦又小的慈祥的老人。子女或什么亲眷，从来没有见过。

看来是一个非常孤寂清冷的家庭。老夫妇情好极笃，相依为命。我见到他时，他已经早越过了古稀之年。他是我平生所遇到的中外各国的老师中对我最爱护、感情最深、期望最大的老师。一直到今天，只要一想到他，我的心立即剧烈地跳动，老泪立刻就流满全脸。他对我传授知识的情况，上面已经讲了一点儿，下面还要讲到。在这里我只讲我们师徒二人相互间感情深厚的一些情况。为了存真起见，我仍然把我当时的一些日记，一字不改地抄在下面：

1940年10月13日

　　昨天买了一张 Prof. Sieg 的相片，放在桌子上，对着自己。这位老先生我真不知道应该怎样感激他。他简直有父亲或者祖父一般的慈祥。我一看到他的相片，心里就生出无穷的勇气，觉得自己对梵文应该拼命研究下去，不然简直对不住他。

1941年2月1日

　　5点半出来，到 Prof. Sieg 家里去。他要替我交涉增薪，院长已答应。这真是意外的事。我真不知道应该怎样感谢这位老人家，他对我好得真是无微不至，我永远不会忘记！

原来他发现我生活太清苦，亲自找文学院长，要求增加我的薪水。其实我的薪水是足够用的，只因我枵腹买书，所以就

147

显得清苦了。

1941 年，我一度想设法离开德国回国。我在 10 月 29 日的日记里写道：

> 11 点半，Prof. Sieg 去上课。下了课后，我同他谈到我要离开德国，他立刻兴奋起来，脸也红了，说话也有点震颤了。他说，他预备将来替我找一个固定的位置，好让我继续在德国住下去，万没想到我居然想走。他劝我无论如何不要走，他要替我设法同 Rektor（大学校长）说，让我得到津贴，好出去休养一下。他简直要流泪的样子。我本来心里还有点迟疑，现在又动摇起来了。一离开德国，谁知道哪一年再能回来，能不能回来？这位像自己父亲一般替自己操心的老人十有八九是不能再见了。我本来容易动感情，现在更抑制不住自己，很想哭上一场。

像这样的情况，日记里还有一些，我不再抄录了。仅仅这三则，我觉得，已经完全能显示出我们之间的关系了。还有一些情况，我在下面谈吐火罗文的学习时再谈，这里暂且打住。

我想到的第三位老师是斯拉夫语言学教授布劳恩（Braun）。他父亲生前在莱比锡大学担任斯拉夫语言学教授，他可以说是家学渊源，能流利地说许多斯拉夫语。我见到他时，他年纪还轻，还不是讲座教授。由于年龄关系，他也被征从军。但根本没有上过前线，只是担任翻译，是最高级的翻译。苏联一些高级将领被德军俘虏，希特勒等法西斯头子要亲自审讯，想从中挖取超级秘密。担任翻译的就是布劳恩教授，其任务之重要可想而知。他每逢休假回家的时候，总高兴同我闲聊他当翻译时的一些花絮，很多是德军和苏军内部最高领导层的真实情况。他几次对我说，苏军的大炮特别厉害，德国难望其项背。这是德国方面从来没有透露过的极端机密，给我留下了深刻的印象。

他的家庭十分和美。他有一位年轻的夫人，两个男孩子，大的叫安德烈亚斯，有五六岁，小的叫斯蒂芬，只有二三岁。斯蒂芬对我特别友好，我一到他家，他就从远处飞跑过来，扑到我的怀里。他母亲教导我说："此时你应该抱住孩子，身体转上两三圈，小孩子最喜欢这玩意儿！"教授夫人很和气，好像有点儿愣头愣脑，说话直爽，但有时候没有谱。

布劳恩教授的家离我住的地方很近，走两三分钟就能走到。因此，我常到他家里去玩。他有一幅中国古代的刺绣，上面绣着五个大字：时有溪山兴。他要我翻译出来。从此他对汉文产生了兴趣，自己买了一本汉德字典，念唐诗。他把每一个字都查出来，居然也能讲出一些意思。我给他改正，并讲一些语法常识。对汉语的语法结构，他觉得既极怪而又极有理，同他所熟悉的印欧语系语言迥乎不同。他认为，汉语没有形态变化，也可能是优点，它能给读者以极大的联想自由，不像印欧语言那样被形态变化死死地捆住。

他是一个多才多艺的人，擅长油画。有一天，他忽然建议要给我画像。我自然应允了，于是有比较长的一段时间，我天天到他家里去，端端正正地坐在那里，当模特儿。画完了以后，他问我的意见。我对画不是内行，但是觉得画得很像我，因此就很满意了。在科学研究方面，他也表现了他的才艺。他的文章和专著都不算太多，他也不搞德国学派的拿手好戏：语言考据之学。用中国的术语来说，他擅长义理。他有一本讲19世纪沙俄文学的书，就是专从义理方面着眼，把列夫·托尔斯泰和陀思妥耶夫斯基列为两座高峰而展开论述，极有独特的见解，思想深刻，观察细致，是一部不可多得的著作。可惜似乎没有引起多少注意。

总之，布劳恩教授在哥廷根大学是颇为不得志的。正教授没有份儿，哥廷根科学院院士更不沾边儿。有一度，他告诉我，斯特拉斯堡大学有一个正教授缺了人，他想去，而且把我也带了去。后来不知为什么，没有实现。一直到四十多年以后我重新访问联邦德国时，我去看他，他才告诉我，他在哥廷根大学终于得到了一个正教授的讲座，他认为可以满意了。然而他已经老了，无复年轻时的潇洒英俊。我一进门他第一句话说的是："你晚来了一点，她已经在月前去世了！"我知道他指的是谁，我感到非常悲痛。安德烈亚斯和斯蒂芬都长大了，不在身边。老人看来也是冷清寂寞的。在西方社会中，失掉了实用价值的老人，大多如此。我亦无言了。去年听德国来人说，他已经去世。我谨以心香一瓣，祝愿他永远安息！

我想到的第四位德国老师是冯·格林博士（Dr. von Crimm）。据说他是来自俄国的德国人，俄文等于是他的母语，在大学里，他是俄文讲师。大概是因为他从来没有发表过什么学术论文，所以连副教授的头衔都没有。在德国，不管你外语多么到家，只要没有学术著作，就不能成为教授。工龄长了，工资可能很高，名位却不能改变。这一点同中国是很不一样的。中国教授贬值，教授膨胀，由来久矣。这也算是中国的"特色"吧。反正冯·格林始终只是讲师。他教我俄文时已经白发苍苍，心里总好像是有一肚子气，终日郁郁寡欢。他只有一个老伴，他们就住在高斯—韦伯楼的三楼上。屋子极为简陋。老太太好像终年有病，不大下楼，但心眼儿极好，听说我患了神经衰弱症，夜里盗汗，特意送给我一个鸡蛋，补养身体。要知道，当时一个鸡蛋抵得上一个元宝，在饿急了的时候，鸡蛋能吃，而元宝则不能。这一番情意，我异常感激。冯·格林博士还亲自找到大学医院的内科主任沃尔夫（Wolf）教授，请他给我检查。我到了医院，沃尔夫教授仔仔细细地检查过以后，告诉我，这只是神经衰弱，与肺病毫不相干。这一下子排除了我的一块心病，如获重生。这更增加了我对这两位孤苦伶仃的老人的感激。离开德国以后，没有能再见到他们，想他们早已离开人世了，却永远活在我的心中。

我回想起来的老师当然不限于以上四位，比如阿拉伯文教授冯·素顿（Von Soden），英文教授勒德（Roeder）和怀尔德（Wilde），哲学教授海泽（Heyse），艺术史教授菲茨图姆（Vitzhum）

侯爵，德文教授麦伊（May），伊朗语教授欣茨（Hinz），等等。我都听过他们的课或同他们有过来往，他们待我亲切和蔼，我永远不会忘记。我在这里就不一一叙述了。

学习吐火罗文

　　我在上面曾讲到偶然性，我也经常想到偶然性。一个人一生中不能没有偶然性，偶然性能给人招灾，也能给人造福。

　　我学习吐火罗文，就与偶然性有关。

　　说句老实话，我到哥廷根以前，没有听说过什么吐火罗文。到了哥廷根以后，读通了吐火罗文的大师西克就在眼前，我也还没有想到学习吐火罗文。原因其实是很简单的。我要学三个系，选了那么多课程，学了那么多语言，已经是超负荷了。我是有自知之明的（有时候我觉得过了头），我学外语的才能不能说一点儿都没有，但是绝非语言天才。我不敢在超负荷上再超负荷。而且我还想到，我是中国人，到了外国，我就代表中国。我学习砸了锅，丢个人的脸是小事，丢国家的脸却是大事，决不能掉以轻心。因此，我随时警告自己：自己的摊子已经铺得够大了，决不能再扩大了。这就是我当时的想法。

但是，正如我在上面已经讲到的，第二次世界大战一爆发，瓦尔德施米特被征从军，西克出来代理他。老人家一定要把自己的拿手好戏统统传给我。他早已越过古稀之年，难道他不知道教书的辛苦吗？难道他不知道在家里颐养天年会更舒服吗？但又为什么这样自找苦吃呢？我猜想，除了个人感情因素之外，他是以学术为天下之公器，想把自己的绝学传授给我这个异域的青年，让印度学和吐火罗学在中国生根开花。难道这里面还有一些极"左"的先生们所说的什么侵略的险恶用心吗？中国佛教史上有不少传法、传授衣钵的佳话，什么半夜里秘密传授，什么有其他弟子嫉妒，等等，我当时都没有碰到，大概是因为时移事迁今非昔比了吧。倒是最近我碰到了一件类似这样的事情。说来话长，不讲也罢。

　　总之，西克教授提出了要教我吐火罗文，丝毫没有征询意见的意味，他也不留给我任何考虑的余地。他提出了意见，立刻安排时间，马上就要上课。我真是深深地被感动了，除了感激之外，还能有什么话说呢？我下定决心，扩大自己的摊子，"舍命陪君子"了。

　　能够到哥廷根来跟这一位世界权威学习吐火罗文，是世界上许多学者的共同愿望，多少人因为得不到这样的机会而自怨自艾。我现在是近水楼台，是为许多人所艳羡的。这一点我是非常清楚的。我要是不学，实在是难以理解。正在西克给我开课的时候，比利时的一位治赫梯文的专家沃尔特·古勿勒（Walter Couvreur）来到哥廷根，想从西克教授治吐火罗文。时

154

机正好，于是一个吐火罗文特别班就开办起来了。大学的课程表上并没有这样一门课，而且只有两个学生，还都是外国人，真是一个特别班。可是西克并不马虎。以他那耄耋之年，每周有几次从城东的家中穿过全城，走到高斯—韦伯楼来上课，精神矍铄，腰板挺直，不拿手杖，不戴眼镜，他本身简直就是一个奇迹。走这样远的路，却从来没有人陪他。他无儿无女，家里没有人陪，学校里当然更不管这些事。尊老的概念，在西方的国家，几乎根本没有。西方社会是实用主义的社会。一个人对社会有用，他就有价值；一旦没用，价值立消。没有人认为其中有什么不妥之处。因此西克教授对自己的处境也就安之若素、处之泰然了。

吐火罗文残卷只有中国新疆才有。原来世界上没有人懂这种语言，是西克和西克灵在比较语言学家 W. 舒尔策（W. Schulzs）帮助下，读通了的。他们三人合著的《吐火罗语语法》，蜚声全球士林，是这门新学问的经典著作。但是，这一部长达五百一十八页的皇皇巨著，却绝非一般的入门之书，而是异常难读的。它就像是一片原始森林，艰险复杂，歧路极多，没有人引导，自己想钻进去，是极为困难的。读通这一种语言的大师，当然就是最理想的引路人。西克教吐火罗文，用的也是德国的传统方法，这一点我在上面已经谈到过。他根本不讲解语法，而是从直接读原文开始。我们一起头就读他同他的伙伴西克灵共同转写成拉丁字母、连同原卷影印本一起出版的吐火罗文残卷——西克经常称之为"精制品"（Prachtstück）的《福力太子因缘经》。我们自己在下面翻读文法，查索引，译生词；到了课堂上，我同古勿勒轮流译成德文，西克加以纠正。这工作是异常艰苦的。原文残卷残缺不全，没有一页是完整的，连一行完整的都没有，虽然是"精制品"，也只是相对而言，这里缺几个字，那里缺几个音节。不补足就抠不出意思，而补足也只能是以意为之，不一定有很大的把握。结果是西克先生讲得多，我们讲得少。读贝叶残卷，补足所缺的单词或者音节，一整套做法，我就是在吐火罗文课堂上学到的。我学习的兴趣日益浓烈，每周两次上课，我不但不以为苦，有时候甚至有望穿秋水之感了。

不知道为什么原因，我回忆当时的情景，总是同积雪载途的漫长的冬天联系起来。有一天，下课以后，黄昏已经提前降临到人间。因为天阴，又由于灯火管制，大街上已经完全陷入一团黑暗中。我扶着老人走下楼梯，走出大门。十里长街积雪已深，阒无一人。周围静得令人发怵，脚下响起了我们踏雪的声音，眼中闪耀着积雪的银光。好像宇宙间就只剩下我们师徒二人。我怕老师摔倒，紧紧地扶住了他，就这样一直把他送到家。我生平可以回忆、值得回忆的事情，多如牛毛。但是这一件小事却牢牢地印在我的记忆里。每一回忆就感到一阵凄清中的温暖，成为我回忆的"保留节目"。然而至今已时移境迁，当时认为是细微小事，今生今世却绝无可能重演了。

同这一件小事相连的，还有一件小事。哥廷根大学的教授们有一个颇为古老的传统：星期六下午，约上二三同好，到山上林中去散步，边走边谈，谈的也多半是学术问题；有时候也有争议，甚至争得面红耳赤。此时大自然的旖旎风光，在这些教授心目中早已不复存在了，他们关心的还是自己的学问。不管怎样，这些教授在林中漫游倦了，也许找一个咖啡馆，坐下喝点儿什么，吃点儿什么，然后兴尽回城。有一个星期六的下午，我在山下散步，逢巧遇到西克先生和其他几位教授正要上山。我连忙向他们致敬。西克先生立刻把我叫到眼前，向其他几位介绍说："他刚通过博士论文答辩，是最优等。"言下颇有点儿得意之色。我真是既感且愧。我自己那一点儿学习成绩，实在是微不足道，然而老人竟这样赞誉，真使我不安了。中国唐诗中杨敬之诗："平生不解藏人善，到处逢人说项斯。""说项"传为美谈，不意于万里之外的异域见之。除了砥砺之外，我还有什么话好说呢？

有一次，我发下宏愿大誓，要给老人增加点儿营养，给老人一点儿欢悦。要想做到这一点，只有从自己的少得可怜的食品分配中硬挤。我大概有一两个月没有吃奶油，忘记了是从哪里弄到的面粉和贵似金蛋的鸡蛋，以及一斤白糖，到一个最有名的糕点店里，请他们烤一个蛋糕。这无疑是一件极其贵重的礼物。我像捧着一个宝盒一样把蛋糕捧到老教授家里。这显然有点儿出乎他的意料，他的双手有点儿颤抖，叫来了老伴，共同接了过去，连"谢谢"二字都说不出来了。这当然会在我腹中饥饿之火又加了一把火。然而我心里是愉快的，成为我一生最愉快的回忆之一。

等到美国兵攻入哥廷根以后，炮声一停，我就到西克先生

157

家去看他。他的住房附近落了一颗炮弹，是美军从城西向城东放的。他的夫人告诉我，炮弹爆炸时，他正伏案读有关吐火罗文的书籍，窗子上的玻璃全被炸碎，玻璃片落满了一桌子，他奇迹般地竟然没有受任何一点儿伤。我听了以后，真不禁后怕起来了。然而对这一位把研读吐火罗文置于性命之上的老人，我的崇敬之情在内心里像大海波涛一样汹涌澎湃起来。西克先生的个人成就，德国学者的辉煌成就，难道是没有原因的吗？从这一件小事中我们可以学习多少东西呢？同其他一些有关西克先生的小事一样，这一件也使我毕生难忘。

我拉拉杂杂地回忆了一些我学习吐火罗文的情况。我把这归之于偶然性。这是对的，但还有点儿不够全面。偶然性往往与必然性相结合。在这里有没有必然性呢？不管怎样，我总是学了这一种语言，而且把学到的知识带回到中国。尽管我始终没有把吐火罗文当作主业，它只是我的副业，中间还由于种种原因我几乎有三十年没有搞，只是由于另外一个偶然性我才又重理旧业；但是，这一种语言的研究在中国毕竟算生了根，开花结果是必然的。一想到这一点，我对我这一位像祖父般的老师的怀念之情和感激之情，便油然而生。

现在西克教授早已离开人世，我自己也是耄耋之年了，能工作的日子有限了。但是，一想我的老师西克先生，我的干劲就无限腾涌。中国的吐火罗学，再扩大一点儿说，中国的印度学，现在可以说是已经奠了基。我们有一批朝气蓬勃的中青年梵文学者，是金克木先生和我的学生和学生的学生，当然也可以说是西克教授和瓦尔德施米特教授学生的学生的学生。他们将肩负起繁荣这一门学问的重任，我深信不疑。一想到这一点，我虽老迈昏庸，又不禁有一股清新的朝气涌上心头。

1936年，季羡林（左）与同学在德国。

女房东

我的女房东欧朴尔太太，我不能不谈她。

我们共同生活了整整十年，共过安乐，也共过患难。在这漫长的时间内，她为我操了不知多少心；她确实像我自己的母亲一样。回忆起她来，就像回忆一个甜美的梦。

她是一个平平常常的德国妇女。我初到的时候，她大概已有五十岁了，比我大二十五六岁。她没有多少惹人注意的特点，相貌平平常常，衣着平平常常，谈吐平平常常，爱好平平常常，总之是一个非常平常的人。

然而，同她相处的时间越久，便越觉得她在平常中有不平常的地方：她老实，她诚恳，她善良，她和蔼，她不会吹嘘，她不会撒谎。她也有一些小小的偏见与固执，但这些也都是平平常常的，没有什么越轨的地方；这只能增加她的人情味，而绝不能相反。同她相处，不必费心机，设提防，一切都自自然然，使人如处和暖的春风中。

　　她的生活是十分单调的，平凡的。她的天地实际上就只有她的家庭。中国有一句话说：妇女围着锅台转。德国没有什么锅台，只有煤气灶或电气灶。我的女房东也就是围着这样的灶转。每天一起床，先做早点，给她丈夫一份，给我一份。然后就是无尽无休地擦地板，擦楼道，擦大门外面马路旁边的人行道。地板和楼道天天打蜡，打磨得油光锃亮。楼门外的人行道，不光是扫，而且是用肥皂水洗。德国人爱清洁，闻名全球。德文里面有一个词儿 Putzteufel，指打扫房间的洁癖，或有这种洁癖的女人。Teufel 的意思是"魔鬼"，Putz 的意思是"打扫"。别的语言中好像没有完全相当的字。我看，我的女房东，同许多德国妇女一样，就是一个不折不扣的"清扫魔鬼"。

　　我在生活方面所有的需要，她一手包下来了。德国人的生活习惯同中国人不同。早晨起床后，吃早点，然后去上班；十一点左右，吃自己带去的一片黄油夹香肠或奶酪的面包；下午一点左右吃午饭。这是一天的主餐，吃的都是热汤热菜，主食是土豆。下午四点左右，喝一次茶，吃点饼干之类的东西。晚上七时左右吃晚饭，泡一壶茶或者咖啡，吃凉面包，香肠，火腿，干奶酪，等等。我是一个年轻的穷学生，一无时间，二无钱来摆这个谱。我还是中国的老习惯，一日三餐。早点在家里吃，一壶茶，两片面包。午饭在外面馆子里或学生食堂里吃，都是热东西。晚上回家，女房东把她们中午吃的热餐给我留下一份。因此，我的晚餐也都是热汤热菜，同德国人不一样。这基本上是中国的办法。这都是女房东在了解了中国人的吃饭习惯之后精心安排的。我每天在研究所里工作了一整天之后，回到家来，能够吃上一顿热乎乎的晚饭，心里当然是美滋滋的。对女房东这一番情意，我是由衷感激的。

晚饭以后，我就在家里工作。到了晚上十点左右，女房东进屋来，把我的被子铺好，把被罩拿下来，放到沙发上。这工作其实是非常简单的，我自己尽可以做；但是，女房东却非做不可，当年她儿子住这一间屋子时，她就是天天这样做的。铺好床以后，她就站在那里，同我闲聊。她把一天的经历，原原本本,详详细细，都向我"汇报"。她见了什么人，买了什么东西，碰到了什么事情，到过什么地方，一一细说，有时还绘声绘形，说得眉飞色舞。我无话可答，只能洗耳恭听。她的一些婆婆妈妈的事情，我并不感兴趣。但是，我初到德国时，听说德语的能力都不强。每天晚上上半小时的"听力课"，对我大有帮助。我的女房东实际上成了我的不收费的义务教员。这一点我从来没有对她说，她也永远不会懂的。"汇报"完了以后，照例说一句：:"夜安！祝你愉快地安眠！"我也说同样的话，然后她退出，回到自己的房间里。我把皮鞋放在门外,明天早晨,她把鞋擦亮。我这一天的活动就算结束了，上床睡觉。

其余许多杂活，比如说洗衣服，洗床单，准备洗澡水，等等，无不由女房东去干。德国被子是鸭绒的，鸭绒没有被固定起来，在被套里面享有绝对的自由活动的权利。我初到德国时，很不习惯，睡下以后，在梦中翻两次身，鸭绒就都活动到被套的一边去，这里绒毛堆积如山，而另一边则只剩下两层薄布，当然就不能御寒，我往往被冻醒。我向女房东一讲，她笑得眼睛里直流泪。她于是细心教我使用鸭绒被的方法。我就像一个小孩子一样，在她的照顾下愉快地生活。

她的家庭看来是非常和睦的，丈夫忠厚老实，一个独生子不在家，老夫妇俩对儿子爱如掌上明珠。我记得，有一段时间，老头月月购买哥廷根的面包和香肠，打起包裹，送到邮局，寄给在达姆施塔特（Darmstadt）高工念书的儿子。老头腿有点儿毛病，走路一瘸一拐，很不灵便；虽然拿着手杖，仍然非常吃力。可他不辞辛苦，月月如此。后来老夫妇俩出去度假，顺便去看儿子。到儿子的住处大学生宿舍里去，一瞥间，他们看到老头千辛万苦寄来的面包和香肠，却发了霉，干瘪瘪地躺在桌子下面。老头怎样想，不得而知。老太太回家后，在晚上向我"汇报"时，絮絮叨叨地讲到这件事，说她大为吃惊。但是，奇怪的是，老头还是照样拖着两条沉重的腿，把面包和香肠寄走。我不禁想到，"可怜天下父母心"，古今中外之所同。然而儿女对待父母的态度，东西方却不大相同了。章太太的男房东可以为证。我并不提倡愚忠愚孝，但是，即使把父母与子女之间的关系，化为一般人与人之间的关系，像房东儿子的做法不也是有点儿过分了吗？

女房东心里也是有不平的。

儿子结了婚，住在外城，生了一个小孙女。有一次，全家回家来探望父母；儿媳长得非常漂亮，衣着也十分摩登。但是，女房东对她好像并不热情,对小孙女也并不宠爱。儿媳是年轻人,对好多事情有点儿马大哈,从中也可以看出德国两代人之间的"代沟"。有一天,儿媳使用手纸过多,把马桶给堵塞了。老太太非常不满意,拉着我到卫生间指给我看,脸上露出了许多怪物相,有愤怒,有轻蔑,有不满,有憎怨。此事她当然不能对儿子讲,连丈夫大概也没有敢讲,茫茫宇宙间她只有对我一个人诉说不平了。

女房东也是有偏见的。

关于戴帽子的偏见,我在上面已经谈过了,这里不再重复。她的偏见不只限于这一点,而且最突出的也不是这一件事。最突出的是宗教偏见。她自己信奉的是耶稣教,对天主教怀有莫名其妙的刻骨的仇恨。世界各地区各民族都毫无例外地有宗教偏见,这种偏见比任何其他偏见都更偏见。欧洲耶稣基督教新旧两派之间的偏见,也是异常突出的。我的女房东没有很高的文化,她的偏见也因而更固执。但她偏偏碰到一个天主教的好人。女房东每个月要雇人洗一次衣服、床单等,承担这项工作的是一个天主教的老处女,年纪比女房东还要大,总有六十多岁了。她没有财产,没有职业,就靠帮人洗衣服为生;人非常老实,一天说不了几句话。她是一个十分虔诚的信徒,每月的收入,除了维持极其简朴的生活以外,全都交给教堂。她大概希望百年之后能够在虚无缥缈的天堂里占一个角落吧。女房东经常对我说:"特雷莎(Therese)忠诚得像黄金一样。"特雷莎是她的名字。但是,忠诚归忠诚,一提到宗教,女房东就愤愤不平，晚上向我"汇报"时，对她也时有微词，具体的例子却从来没有听说过。

我的女房东就是这样一个有不平，有偏见，有自己的与宇宙大局世界大局和国家大局无关的小忧愁小烦恼，有这样那样特点的平平常常的人；但却是一个心地善良、厚道，不会玩弄任何花招的平常人。

她的一生也是颇为坎坷的，走的并非都是阳关大道。据她自己说，第一次世界大战前，德国人家里普遍都有金子，她家里也一样。大战一结束，德国发了疯似的通货膨胀，把她那一点点黄金都膨胀光了，成了"无金阶级"。到了第二次世界大战，她只是靠工资过日子。她对政治不感兴趣。她从来不赞扬希特勒，当然更不懂去反对他。由于种族偏见，犹太人她是反对的，但也说不上是"积极分子"，只是随大流而已。她在乡下没有关系户，食品同我一样短缺。在大战中间，她丈夫饿得从一个大胖子变成了一个瘦子，终于离开了人世。老两口儿一生和睦相处。我从来没有听到他们俩拌过嘴，吵过架。老头一死，只剩下她孤伶一人。儿子极少回来，屋子里空荡荡的。她心里是什么滋味，我不知道。从表面上来看，她只能同我这一个异邦的青年相依为命了。

战争到了接近尾声的时候，日子越来越难过。不但食品短缺，连燃料也无法弄到。哥廷根市政府俯顺民情，决定让居民到山上去砍伐树木。在这里也可以看到德国人办事之细致、之有条不紊、之遵守法纪。政府工作人员在茫茫的林海中划出了一个可以砍伐的地区，把区内的树逐一检查，可以砍伐者画上红圈。砍伐没有红圈的树，要受到处罚。女房东家里没有劳动力，我自然当仁不让，陪她上山，砍了一天树，运下山来，运到一个木匠家里，用机器截成短段，然后运回家来，贮存在地下室里，供取暖之用。由于那一个木匠态度非常坏，我看不下去，同他吵了一架。他过后到我家来，表示歉意。我觉得，这不过是小事一端，一笑置之而已。

我的女房东是一个平常人，当然不能免俗。当年德国社会中非常重视学衔，说话必须称呼对方的头衔。对方是教授，必须呼之为"教授先生"；对方是博士，必须呼之为"博士先生"。不这样，就显得有点儿不礼貌。女房东当然不会例外。我通过了博士口试以后，当天晚上"汇报"时，她突然笑着问我："我从今以后是不是要叫你'博士先生'？"我真是大吃一惊。这是我万万没有想到的。我连忙说："完全没有必要！"她也不再坚持，仍然照旧叫我"季先生！"我称她为"欧朴尔太太！"相安无事。

一想到我的母亲般的女房东，我就回忆联翩。在漫长的十年中，我们晨夕相处，从来没有任何矛盾。值得回忆的事情实在太多太多了；即使回忆困难时期的情景，这回忆也仍然是甜蜜的。这些回忆是写不完的，因此我也就不再写下去了。

离开德国以后，在瑞士停留期间，我曾给女房东写过几次信。回国以后，在北平，我费了千辛万苦，弄到了一罐美国咖啡，大喜若狂。我知道，她同许多德国人一样，嗜咖啡若命。我连忙跑到邮局，把邮包寄走，期望它能越过千山万水，送到老太太手中，让她在孤苦伶仃的生活中获得一点儿喜悦。我不记得收到了她的回信。到了20世纪50年代，"海外关系"成了十分危险的东西。我再也不敢写信给她，从此便云天渺茫，互不相闻，正如杜甫所说的"明日隔山岳，世事两茫茫"了。

　　1983年，在离开哥廷根将近四十年之后，我又回到了我的第二故乡。我特意挤出时间，到我的故居去看了看。房子整洁如故，四十年漫长岁月的痕迹一点儿也看不出来。我走上三楼，我的住房门外的铜牌上已经换了名字。我也无从打听女房东的下落，她恐怕早已离开了人世，同她丈夫一起，静卧在公墓的一个角落里。我回首前尘，百感交集。人生本来就是这样，我有什么办法呢？我只有虔心祷祝她那在天之灵——如果有的话——永远安息。

反希特勒的人们

出国前夕，清华的一位老师告诫我说，德国是法西斯专政的国家，一定要谨言慎行，对政治不要随便发表意见。

这些语重心长的话，我忆念不忘。

到了德国以后，排犹高潮已经接近尾声。老百姓绝大多数拥护希特勒，至少表面上是这样。我看不出压迫老百姓的情况。舆论当然是统一的，"万众一心"。这不一定就是钳制的结果，老百姓有的是清清楚楚地拥护这一套，有的是糊里糊涂地拥护这一套，总之是拥护的。我上面曾经说到，我认识一个德国女孩子，她甚至想同希特勒生一个孩子。这是一个极端的例子。这话恐怕是出自内心的，但是不见得人人都是如此。至于德国人心里究竟是怎么想的，我这局外人就无从说起了。

希特勒的内政外交，我们可以存而不论。但是他那一套诬蔑中国人的理论，我们却不应该置之不理。他说，世界上只有他们所谓的北方人是文明的创造者，而中国人等则是文明的破坏者。这种胡说八道的谬论，引起了中国留学生的极大愤怒。但是，我们是寄人篱下，只有敢怒而不敢言了。

在我认识的德国人中间，确实也有激烈地反对希特勒的人。不过人数极少极少，而且为了自己的安全起见，都隐忍不露。我同德国人在一起，不管是多么要好的朋友，我都严守"莫谈国事"的座右铭。日子一久，他们也都看出了这一点。有的就主动跟我谈希特勒，先是谈，后是骂，最后是破口大骂。给我印象最深的是一个退休的法官，岁数比我大一倍还要多。我原来并不认识他，是一个中国学生先认识的。这位中国学生来历诡秘，看来像是蓝衣社之类，我们都不大乐意同他往来。但他却认识了这样一个反希特勒的法官。他的主子是崇拜希特勒的，从这一点来看，他实在是一个"不肖"之徒。不管怎样，我们也就认识了这一位退休法官。希特勒的所作所为，他无不激烈反对。我没到他家里去过。他好像是一个孤苦伶仃的老汉。只有同我们在一起时，才敢讲几句心里话，发泄一下满腹的牢骚。我看，这就成了这一位表情严肃的老人的最大乐趣了。

另外一个反希特勒的德国朋友，是一位大学医科的学生。我原来也并不认识他，是龙丕炎先认识的。他年纪还轻，不过二十来岁，同我自己差不多。同那位法官正相反，他热情洋溢，精力充沛，黑头发，黑眉毛，透露出机警聪明。他的家世我不清楚，也不清楚他反对希特勒的背景。反对希魔同路人，相逢何必曾相识。有了这一条，我们就走到一起来了。

在德国人民中，在大学的圈子里，反对希特勒的人，一定还有。但是绝不会太多。一般说起来，德国人在政治上并不敏感，而且有点儿迟钝。能认识这两个人，也就很不错了，我也很满意了。我们几个常在一起的中国学生，不常同他们往来。有时候，在星期天，我们相约到山上林中去散步。我们是醉翁之意不在酒，他们大概也一样。记得有几次在春天，风和日丽，林泛新绿，鸟语花香，寂静无人。我们坐在长椅上，在骀荡的春风中，大骂希特勒，也确实是人生一乐。林深人稀，不怕有人偷听，每个人都敢于放言高论，胸中郁垒，一朝涤尽。此时，虽然身边眼前美景如画，我们都视而不见了。

现在，法官恐怕早已逝世。从年龄上来看，医科学生还应活着。但是，哥城一别，从未通过音问，他的情况我完全茫然。可是我有时还会想到这一位异邦的朋友。人世变幻，盛会难再，不禁惘然了。

纳粹的末日
——美国兵进城

　　我在上面多次讲到 1945 年美国兵占领哥廷根以后的事情，好像与时间顺序有违；但是为了把一件事情叙述完整，不得不尔。按顺序来说，现在是叙述美国兵进城的情况了。

　　时间到了 1945 年春末，战局急转直下。此时，德国方面已经谈不到什么抵抗，只有招架之功，连还手之力也没有了。一天二十四小时，都是警报期。老百姓盛传，英美飞机不带炸弹了。他们愿意什么时候飞来，就什么时候飞来，从飞机上用机枪扫射。有什么地方一辆牛车被扫中，牛被打得流出了肠子。如此等等，不一而足。但是，从表面上看起来，老百姓并没有惊慌失措，他们还是相当沉着的，只是显然有点麻木。

　　德国民族是异常勤奋智慧的民族，办事治学一丝不苟的彻底性名扬世界。他们在短短的一两百年内所创造的文化业绩，彪炳寰中。但是，在政治上，他们的水平却不高。我初到德国的时候，他们受法西斯头子的蛊惑，有点儿忘乎所以的样子，把自己的前途看成是一条阳关大道，只有玫瑰，没有荆棘。后来，来了战争，对他们的想法，似乎没有任何影响。在长期的战争中，他们的情绪有时候昂扬奋发，有时候又低沉抑郁。到了英美和苏联的大军从东西两方面压境的时候，他们似乎感觉到，情况有点儿不妙了。但是，总起来看，他们的情绪还是平静的。前几年听了所谓特别报道而手舞足蹈的情景，现在完完全全看不到了。

在无言中，他们似乎在等待着什么。

他们等待的事情果然到了。这是一个天翻地覆的改变。为了保存当时的真实情况，为了反映我当时真实的思想感情，我干脆抄几天当时的日记，一字不改；这比我现在根据回忆去写，要真实得多，可靠得多了。我个人三天的经历，只能算是极小的一个点；但是一滴水中可以见大海，一颗砂粒中可以见宇宙，一个点中可以见全面，一切都由读者去意会了。

1945年4月6日

昨晚到了那Keller（指种鲜菌的山洞——羡林注）里坐下。他们（指到这里来避难的德国人）都睡起来。我无论如何也睡不着，里面又冷，坐着又无依靠。好久以后，来了Entwarnung（解除空袭警报）。但他们都不走，所以我也只好陪着，腿冻得像冰，思绪万端，啼笑皆非。外面警笛又作怪，有几次只短短地响一声。于是人们就胡猜起来。有的说是 Alarm（警报），有的说不是。仔细倾耳一听，外面真有飞机。这样一直等到四点多，我们三个人才回到家来。一头躺倒，醒来已经快 9 点了。刚在吃早点，听到外面飞机声，而且是大的轰炸机。但立刻也就来了 Voralarm（前警报），紧跟着是 Alarm。我们又慌成一团，提了东西就飞跑出去。飞机声震得满山颤动。在那 Keller 外面站了会儿，又听到机声，人们都抢着往里挤。刚进门，哥廷根城就是一片炸弹声。心里想：今天终于轮到了。Keller 里仿佛打雷似的，连木头椅子都震动。有的人跪在地上，有的竟哭了起来。幸而只响了两阵就静了下来。11 点，我惦记着厨房里煮上的热水，就一个人出来回家来。不久也就来了 Vorentwarnung（前解除警报）。吃过早点，生好炉子。以纲（张维）来，立刻就走了。吃过午饭，躺下，没能睡着。又有一次 Voralarm。5 点，刚要听消息，又听到飞机声，立刻就来了 Alarm。赶快出去到那 Deckungsgrsben（掩体防空壕）外面站了会儿。警报解除，又回来。吃过晚饭，10 点来了 Voralarm。自己不想出去；但天空里隔一会儿一架飞机飞过，隔一会儿又一架，一直延续了三个钟头。自己的神经仿佛要爆炸似的。这简直是万剐凌迟的罪。快到两点警报才解除。

足踏的情景，现在竟完全无踪小影了。

在无声中，他们似乎在等待着什么。

他们等待的事情果然到了。这是一十天勘

地搬的以变。为了保存当时的真实情况。为了

反映我当时真实的思想感情，我就原样地一字不

改的抄录下来。这比我现在根据回忆来写，更真实

得多。可靠得多了。我十八三天的

经历，只能算是很小的一个点；但是一滴水中

可以见大海，一颗砂粒中可以见宇宙，一十点

中可以见全面。一切都由读者去意会了。

1945年十月6日：

昨晚到了吓 Keller（指种种鲜菌的小洞

叫林注）里去。t.t。他们（指到这里来避难的

德国人）都睡起来。我无论如何也睡不着

里面又冷，坐着又无依靠，好久以后

来了 Entwarnung（解除空袭警报）。但他

们都不走，所以我也只好陪着。疲劳得要

死，思绪万端，哼着苦诗，外面警笛又作

性，有几次只疑道的响了一多。于是人们就

纷纷搞起来，有的说是 Alarm（警报），有的

说不是，仔细倾听了一听，外面真有飞机。

这样一直等到四点多，我们三个人才回到

床来。一头躺倒，程主也结束先走了。刚

在朦朦里，听到外面飞机声，而且是大的

轰炸机，他也到了起来。是 Voralarm（前警

据说，紧跟着是 Alarm，我仿佛横眉一闭·想了半响就飞躲出去·飞机声震得建筑都颤动·在那 Keller 外面站了会·又听到飞机声·人们都挤着住里挤·刚进去，警报解除是一场虚惊·心里想：今天终于躲过了· Keller 里给好打电钟的·连了女孩子都震动·有的人跪在地上·有的竟哭了起来·等响声响了两阵就断断了下来·十一点·我惦着厨房里煮上的热水·就一个人去拿回来·不久又跑来了 Vorentwarnung 〔前解住警报〕·吃过早点·生好炉子·以纲丝绳维起来·立刻就走了·吃过午饭，躺下·没能睡着·又有一次 Voralarm·去玩·刚要听消息·又听到飞机声·立刻就来了 Alarm·赶快出去到 Sicherung raben 仍体防空壕·外面站了会·警报解除·又回来·吃过晚饭·十点来了 Voralarm·自己不想出去·但天空里响一会一群飞机飞过·响一会又十架·一直延续三个钟头·自己的神经好像要爆炸似的·这简直是万劫凌迟的罪·快到两点警报才解除·

4 月 7 日

早晨起来·吃过早点·进城来·提要一个面包·来了几家面包店·都没有·后来终于在珊瑚之家在一家买到了·出来到

《留德十年·纳粹的末日——美国兵进城》手稿（二）

1945年4月7日

　　早晨起来，吃过早点，进城去，想买一个面包。走了几家面包店，都没有。后来终于在拥挤之余在一家买到了。出来到伤兵医院去看 Storck。谈了会儿就回家来。天空里盘旋着英美的侦察机。吃过午饭，又来了 Alarm，就出去向那 Pilzkeller（培植蘑菇的山洞）跑。幸而并不严重，不久也就来了 Vorentwarnung。我在太阳里坐了会儿，只是不敢回家来。一直等到5点多，觉得不会再有什么事情了，才慢慢回家来。刚坐下不久，就听到飞机声，赶快向楼下跑。外面已经响起了炸弹，然后才听到警笛。走到街上，抬头看到天空里成排的飞机。丢过一次炸弹，我就趁空向前跑一段。到了一个 Keller，去避了一次，又往上跑，终于跑到那 Pilzkeller。仍然是一批批炸弹向城里丢。我们所怕的 Grossangriff（大攻击）终于来了。好久以后，外面静下来。我们出来，看到西城车站一带大火，浓烟直升入天空。装弹药的车被击中，汽油车也被击中。大火里子弹声响成一片，真可以说是伟观。8点前回到家来。吃过晚饭，在黑暗里坐了半天，心里极度不安，像热锅上的蚂蚁，终于还是带了东西，上山到那 Pilzkeller 去。

1945年4月8日

　　Keller 里非常冷，围了毯子，坐在那里，只是睡不着。我心里很奇怪，为什么有这样许多人在里面，而且接二连三地往里挤。后来听说，党部已经布告，妇孺都要离开哥廷根。我心里一惊，当然更不会再睡着了。好歹盼到天明，仓促回家吃了点东西，往 Keller 里搬了一批书，又回去。远处炮声响得厉害。Keller 里已经乱成一团。有的说，德国军队要守哥城；有的说，哥城预备投降。蓦地城里响起了五分钟长的警笛，表示敌人已经快进城来。我心里又一惊，自己的命运同哥城的命运，就要在短期内决定了，炮声也觉得挨近了。Keller 前面仓皇跑着德国打散的军队。隔了好久，外面忽然静下来。有的人出去看，已经看到美国坦克车。里面更乱了，谁都不敢出来，怕美国兵开枪。结果我同一位德国太太出来，找到一个美国兵，告诉他这情形。回去通知大家，才陆续出来。我心里很高兴，自己不能制止自己了，跑到一个坦克车前面，同美国兵聊起来。我忘记了这还是战争状态，炮口对着我。回到家已经3点了。忽然想到士心夫妇，以为他们给炸弹炸坏了，因为他们那一带炸得很厉害，又始终没有得到他们的消息。所以饭也吃不下去。不久以纲带了太太同小孩子来。他们的房子被美国兵占据了。同他们谈了谈，心里乱成一团，又快乐，又兴奋，说不出应该怎样好。

吃过晚饭，同以纲谈到夜深才睡。

哥廷根就这样被解放了。

上面就是我一个人在关键的三天内写的日记，是一幅简单而朴素的素描。

哥廷根城只是德国的一个点，而这个种植鲜蘑菇的山洞又只是哥廷根城的一个点，我在这个点中更是一个小小的点。这个小点中的众生相，放大了来看，就能代表整个德国的情况。难道不是这样吗？

无论如何，这是一个极大的转折点。从此以后，哥廷根——我相信，德国其他地方也一样——在历史上揭开了新的一页。法西斯彻底完蛋了。他们横行霸道，倒行逆施，气焰万丈，不可一世，而今安在哉！德国普通老百姓对此反应不像我想得那样剧烈。他们很少谈论这个问题。他们好像是当头挨了一棒；似乎清楚，又似乎糊涂；似乎有所反思，又似乎没有；似乎有点儿在乎，又似乎根本不在乎。给我的总印象是茫然，木然，懵然，默然。一个极端有天才的民族，就这样在一夜之间糊里糊涂地、莫名其妙地沦为战败国，成了任人宰割的民族。不管德国人自己怎样想，我作为一个在德国住了十年对德国人民怀有深厚感情的外国人，真有点儿欲哭无泪了。

对我个人来说，人类历史上迄今最残酷的战争，就这样结束了，似乎有点儿不够意思。我在上面谈到第二次世界大战爆发时，曾经这样说过：可是万万没有想到，这一出人类历史上罕见的大戏，开端竟是这样平平淡淡。今天大战结束了，结束得竟也是这样平平淡淡。难道历史上许多后代认为是惊天地泣鬼神的大战之类的事件，当时开始与结束都是这样的平平淡淡吗？

但是，对哥廷根的德国人来说，不管他们的反应如何麻木，却绝非平平淡淡，对一部分人有切肤之痛。在人类历史上，有许多战胜国进入战败国屠城的记载。中国就有不少这类记载。但是，美国进城以后，没有屠城，而且从表面上看起来，还似乎非常文明。我从来没有看到"山姆大叔"在大街上污辱德国人的事情。战胜国与战败国之间的关系，似乎颇为融洽。我也没有看到德国人敌视美国兵，搞什么破坏活动。我看到的倒是一些德国女孩子围着美国大兵转的情景，似乎有一些祥和之气了。

实际上并非完全如此。美国大兵也是有一本账的，他们不知从哪里弄到了一个名单，哥城的各类纳粹头子都是榜上有名。美国兵就按图索骥，有一天就索到了我住房对门的施米特先生家里。他有一个女儿是纳粹女青年组织的一个 Gau（大区）的头子。先生不在家，他的胖太太慌了神，吓得浑身发抖，来敲门求援。我只好走过去，美国兵大概很出意外，问我是干什么的。我说是中国人，是盟国，来帮他当翻译的。美国兵没有再说话，我就当起翻译来。他没有问多少话，态度中正平和，一点儿没有凶狠的样子。反正胖太太的女儿已经躲了起来，当母亲的只

179

说不知道。讯问也就结束了，从此美国大兵没有再来。

此外，美国兵还占用了一些民房。他们漂洋过海，不远万里而来。进了城，没有适当的营房，就占用德国居民的房子。凡是单独成楼、花园优美的房子，很多都被选中。我的老师瓦尔德施米特教授在城外山下新盖的一幢小楼，也没能逃过美国大兵的优选，他们夫妇俩被赶到不知什么地方去暂住，美国一群大兵则昂然住了进去。虽然只不过住了几天，就换防搬走，然而富丽堂皇、古色古香的陈设已经受到了一些破坏。有几把古典式的椅子，平常他们夫妇俩爱如珍宝，轻搬轻放，此时有的竟折断了腿。美国兵搬走后，我到他家里去看。教授先生指给我看，一脸苦笑，没有讲什么话，心中滋味，只能意会。教授夫人则不那么冷静，她告诉我，美国大兵夜里酗酒跳舞，通宵达旦，把楼板踩得震天价响。玲珑苗条的椅子腿焉得不断！老夫妇都没有口出恶言，说明他们很有涵养。然而亡国奴的滋味他们却深深地尝到了，恐怕大出他们的臆断吧。

被占的房子当然不止这一家。在比较紧张的那些日子里，我走在大街上，看街道两旁的比较漂亮的房子，临街的房间，只要开着窗子，就往往看到室内的窗台上，密密麻麻地整整齐齐地，排满了大皮靴的鞋底，不是平卧着，而是直立着。当然不是晒靴子，那样靴底不会是直立着。仔细一推究，靴底的后面会有靴子；靴子的后面会有脚丫子；脚丫子后面会有大小腿；大小腿后面会有躯体；到了最后，在躯体后面还会有脑袋，脑袋大概就枕在什么地方。然而此时，"删繁就简三秋树"，把从靴子到脑袋统统删掉了（只有表象如此，当然不会实际删掉），接触我的视线的就只有皮靴底。乍看之下，就先是一愣，忽然顿悟，对于这样洋洋大观的情景，我只有大笑了。

这是美国大兵在那里躺着休息，把脚放到了窗台上。美国兵个个年轻，有的长身玉立，十分英俊。但是总给人以吊儿郎当的印象。他们向军官敬礼，也不像德国兵那样认真严肃，总让人感到嬉皮笑脸，嘻嘻哈哈。据说，他们敬礼也并不十分严格，尉官只给校官以上的敬礼，同级不敬；兵对兵也不敬礼，不管是哪一等。这些都同德国不同。此外，美国兵的大少爷作风和浪费习气，也十分令人吃惊。他们吃饭，罐头食品居多。一罐鸡鱼鸭肉，往往吃了不到一半，就任意往旁边一丢，成了垃圾。给汽车加油，一桶油往往灌不到一半，便不耐烦起来，大皮靴一踢，滚到旁边，桶里的油还汩汩地向外流着，闪出了一丝丝白色的光。更令人吃惊的是他们剪断通信电缆的豪举。美军进城以后，为了通信方便，需要架设电缆。又为了省事起见，自己不竖立电线杆，而是就把电缆挂在或搭在大街两旁的树枝上。最初只有屈指可数的几条，后来大概是由于机关增多，需要量随之大增，电缆的数目也日益增多，有的树枝上竟搭上了十几条几十条，压在一起，黑黑的一大堆。过了不久，美军有的撤走，不再需要电缆通信。按照我的想法，他们似乎应该把厚厚的一大摞电缆，从树枝上一一取下，卷起，运走，到别的地方再用。然而，确实让我大吃一惊，美国大兵不愿意费这个事，又不肯留给德国人使用。他们干脆把电缆在每一棵树上就地剪断。结果是街旁绿树又添奇景：每一棵树的枝头都累累垂垂悬挂着剪断的电缆。电缆，以及我上面谈到的罐头食品和汽油，都是从遥远的美国用飞机或轮船运来的。然而美国这个暴发户大国和它的大少爷士兵们，好像对这一点连想都没有想，他们似乎从来不讲什么节约，大手大脚，挥霍浪费。这同我们中国的传统教育大相径庭，我有什么话好说呢？

在上面我拉拉杂杂地写了美国兵进城和纳粹分子垮台的一些情况。这只是我个人，而且是一个外国人眼中看到、心中想到的。我对德国这样一个伟大的民族素所崇奉，同时又痛恨纳粹分子的倒行逆施。我一方面万万没有想到，我在德国住了十年之后，能够亲眼看到纳粹的崩溃。这真是三生有幸，去无遗憾了。在另一方面，对德国普通老百姓所受的屈辱又感到伤心。当年德法交恶，德国一时占了上风。法国大文豪阿·都德写了有名的小说《最后一课》，成为世界文学中宣扬爱国主义的名篇。到了今天，物换星移，德国处于下风。沧海桑田，世事变幻之迅速、之不定，令人吃惊。但是，德国竟没有哪一位文豪写出第二篇《最后一课》，是时间来不及呢？还是另有原因呢？又不禁令人感到遗憾了。

盟 国

专就我个人以及其他中国留学生而论，我们是应该大大地庆祝一番的。我们从一些没有国籍的"流浪汉"一变而为胜利者盟国的一分子，地位真有天壤之别了。中国古人常以"阶下囚"和"座上客"来比喻这种情况。德国人从来没有把我当作"阶下囚"来对待。但是"座上客"现在我却真正变成了。

美国人进城以后不久，我就同张维找到了美国驻军的一个头头，大概是一个校官。我们亮出了我们的身份，立即受到了很好的招待。他同我们素昧平生，一无档案，二无线索；但是他异常和气，只简单地问了几句话，马上拿过来一张纸，唰，唰，唰，大笔一挥，说明我们是 DP（Displaced Person 即由于战争、政治迫害等被迫离开本国的人）。这当然不是事实，我们一进门就告诉他，我们是留学生，这一点他是清楚的。但是在他的笔下，我们却一变而成为 DP。他的用意何在，我们不清楚，我们也没地位更有天壤之别了。中国古人每以"阶下囚"和"座上客"来比喻这种情况。德国人从来没有把我们当俘虏阶下囚来对待。但是座上客现在我都真正成了。

　　美国人进城以后不久，我就同法维到了美国驻军的一个头头。大概是一个校官。我们亮出了我们的身份，立即受到了很好的招待。他问我们吃饭没有，一定挨饿，二元缺乏；但是他言辞和气，只简单地问了几句话，与上拿过来一张纸，刷、刷、刷，大笔一挥，证明我们是 displaced person（因为战争、政治等等被迫离开本国的人）。这方法不是事实，我们一进门就告诉他，我们是留学生，这一点他是清楚的。但是在他的笔下，我们却一变而成为 DP。他的用意何在，我们不清楚。我们也没有进行争辩。他叫我们拿着这一张条去找一个法国姓傅的人。我们最初根本不知道这葫芦里卖的是什么药。我们遵命去了，使来是一个法国姓傅开店的地方，说法英语。我过去在哥廷根这样来没有注意到有法国姓傅。我曾在大街上碰到很多来来去去的俄国和波兰俘虏，这些人固然大不可怕，都仍然穿着古旧的又脏又破又破的制服，所以一看便知。现在忽然出现了这样多的法国兵、美士兵等等。要去探讨研究，我没有那种兴趣和时间，看来也无此必要。反正他有进行争辩。他叫我们拿着这一张条去找一个法国战俘的头。我们最初根本不知道这葫芦里卖的是什么药，遵命去了。原来是一个法国战俘聚居的地方。说老实话，我过去在哥廷根还从来没有注意到有法国战俘。我曾在大街上看到很多走来走去的俄国和波兰俘虏。这些人因为无衣可换，都仍然穿着各自的已经又脏又破的制服，所以一看便知。现在忽然出现了这样多的法国兵，实出我意外。要去探讨研究，我没有那个兴趣和时间，看来也无此必要。反正那个法国俘虏兵的头头连说加比画，用法语告诉我们，以后每天可以到那里去领牛肉。这一举动又出我意外。但是心里是高兴的。当年孔子在齐闻韶，三月不知肉味。我现在德国只闻飞机声，大概有三年不知肉味了。如今竟然从天上掉下来了新鲜牛肉，可以大快朵颐，焉得不喜！

但是，就在每天去领牛肉这样一个极其简单的活动，有时候也出点儿小的"花絮"。有一天我去领肉，领完要走，那一个头头样子的法国兵忽然对我说：

Demain deux jours.（明日，两天）

我好久没有听说法语了，一时如丈二和尚，摸不着头脑，瞪大了眼睛，不了解他的意思。那个法国兵又重复说这三个字，口讲指画，显得有点儿着急。不知道从哪里来的灵感，我一下子明白过来了：明天来领两天的牛肉。我于是也用法语重复他的话，说了三个字：

Demain deux jours.

法国兵大笑不止，我拿着牛肉离开时，他还对我说了声

Au revoir（再见），皆大欢喜。

对当时的德国老百姓来说，鲜牛肉简直如宝贝一般。我的女房东也不例外。我一生没有独自吃喝不管别人的习惯。何况是对我那母亲一般的女房东。她夫丧子离，只有她孤身一人。我每天领来了牛肉，都请她来烹调。烹调完了，我们就共同享受。就这样过了一段颇为美好的日子。我同张维还拿着那张条子，到哥廷根市政府一个什么机构，领了一张照顾中国人饮食习惯特批大米的条子。从此以后，有吃又有喝，真正成为"座上客"了。

别哥廷根

是我要走的时候了。

是我离开德国的时候了。

是我离开哥廷根的时候了。

我在这座小城里已经住了整整十年了。

中国古代俗语说：千里凉棚，没有不散的筵席。人的一生就是这个样子。当年佛祖规定，浮屠不三宿桑下。害怕和尚在一棵桑树下连住三宿，就会产生留恋之情。这对和尚的修行不利。我在哥廷根住了不是三宿，而是三宿的一千二百倍。留恋之情，焉能免掉？好在我是一个俗人，从来也没有想当和尚，不想修仙学道，不想涅槃，西天无份，东土有根。留恋就让它留恋吧！但是留恋毕竟是有限期的。我是一个有国有家有父母有妻子的人，是我要走的时候了。

回忆十年前我初来时，如果有人告诉我：你必须在这里住上五年，我一定会跳起来的：五年还了得呀！五年是一千八百多天呀！然而现在，不但过了五年，而且是五年的两倍。我一点儿也没有感觉到有什么了不得。正如我在本书开头时说的那样，宛如一场缥缈的春梦，十年就飞去了。现在，如果有人告诉我：你必须在这里再住上十年。我不但不会跳起来，而且会愉快地接受下来的。

然而我必须走了。

是我要走的时候了。

当时要想从德国回国，实际上只有一条路，就是通过瑞士，那里有国民党政府的公使馆。张维和我于是就到处打听到瑞士去的办法。经多方探询，听说哥廷根有一家瑞士人。我们连忙专程拜访。这是一位家庭妇女模样的中年妇人，人很和气。但是，她告诉我们，入境签证她管不了，要办，只能到汉诺威（Hannover）去。张维和我于是又搭乘公共汽车，长驱百余公里，赶到了这一地区的首府汉诺威。

汉诺威是附近最大最古的历史名城。我久仰大名，只是从没有来过。今天来到这里，我真正大吃一惊：这还算是一座城市吗？尽管从远处看，仍然是高楼林立；但是，走近一看，却只见废墟。剩下没有倒的一些断壁颓垣，看上去就像是古罗马留下来的斗兽场。马路还是有的，不过也布满了大大小小的弹坑。汽车有的已经恢复了行驶。不过数目也不是太多。引起我们注意的是马路两旁人行道上的情况。德国高楼建筑的格局，各大城市几乎都是一模一样：不管楼高多少层，最下面总有一个地下室，是名副其实地建筑在地下的。这里不能住人。住在楼上的人每家分得一两间，在里面储存德国人每天必吃的土豆，以及苹果、瓶装的草莓酱、煤球、劈柴之类的东西。从来没有想到还会有别的用途的。战争一爆发，最初德国老百姓轻信法西斯头子的吹嘘，认为英美飞机都是纸糊的，绝不能飞越德国国境线这个雷池一步。大城市里根本没有修建真正的防空壕洞。后来，大出人们的意料，敌人纸糊的飞机变成钢铁的了，法西斯头子们的吹嘘变成了肥皂泡了。英美的炸弹就在自己头上爆炸，不得已就逃入地下室躲避空袭。这当然无济于事。英美的重磅炸弹有时候能穿透楼层，在地下室中向上爆炸。其结果可想而知。有时候分量稍轻的炸弹，在上面炸穿了一层两层或多一点儿层的楼房，就地爆炸。地下室幸免于难，然而结果却更可怕。上面被炸的楼房倒塌下来，把地下室严密盖住。活在里面的人，呼天天不应，叫地地不灵，这是什么滋味，我没有亲身经历，不愿瞎说。然而谁想到这一点，会不会不寒而栗呢？最初大概还会有自己的亲人费上九牛二虎的力量，费上不知多少天的努力，把地下室中受难者亲属的尸体挖掘出来，弄到墓地里去埋掉。可是时间一久，轰炸一频繁，原来在外面的亲属说不定自己也被埋在什么地方的地下室，等待别人去挖尸体了。他们哪有可能来挖别人的尸体呢？但是，到了上坟的日子，幸存下来的少数人又不甘不给亲人扫墓，而亲人的墓地就是地下室。于是马路两旁高楼断壁之下的地下室外垃圾堆旁，就摆满了原来应该摆在墓地上的花圈。我们来到汉诺威看到的就是这些花圈，这种景象在哥廷根是看不到的。最初我是大惑不解。了解了原因以后，我又感到十分吃惊，感到可怕，感到悲哀。据说地窖里的老鼠，由于饱餐人肉，营养过分丰富，长到一尺多长。德国这样一个优秀伟大的民族，竟落到这个下场。我心里酸甜苦辣，万感交集，真想到什么地方去痛哭一场。

汉诺威的情况就是这个样子。这当然是狂轰滥炸时"铺地毯"的结果。但是，即使是"地毯"，也难免有点儿空隙。在这样的空隙中还幸存下少数大楼，里面还有房间勉强可以办公。于是在城里无房可住的人，晚上回到城外乡镇中的临时住处，白天就进城来办公。瑞士的驻汉诺威的代办处也设在这样一座楼房里。我们穿过无数的断壁残垣，找到办事处。因为我没有收到瑞士方面的正式邀请和批准，办事处说无法给我签发入境证。我算是空跑一趟。然而我却不但不后悔，而且还有点儿高兴；我于无意中得到一个机会，亲眼看一看所谓轰炸究竟真实情况如何。不然的话，我白白在德国住了十年并自命经历过轰炸。哥廷根那一点儿轰炸，同汉诺威比起来，真如小巫见大巫。如没能看到真正的轰炸，将会抱恨终生了。

汉诺威是这样，其他比汉诺威更大的城市，比如柏林之类，被炸的情况略可推知。我后来听说，在柏林，一座大楼上面几层被炸倒以后，塌了下来，把地下室严严实实地埋了起来。地下室中有人在黑暗中赤手扒碎砖石，走运扒通了墙壁，爬到邻居的尚没有被炸的地下室中，钻了出来，重见天日。然而十个指头的上半截都已磨掉，血肉模糊了。没有这样走运的，则是扒而无成，只有呼叫。外面的人明明听到叫声，然而堆积如山的砖瓦碎石，一时无法清除。只能忍心听下去，最初叫声还高，后来则逐渐微弱，几天之后，一片寂静，结果可知。亲人们心里是什么滋味，他们是受到什么折磨，人们能想下去吗？有过这样一场经历，不入疯人院，则入医院。这样惨绝人寰的悲剧是号称"万物之灵"的人类自己亲手酿成的。难道不是这样的吗？

听到这些情况以后，我自然而然地就想到了原来的柏林，十年前和三年前我到过的柏林。十年前不必说了，就是在三年前，柏林是个什么样子呀！当时战争虽然已经爆发，柏林也已有过空袭，但是还没有被"铺地毯"，市面上仍然是繁华的，人们熙攘往来，还颇有一点儿劲头。然而转瞬之间，就几乎变成了一片废墟。这变化真是太大了。现在让我来描述这一个今昔对比的变化，我本非江郎，谈不到才尽，不过现在更加窘迫而已。在苦思冥想之余，我想出了一个偷巧的办法。我想借用中国古代辞赋大家的文章，从中选出两段，一表盛，一表衰，来做今昔对比。时隔将近两千年，地距超过数万里，情况当然是完全不一样的。然而气氛则是完全一致的，我现在迫切需要的正是描述这种气氛。借古人的生花妙笔，抒我今日盛衰之感怀。能想出这样移花接木的绝妙好法，我自己非常得意，不知是哪一路神仙在冥中点化，使我获得"顿悟"，我真想五体投地虔诚膜拜了。是否有文抄公的嫌疑呢？不，绝不。我是付出了劳动的，是我把旧酒装在新瓶中的，我是偷之无愧的。

下面先抄一段左太冲《蜀都赋》：

亚以少城，接乎其西。市廛所会，万商之渊。
列隧百重，罗肆巨千。贿货山积，纤丽星繁。都人
士女，袨服靓妆。贾贸墆鬻，舛错纵横。异物崛诡，
奇于八方。

　　上面列举了一些奇货。从这短短的几句引文里，也可以看
出蜀都的繁华。这样繁华的气氛，同柏林留给我的印象是完全
符合的。

　　我再从鲍明远的《芜城赋》里引一段：

　　观基扃之固护，将万祀而一君。出入三代，
五百余载，竟瓜剖而豆分。泽葵依井，荒葛罥涂。
坛罗虺蜮，阶斗麏鼯……通池既已夷，峻隅又以颓。
直视千里外，唯见起黄埃。凝思寂听，心伤已摧。

　　这里写的是一座芜城，实际上鲍照是有所寄托的。被炸得
一塌糊涂的柏林，从表面上来看，与此大不相同。然而人们从
中得到的感受又何其相似！法西斯头子们何尝不想"万祀而一
君"。然而结果如何呢？所谓"第三帝国"被"瓜剖而豆分"了。
现在人们在柏林看到的是断壁颓垣，"直视千里外，惟见起黄埃"
了。据德国朋友告诉我，不用说重建，就是清除现在的垃圾也
要用上五十年的时间。德国人"凝思寂听，心伤已摧"，不是

很自然的吗？我自己在德国住了这么多年，看到眼前这种情况，我心里是什么滋味，也就概可想见了。

然而是我要走的时候了。

是我离开德国的时候了。

是我离开哥廷根的时候了。

我的真正的故乡向我这游子招手了。

一想到要走，我的离情别绪立刻就涌上心头。我常对人说，哥廷根仿佛是我的第二故乡。我在这里住了十年，时间之长，仅次于济南和北京。这里的每一座建筑，每一条街，甚至一草一木，十年来和我同甘共苦，共同度过了将近四千个日日夜夜。我本来就喜欢它们的，现在一旦要离别，更觉得它们可亲可爱了。哥廷根是个小城，全城每一个角落似乎都留下了我的足迹，我仿佛踩过每一粒石头子儿，不知道有多少商店我曾出出进进过。看到街上的每一个人都似曾相识。古城墙上高大的橡树、席勒草坪中芊绵的绿草、俾斯麦塔高耸入云的尖顶、大森林中惊逃的小鹿、初春从雪中探头出来的雪钟、晚秋群山顶上斑斓的红叶，等等，这许许多多纷然杂陈的东西，无不牵动我的情思。至于那一所古老的大学和我那一些尊敬的老师，更让我觉得难舍难分。最后但不是最少，还有我的女房东，现在也只得分手了。十年相处，多少风晨月夕，多少难以忘怀的往事，"当时只道是寻常"，现在却是可想而不可即，非常非常不寻常了。

然而我必须走了。

我那真正的故乡向我招手了。

我忽然想起了唐代诗人刘皂的《旅次朔方》那一首诗：

客舍并州已十霜，

归心日夜忆咸阳。

无端更多渡桑干水，

却望并州是故乡。

别了，我的第二故乡哥廷根！

别了，德国！

什么时候我再能见到你们呢？

回到祖国

　　我怀着矛盾的心情踏上了祖国的土地，心里面喜怒哀乐，像是倒了酱缸一样，不知道是什么滋味。

十年一觉欧洲梦　赢得万斛别离情

　　祖国母亲呀！不管怎样，我这个海外游子又回来了。

北大任教

我于 1946 年春夏之交，经法国马赛和越南西贡，回到祖国。先在上海和南京住了一个夏天和半个秋天。当时解放战争正在激烈进行，津浦铁路中断，我有家难归。当时我已经由恩师陈寅恪先生介绍，北大校长胡适之先生、代理校长傅斯年先生和文学院院长汤锡予（用彤）先生接受，来北大任教。在上海和南京住的时候，我一点儿收入都没有。我在上海卖了一块从瑞士带回来的自动化的 Omega 金表。这在当时国内是十分珍贵、万分难得的宝物。但因为受了点儿骗，只卖了十两黄金。我将此钱的一部分换成了法币，寄回济南家中。家中经济早已破产，靠摆小摊，卖炒花生、香烟、最便宜的糖果之类的东西，勉强糊口。对于此事，我内疚于心久矣。只是阻于战火，被困异域。家中盼我归来，如大旱之望云霓。现在终于历尽千辛万苦回来了，我焉能不首先想到家庭！家中的双亲——叔父和婶母，妻、儿正在嗷嗷待哺哩。剩下的金子就供我在南京和上海吃饭之用。住宿，在上海是睡在克家家中的榻榻米上；在南京是睡在长之国立编译馆的办公桌上，白天在台城、玄武湖等处游荡。我出不起旅馆费，我还没有上任，根本拿不到工资。

在这样的情况下，我无书可读，无处可读。我是多么盼望能够有一张哪怕是极其简陋的书桌啊！除了写过几篇短文外，一个夏天，一事无成。一个人的生命是有限的。古人说："一寸光阴一寸金，寸金难买寸光阴。"我自己常常说，浪费时间，等于自杀。然而，我处在那种环境下，又有什么办法呢？我真成了"坐宫"中的杨四郎。

我于1946年深秋从上海乘船北上，先到秦皇岛，再转火车，到了一别十一年的故都北京。从山海关到北京的铁路由美军武装守护，尚能通车。到车站去迎接我们的有阴法鲁教授等老朋友。汽车经过长安街，于时黄昏已过，路灯惨黄，落叶满地，一片凄凉。我想到了一句唐诗"落叶满长安"，这诗句中说的"长安"，指的是"长安城"，今天的"西安"。我的"长安"是北京东西长安街。游子归来，古城依旧，而岁月流逝，青春难再。心中思绪万端，悲喜交集。一转瞬间，却又感到仿佛自己昨天才离开这里。叹人生之无常，嗟命运之渺茫。过去十一年的海外经历，在脑海中层层涌现。我们终于到了北大的红楼。我暂时被安排在这里住下。

按北大当时的规定，国外归来的留学生，不管拿到什么学位，最高只能定为副教授。清华大学没有副教授这个职称，与之相当的是专任讲师。至少要等上几年,看你的教书成绩和学术水平,如够格,即升为正教授。我能进入北大,已感莫大光荣,焉敢再巴蛇吞象有什么非分之想!第二天,我以副教授的身份晋谒汤用彤先生。汤先生是佛学大师。他的那一部巨著《汉魏两晋南北朝佛教史》,集义理、辞章、考据于一体,蜚声宇内,至今仍是此道楷模,无能望其项背者。他的大名我仰之久矣。在我的想象中,他应该是一位面容清癯、身躯瘦长的老者;然而实际上却恰恰相反。他身着灰布长衫,圆口布鞋,面目祥和,严而不威,给我留下了十分深刻的印象。暗想在他领导下工作是一种幸福。过了至多一个星期,他告诉我,学校决定任我为正教授,兼文学院东方语言文学系的系主任。这实在是大大地出我意料。要说不高兴,那是过分矫情;要说自己感到真正够格,那也很难说。我感愧有加,觉得对我是一种鼓励。不管怎样,副教授时期之短,总可以算是一个纪录吧。

终于找到了学术上的出路

当时北大文学院和法学院的办公室都在沙滩红楼后面的北楼。校长办公室则在孑民纪念堂前的东厢房内，西厢房是秘书长办公室。所谓"秘书长"，主要任务同今天的总务长差不多，处理全校的一切行政事务。秘书长以外，还有一位教务长，主管全校的教学工作。没有什么副校长。全校有六个学院：文、理、法、农、工、医。这样庞大的机构，管理人员并不多，不像现在大学范围内有些嘴损的人所说的：校长一走廊，处长一讲堂，科长一操场。我无意宣扬旧时代有多少优点，但是，上面这个事实确实值得我们深思。

北大图书馆就在北楼前面，专门给了我一间研究室。我能够从书库中把我所用的书的一部分提出来，放在我的研究室中。我了解到，这都是出于文学院院长汤锡予先生和图书馆馆长毛子水先生的厚爱。现在我在日本和韩国还能见到这情况，中国的大学，至少是在北大，则是不见了。这样做，对一个教授的研究工作，有极大的方便。汤先生还特别指派了一个研究生马理女士做我的助手，帮我整理书籍。马理是已故北大国文系主任马裕藻教授的女儿，赫赫有名的马珏的妹妹。

北大图书馆藏书甲大学的天下。但是有关我那专门研究范围的书，却如凤毛麟角。全国第一大图书馆北京图书馆，比较起来，稍有优越之处；但是，除了并不完整的巴利文藏经和寥寥几本梵文书外，其他重要的梵文典籍一概不见，燕京大学图书馆是注意收藏东方典籍的。可是这情况是1952年院系调整后才知道的，新中国成立前，我毫无所知。即使燕大收藏印度古代典籍稍多，但是同欧洲和日本的图书馆比较起来，真如小巫见大巫，根本不可能同日而语。

在这样的情况下，我真如虎落平川、龙困沙滩，纵有一身武艺，却无用武之地。我虽对古代印度语言的研究恋恋难舍，却是一筹莫展。我搞了一些翻译工作，翻译了马克思论印度的几篇论文，翻译了德国女作家安娜·西格斯的短篇小说。我还翻译了恩格斯用英文写成的《英国工人阶级状况》，只完成了一本粗糙的译稿，后来由中共中央马列著作翻译局拿了去整理出版，收入《马克思恩格斯全集》中。这些工作都不是我真正兴趣之所在，不过略示一下我是一个闲不住的人而已。

这远远不能满足我那种闲不住的心情。当时的东方语言文学系，教员不过五人，学生人数更少。如果召开全系大会的话，在我那只有十几平方米的系主任办公室里就绰绰有余。我开了一班梵文，学生只有三人。其余的蒙文、藏文和阿拉伯文，一个学生也没有。我"政务"清闲，天天同一位系秘书在办公室里对面枯坐，既感到极不舒服，又感到百无聊赖。当时文学院中任何形式的会都没有，学校也差不多，有一个教授会，不过给大家提供见面闲聊的机会，一点儿作用也不起的。

汤用彤先生正开一门新课《魏晋玄学》。我对汤先生的道德文章极为仰慕。他的著作虽已读过，但是，我在清华从未听过他的课，极以为憾。何况魏晋玄学的研究，先生也是海内第一人。课堂就在三楼上，我当然不会放过。于是征求了汤先生的同意，我每堂必到。上课并没有讲义，他用口讲，我用笔记，而且尽量记得详细完整。他讲了一年，我一堂课也没有缺过。汤先生与胡适之先生不同，不是口若悬河的人。但是他讲得细密、周到，丝丝入扣，时有精辟的见解，如石破天惊，令人豁然开朗。我的笔记至今还保存着，只是"只在此室中，书深不知处"了。此外，我因为感到自己中国音韵学的知识欠缺，周祖谟先生适开此课，课堂也在三楼上，我也得到了周先生的同意去旁听。周先生比我年轻几岁，当时可能还不是正教授。别人觉得奇怪，我则处之泰然。一个系主任教授随班听课，北大恐尚未有过，但是，这有什么关系呢？能者为师。在学问上论资排辈，为我所不取。

然而我心中最大的疙瘩还没有解开：旧业搞不成了，我何去何从？在哥廷根大学汉学研究所图书室阅书时，因为觉得有兴趣，曾随手从《大藏经》中，从那一大套笔记丛刊中，抄录了一些有关中印关系史和德国人称之为"比较文学史"（Vergleichende Literatur-geschichte）的资料。当时我还并没有想毕生从事中印关系史和比较文学史的研究工作，虽然在下意识中觉得这件工作也是十分有意义的，非常值得去做的。回国以后，尽管中国图书馆中关于印度和比较文学史的书籍极为匮乏，但是中国典籍则浩瀚无量。倘若研究中印文化关系史和比较文学史，至少中国这一边的资料是取之不尽、用之不竭的，而且这个课题至少还同印度沾边，不致十年负笈，前功尽弃。我反复思考，掂斤播两，觉得这真是一个极为灵妙的主意。虽然我心中始终没有忘记印度古代语言的研究，但目前也只能顺应时势，有多大碗吃多少饭了。我终于找到了学术上的出路。

眼前充满光明

　　1949年迎来了解放。当时我同北大绝大多数的教授一样，眼前一下子充满了光明，心情振奋，无与伦比。我觉得，如果把自己的一生分为两段或者两部分的话，现在是新的一段的开始。当时我只有三十八岁，还算不上中年，涉世未深，幻想特多，接受新鲜事物，并无困难。

　　我本来是一个性格内向的人，最怕同人交际；又是一个上不得台面的人。在大庭广众中、在盛大的宴会或招待会中，处在衣装整洁、珠光宝气的男女社交家或什么交际花包围之中，浑身紧张，局促不安，恨不得找一个缝钻入地中。看见有一些人应对进退，如鱼得水，真让我羡煞。但是命运或者机遇却偏偏把我推到了行政工作的舞台上；又把我推进了社会活动的中心，甚至国际活动的领域。

　　人民政府一派人来接管北大，我就成了忙人。一方面，处理系里的工作。有一段时间，由于国家外交需要东方语言的人才，东语系成为全校最大的系。教员人数增加了十倍，学生人数增加了二百多倍，由三四人扩涨到了八百人。我作为系主任，其工作之繁忙紧张，概可想见。另一方面，我又参加了教授会的筹备组织工作，并进一步参加了教职员联合会的筹备组织工作。看来党组织的意图是成立全校的工会。但是，到了筹建教职员联合会这个阶段，遇到了巨大的阻力：北大工人反对同教职员联合。当时"工人阶级必须领导一切"的口号喊得震天价响，教职员被认为是资产阶级的，哪里能同工人平起平坐呢？这样一来，岂不是颠倒了领导者与被领导者的地位？这哪里能行！在工人们眼中，这样就是黄钟毁弃，瓦釜雷鸣，是绝对不行的。幸而我国当时的最高领导人之一及时发了话："大学教授不是工人，而是工人阶级。"有了"上头的"指示，工人不敢再顶。北大工会终于成立起来了。我在这一段过程中是活跃分子。我担任过北大工会组织部长、秘书长、沙滩分会主席，出城以后又担任过工会主席。为此我在"文化大革命"中还多被批斗了许多次。这是对我非圣无德行为的惩罚，罪有应得，怪不得别人。此是后话，暂且不谈了。

政治运动

对解放后"阶级斗争"的历史稍有所了解的人都能明白，1957 年和 1965 年，这两个年头是两次最大的狂风骤雨之间的间歇阶段的一头一尾。头，我指的是 1957 年的反右运动；尾，我指的是 1966 年开始的"文化大革命"。两次运动都是中国人民亿金难买的极其惨痛的教训。

在反右斗争中，我处在一个比较特殊的地位上。一方面，我有一件红色的外衣，在随时随地保护着我，成了我的护身宝符。另一方面，我确实是十分虔诚地忠诚于党。即使把心灵深处的话"竹筒倒豆子"全部倒了出来，也决不会说出违碍的话。因此，这虽是一次暴风骤雨，对我却似乎是春风微拂。

学校虽然还没有正式宣布停课，但实际上上课已不能正常进行，运动是压倒一切的。我虽然是系主任，但已无公可办。在运动初期，东语系由于有的毕业生工作分配有改行的现象，所以有一部分学生起哄闹转系。我作为一系之长，一度成为一部分学生攻击的对象，甚至出现了几次紧急的场面。幸而教育部一位副部长亲自参加了处理工作，并派一位司长天天来北大，同我一起面对学生，事情才终于得到了妥善的解决。我也就算是过了关，从此成了"逍遥派"。这个名词儿当时还没有产生，它在"文化大革命"中出现，我在这里不过借用一下而已。

我悠闲自在，是解放后心理负担最轻的一段时间。至于传闻的每一个单位都有划右派的指标，这样的会我没有参加过，其详不得而知。"右派"是一类非常奇怪的人，官方语言是"敌我矛盾当作人民内部矛盾来处理"，其中玄妙，到现在我也不全明白。可是被戴上了这一顶可怕的帽子的人，虽然手里还拿着一张选票，但是妻离子散者有之，家破人亡者有之；到头来几乎全平了反。不知道这乱哄哄的半年多，牺牲时间，浪费金钱，到底所为何来？

1958 年，又开始了"大跃进"，浮夸之风达到了登峰造极、骇人听闻的程度。每一亩地的产量——当然是虚构的幻想的产量——简直像火箭似的上升。几百斤当然不行了，要上几千斤。几千斤又不行了，要上几万斤。当时有一句众口传诵的口号："人有多大胆，地有多大产。"把人的主观能动性夸张到了无边无际。当时苏联也沉不住气了，他们说：把一亩地铺上粮食，铺到一米厚，也达不到中国报纸上吹嘘的产量。这本来是极为合情合理的说法，然而却遭到中国方面普遍的反对。我当时已经不是小孩子，已经四十多岁了，我却也深信不疑。我屡次说我在政

207

治上十分幼稚，这又是一个好例子。听到"上面"说："全国人民应当考虑，将来粮食多得吃不了啦，怎么办？"我认为，这真是伟大的预见，是一种了不起的预见。我佩服得五体投地。

然而，现实毕竟不是神话。接着来的是三年自然灾害。人们普遍挨了饿，有的地方还饿死了人。人尽管挨饿，大学里还要运动。这一次是"拔白旗"。每一系选几个被拔的靶子，当然都是资产阶级知识分子，又是批判，又是检查。乱哄哄一阵之后，肚子照样填不饱。

到了 1959 年，领导上大概已经感觉到，"共产主义是天堂，人民公社是桥梁"，仿佛共产主义立即能够实现，里面颇有点儿海市蜃楼的成分，不切实际。于是召开庐山会议，原本是想反"左"的，但后来又突然决定继续反右。会议情况，大家都清楚，用不着我再来说。于是又一路"左"下去。学校里依然不得安静，会议一个接一个。一直到 1965 年，眼光忽然转向了农村，要在农村里搞"四清运动"了。北大一向是政治最敏感的地方，几乎任何运动都由北大带头。于是我也跟着四清工作队到了南口。因为"国际饭店会议"还没有开完，所以我到南口比较晚。我们被分派到南口村去驻扎，我挂了一个工作队副队长的头衔，主管整党的工作。日夜操劳，搞了几个月。搞了一些案子，还逮捕了人。听说后来多数都平了反。我们的工作，虽然还不能说全是"竹篮子打水一场空"，然而也差不多了。我们在南口村待到 1966 年 6 月 4 日，奉命回校。此时"文化大革命"已经来势迅猛，轰轰烈烈地展开了，一场运动就此开始了。

《牛棚杂忆》节选

它带去的不是仇恨和报复，而是一面镜子，从中可以照见恶和善、丑和美，照见绝望和希望。它带去的是对我们伟大祖国和人民的一片赤诚。

——《牛棚杂忆·祝词》

抄家

随着天气的转凉，风声越来越紧。我头上的风暴已经凝聚了起来：那一位女头领要对我下手了。

此时，我是否还有侥幸心理呢？

还是有的。我自恃头上没有辫子，屁股上没有尾巴，不怕你抓。

然而我错了。

1967年11月30日深夜，我服了安眠药正在沉睡，忽然听到门外有汽车声，接着是一阵异常激烈的打门声。连忙披衣起来，门开处闯进来大汉六七条，都是东语系的学生，都是女头领的铁杆信徒，人人手持大木棒，威风凛凛，面如寒霜。我知道发生了什么事，我早有思想准备，因此我并不吃惊。俗话说："英雄不吃眼前亏。"我绝非英雄，眼前亏却是不愿意吃的。我毫无抵抗之意，他们的大棒可惜无用武之地了。这叫作"革命行动"，我天天听到叫嚷"革命无罪，造反有理"，我知道这话是有来头的。我只感到，这实在是一桩非常离奇古怪的事情。什么"革命"，什么"造反"，谁一听都明白；但是却没有人真正懂得是什么意思。什么样的坏事，什么样的罪恶行为，都能在"革命""造反"等堂而皇之的伟大的名词掩护下，在光天化日之下公然去干。我自己也是一个非常离奇古怪的人物，我要拼命维护什么人的"革命路线"，现在革命革到自己头上来了。然而我却丝毫也不清醒，仍然要维护这一条革命路线。

我没有来得及穿衣服，就被赶到厨房里去。我那年近古稀的婶母和我的老伴，也被赶到那里，一家三人作了楚囚。此时正是深夜风寒，厨房里吹着刺骨的过堂风，"全家都在风声里"，人人浑身打战。两位老妇人心里想些什么，我不得而知。我们被禁止说话，大棒的影子就在我们眼前晃。我此时脑筋还是清楚的。我并没有想到什么人道主义，因为人道主义早已批倒批臭，谁提人道主义，谁就是"修正主义分子"。一直到今天，我还是不明白，难道人就不许有一点人性，讲一点人道吗？中国八千年的哲学史上有性善、性恶之争，迄今仍是众说纷纭、莫衷一是。我原来是相信性善说的，我相信，恻隐之心人皆有之的。从被抄家的一刻起，我改变了信仰，改宗性恶说。"人性本恶，其善者伪也。"从抄家的行动来看，你能说这些人的性还是善的吗？你能说他们所具有的不是兽性吗？今天社会风气，稍有良知者都不能不为之担忧。始作俑者究竟是谁呢？这种不良的社会风气究竟是从什么时候开始的呢？

这话扯得太远了。有些想法绝不是被抄家时有的，而是后来陆续出现的。我当时既不敢顽强抵抗，也不卑躬屈膝请求高抬贵手。同禽兽打交道是不能讲人话谈人情的。我只是蜷缩在厨房里冰冷的洋灰地上，冷眼旁观，倾耳细听。我很奇怪，杀鸡焉用牛刀？对付三个手无寸铁的老人，何必这样惊师动众！只派一个小伙子来，就绰绰有余了。然而只是站厨房门口的就是两个彪形大汉，其中一个是姓谷的朝鲜语科的学生。过去师生，今朝敌我。我知道，我们的性命就掌握在他们手中。当时打死人是可以不受法律制裁的。他们的木棒中，他们的长矛中，就出法律。

我的眼睛看不到外面的情况，但耳朵是能听到的。这些小将究竟年纪还小，旧社会土匪绑票时，是把被绑的人眼睛上贴上膏药，耳朵里灌上烛油的。我这为师的没有把这一套东西教给自己的学生，是我的失职。由于失职，今天我得到了点好处：我还能听到外面的情况。外面的情况并不美妙。只听到我一大一小两间屋子里乒乓作响，声震屋瓦。我此时仿佛得到了佛经上所说的天眼通，透过几层墙壁，就能看到"小将们"正在挪动床桌，翻箱倒柜。他们所向无前，顺我者昌，逆我者亡。他们愿意砸烂什么，就砸烂什么；他们愿意踢碎什么，就踢碎什么。遇到锁着的东西，他们把开启的手段一律简化，不用钥匙，而用斧凿。管你书箱衣箱，管你木柜铁柜，咔嚓一声，铁断木飞。我多年来省吃俭用，积累了一些小古董，小摆设，都灌注着我的心血；来之不易，又多有纪念意义。在他们眼中，却视若草芥；

手下无情，顷刻被毁。看来对抄家这一行，他们已经非常熟练，这是"文化大革命"中集中强化实践的结果。他们手足麻利，"横扫千军如卷席"。然而我的心在流血。

楼上横扫完毕，一位姓王的学泰语的学生找我来要楼下的钥匙。原来他到我家来过，知道我的书都藏在楼下。我搬过来以后，住在楼上。学校有关单位，怕书籍过多过重，可能把楼压坏，劝我把书移到楼下车库里去。车库原来准备放自行车的。如果全楼只有几辆车的话，车库是够用的。但是自行车激剧增加，车库反而失去作用，空在那里。于是征求全楼同意，我把楼上的书搬了进去。小将们深谋远虑，涓滴不漏。他伸手向我要钥匙，我知道他是内行，敬谨从命。车库里我心爱的书籍遭殃的情况，我既看不见，也听不到。然而此时我既得了天眼通，又得了天耳通。库里一切破坏情况，朗朗如在眼前。我的心在流血。

这一批小将，东方语文学得不一定怎样有成绩，对中国历史上那一套诬陷罗织却是了解的。古代有所谓"瓜蔓抄"的做法，就是顺藤摸瓜，把与被抄家者的三亲六友有关的线索都摸清楚，然后再夷九族。他们逼我交出记载着朋友们地址的小本本，以便进行"瓜蔓抄"。我此时又多了一层担心：我那些无辜的亲戚朋友不幸同我有了关系，把足迹留在我的小本本上。他们哪里知道，自己也都要跟着我倒霉了。我的心在流血。

我蜷曲在厨房里，心里面思潮翻滚，宛如大海波涛。我心里是什么滋味呢？"只是当时已惘然"，现在更说不清楚了，好像是打翻了酱缸，酸甜苦辣，一时俱陈。说我悲哀吗？是的，但不全是。说我愤怒吗？是的，但不全是。说我恐惧吗？是的，也不全是。说我坦然吗？是的，更不全是。总之，我是又清楚，又糊涂；又清醒，又迷离。此时我们全家三位老人的性命，掌握在别人手中。我们像是几只蚂蚁，别人手指一动，我们立即变为齑粉。我们呼天天不应，呼地地不答。我不知道，我们是置身于人的世界，还是鬼的世界，抑或是牲畜的世界。茫茫大地，竟无三个老人的容身之地了。"椎胸直欲依坤母。"我真想像印度古典名剧《沙恭达罗》中的沙恭达罗那样，在走投无路的情况下，生母天上仙女突然下凡，把女儿接回天宫去了。我知道，这只是神话中的故事，人世间是不会有的。那么，我的出路在什么地方呢？

暗夜在窗外流逝。大自然根本不管人间有喜剧，还是有悲剧，或是既喜且悲的剧。对于这些，它是无动于衷的，我行我素，照常运行。"英雄"们在革过命以后，"兴阑啼鸟尽"，他们的兴已经"阑"了。我听到门外忽然静了下来，两个手持大棒的彪形大汉，一转瞬间消逝不见。楼外响起了一阵汽车开动的声音：英雄们得胜回朝了。汽车声音刺破夜空，越响越远。此时正值朔日，天昏地暗。一片宁静弥漫天地之间，仿佛刚才什么事情也没有发生，只留下三个孤苦无靠的老人，从棒影下解脱出来，呆对英雄们革过命的战场。

屋子里成了一堆垃圾。桌子、椅子，只要能打翻的东西，都打翻了。那一些小摆设，小古董，只要能打碎的，都打碎了。地面堆满了书架子上掉下来的书和从抽屉里丢出来的文件。我辛辛苦苦几十年积累起来的科研资料，一半被掳走，一半散落在地上。睡觉的床被彻底翻过，被子里非常结实的暖水袋，被什么人踏破，水流满了一床。看着这样被洗劫的情况，我们三个人谁都不说话——我们还有什么话可说呢？人生到此，天道宁论！我们哪里还能有一丝一毫的睡意呢？我们都变成了木雕泥塑，我们变成了失去语言、失去情感的人，我们都变成了植物人。

但是，我的潜意识还能活动，还在活动。我想到当时极为流行的一种说法：好人打好人是误会；坏人打好人是锻炼；好人打坏人是应该；坏人打坏人是内讧。如果把芸芸众生按照小孩子的逻辑分为好人与坏人两大类的话，我自己属于哪一类呢？不管我自己有多少缺点，也不管我干过多少错事，我坚决认为自己应该归入好人一类。我除了考虑自己以外，也还考虑别人；我不是"宁教我负天下人，不能教天下人负我"的曹孟德。这就是天公地道的好人的标准。来到我家抄家打砸抢的小将们是什么人呢？他们之中肯定有好人，一时受到蒙蔽干了坏事，这是可以原谅的。但是，大部分人恐怕都是乘人之危，借此发泄兽性的迫害狂，以达到不可告人的目的。如果说这样的人不是坏人，世界上还有坏人吗？他们在上面那种说法的掩护下，放心大胆地作起恶来。事情不是很明显吗？那几句话，我曾五体投地地崇拜过。及今视之，那不过是不讲是非，不分皂白，不讲原则，不讲正义的最低级的形而上学的诡辩。可惜受它毒害的年轻人上十万，上百万，到了后来，他们已经是四五十岁的成年人了。在他们中，有的飞黄腾达；有的找到一个阔丈人，成了东床快婿；有的发了大财，官居高品，他们中竟没有一个人对自己过去的所作所为感到一点悔恨，岂非咄咄怪事！难道这些人都那么健忘？难道这一些人连人类起码的良知都泯灭净尽了吗？

好不容易才熬到了天明。"长夜漫漫何时旦？"这一夜是我毕生最长的一夜，也是最难忘的一夜，用任何语言也无法形容的一夜。天一明，我就骑上了自行车到井冈山总部去。我痴心妄想，要从"自己的组织"这里来捞一根稻草。走在路上，北大所有的高音喇叭都放开了，一遍又一遍地高呼"打倒季羡林！"历数我的"罪行"。我这个人大概还有一点影响，所以新北大公社才这样兴师动众，大张旗鼓。一个渺小的季羡林骑在自行车上，天空弥漫着"打倒季羡林"的声音。我此时几疑置身于神话世界，妖魅之国。这种滋味连今天回忆起来，都觉得又是可笑，又是可怕。从今天起，我已经变成了一只飞鸟，人人可以得而诛之了。

到了井冈山总部，说明了情况。他们早已知道了。一方面派摄影师到我家进行现场拍摄；另一方面——多可怕呀！——他们已经决定调查我的历史，必要时把我抛出来，甩掉这个包袱，免得受到连累，不利于同新北大公社的斗争。这是后来才知道的，当时我还是一片痴心。走出大门，我那辆倚在树上的自行车已经被人——当然是新北大公社的——用锁锁死。没有别的办法，我只好步行回家。从此便同我那辆伴随我将近二十年的车永远"拜拜"了。

回到家中，那一位井冈山的摄影师，在一堆垃圾中左看右看，寻找什么。我知道，在这里有决定意义的不是美，而是政治。他主要寻找公社抄家时在对待伟大领袖方面有没有留下可抓的小辫子，比如说领袖像，他们撕了或者污染了没有？有领袖像的报纸，他们用脚踩了没有？如此等等。如果有一条被他抓住，拍摄下来，这就是对领袖的大不敬，可以上纲上到骇人的高度，是对敌斗争的一颗重型炮弹。但是，要知道新北大公社的抄家专家也是有水平的，是训练有素的，那样的"错误"或者"罪行"他们是绝不会犯的。摄影师找了半天，发现公社的抄家术真正是无懈可击，怏然离去。

我的处境，井冈山领导表面上表示同情。我当时有一个后来想起来令我感到后怕的想法：我想留在井冈山总部里。我害怕，公社随时都可能派人来，把我抓走，关在什么秘密的地方。这是当时屡次出现过的事，并不新鲜。井冈山总部是比较安全的，那里几乎是一个武装堡垒。可是我有点迟疑。我虽然还不知道他们准备同公社一样派人到处去调查我的历史。但是，在几天前我在井冈山总部里听到派人调查我在上面提到的那一位身为井冈山总勤务员之一的老教授的历史。他们认为，老知识分子，特别是留过洋的老知识分子的历史复杂；不如自己先下手调查，然后采取措施，以免被动。既然他们能调查那位老教授的历史，为什么就不能调查我的历史呢？我当时确曾感到寒心。现在我已经被公社"打倒"了。为了摆脱我这个包袱，他们会采取什么措施呢？我的历史，我最清楚。但是，那种两派共有的可怕

218

的形而上学和派性，确实是能杀人的。用那种形而上学的方式调查出来的东西能准确吗？能公正吗？与其将来陷入极端尴尬的境地，被"自己人"抛了出去，还不如索性横下一条心，任敌人宰割吧。我毅然离开那里，回到自己家中。现在的家就成了我的囚笼。我在上面谈到，那年夏秋两季我时时感到有风暴在我头上凝聚，随时可以劈了下来。现在我仿佛成了躺在砍头架下的死囚，时时刻刻等待利刃从架上砍向我的脖颈。原来我认为天地是又宽又大的。现在才觉得，天地是极小极小的，小得容不下我这一身单薄的躯体。从前读一篇笔记文章，记载金圣叹临刑时说的话："杀头，至痛也。我于无意得之，不亦快哉！"我这个"反革命"帽子，也是于无意中得之，我却无论如何也说不出："不亦快哉！"我只能说："奈何！奈何！"

不管怎样，一夜之间，我身上发生了质变：由人民变成了"反革命分子"。

没有任何手续，公社一声"打倒！"我就被打倒了。东语系的公社命令我：必须待在家里！只许规规矩矩，不许乱说乱动！要随时听候传讯！但是，在最初几天，我等呀，等呀，然而没有人来。原因何在呢？"十年浩劫"过了以后，有人告诉我：当时公社视我如眼中钉，必欲拔之而后快。但是，他们也感到，"罪证"尚嫌不足。于是便采用了先打倒，后取证的战略，希望从抄家抄出的材料中取得"可靠的"证据，证明打倒是正确的。结果他们"胜利"了。他们用诬陷罗织的手段，深文周纳，移花接木，加深了我的罪名。到了抄家后的第三天或第四天，来了，来了，两个臂缠红袖章的公社红卫兵，雄赳赳，气昂昂，闯进我家，把我押解到外文楼去受审。以前我走进外文楼是以主人的身份，今天则是阶下囚了。可怜我在外文楼当了二十多年的系主任，晨晨昏昏，风风雨雨，呕心沥血，努力工作，今天竟落到这般地步。世事真如白云苍狗了！

第一次审讯，还让我坐下。我有点不识抬举，态度非常"恶劣"。我憋了一肚子气，又自恃没有辫子和尾巴，同审讯者硬顶。我心里还在想：俗话说，捉虎容易放虎难，我看你们将来怎样放我？我说话有时候声音很大，极为激烈。结果审讯不出什么。如是一次，两次，三次。最初审讯我的人——其中有几个就是我的学生——有时候还微露窘相。可是他们的态度变得强硬了。可能是由于他们掌握的关于我的材料多起来了，他们心中有"底"了。——我禁不住要在这里提出一个问题：当年审讯我的朋友们！你们当时对这些"底"是怎样想的呀？你们是不是真相信，这一切全是真的呢？

这话扯远了，还是回来谈他们的"底"。第一个底是一只竹篮子，里面装着烧掉一半的一些信件。他们说这是我想焚信灭迹的铁证，说我烧的全是一些极端重要的、含有重大机密的信件。事实是，我原来住四间房子，"文革"起来后，我看形势不对，赶忙退出两大间，让楼下住的我的一位老友上来住，楼下的房子被迫交给一个无巧不沾的自命"出身"很好的西语系公社的一位女职员。房子减了一多半，积存的信件太多，因此想烧掉一些，减轻空间的负担。我在光天化日之下公然焚烧，心中并没有鬼。然而被一个革命小将劝阻，把没有烧完的装在一只竹篮中。今天竟成了我的"罪证"。我对审讯我的人说明真相，结果对方说我态度极端恶劣。第二个"罪证"是一把菜刀，是抄家时从住在另一间小房间里我婶母枕头下搜出来的。原来在"文革"兴起以后，社会治安极坏，传说坏人闯入人家抢劫，进门先奔厨房搜寻菜刀，威胁主人。我婶母年老胆小，每夜都把菜刀藏在自己枕下，以免被坏人搜到。现在审讯者却说是在我的房里我的枕头下搜出来的，是准备杀红卫兵的，我把真相说明，结果对方又说我态度更加极端恶劣。第三个"罪证"是一张石印的蒋介石和宋美龄的照片。这是我在德国哥廷根时一个可能是三青团员或蓝衣社分子的姓张的"留学生"送给我的。我对蒋介石的态度，除了一段时间不明真相以外，从 1932 年南京请愿一直到今天，从来没有好过。我认为他是一个流氓。我也从来没有幻想过他真会反攻大陆。历史的规律是，一个坏统治者，一旦被人民赶走，绝不可能再复辟成功的。可是我有一个坏毛病，别人给我的信件，甚至片纸只字，我都保留起来，同我在上面提到的那一位公安总队的陈同志正相反，他是把所有的收到的信件都烧掉的。结果我果然由这一张照片而碰到点子上了。审讯者硬说，我保留这一张照片是想在国民党反攻大陆成功后邀功请赏的。他们还没有好意思给我戴上"国民党潜伏特务"的帽子，但已间不容发了。我向他们解释。结果是对方认为我的态度更加极端恶劣。

我百喙莫明。我还有什么办法呢？

在『自绝于人民』的边缘上

现在我真正紧张了。我原以为自己既无辫子也无尾巴。可人家"革命家"一抓就是一大把，而且看上去都是十分可怕的，有的简直是鲜血淋淋的"铁证"。尽管我对自己没有失去信心，但是对这些"革命家"我却是完全没有办法了。在派性加形而上学的控制之下，我能有什么办法说服他们呢？

这是绝不可能的。

我于是连夜失眠。白天神经紧张到最高限度，恭候提审，晚上躺在枕头上，辗转反侧，睁大眼睛，等候天明。我茶不思，饭不想，眼前一片漆黑，而且也不知道，什么时候黑暗才会过去。能不能过去，我也完全失掉了信心。我白天好像都在做梦。夜里，在乱梦迷离中，我一会儿看到那一把菜刀，觉得有什么人正用那一把刀砍我，而不是我砍别人。我不禁出一身冷汗，蓦然醒来。我一会儿又看到那一只装满了烧掉一半的信件的篮子。那篮子忽然着起火来，火光熊熊，正在燃向我的身边。我又出了一身冷汗，蓦地醒来。我一会儿又看见了蒋介石和宋美龄的照片，蒋介石张开血盆大口，露出了满嘴的猪齿獠牙，正想咬我。宋美龄则变成了一个美女蛇。我又出了一身更大的冷汗，霍地从梦中跳了出来。

这难道是一个人过的日子吗？

最可怕的还不是这一些东西。

最可怕的是环顾眼前，瞻望未来。

环顾眼前，我已经坠入陷阱，地上布满了蒺藜和铁刺，让我寸步难挪。我反对那一位"老佛爷"，这一下子可真捅了马蜂窝。站在我对立面的不都是坏人，我相信绝大部分是好人。可是一旦中了派毒，则不可以理喻，他们必欲置我于死地而后快。我自谓二十多年以来，担任东语系的系主任，所有的教员，不管老中青，都是直接或间接由我聘请的。我虽有不少缺点，但从不敢作威作福，总以诚待人。如今一旦分派，就视若仇人，怒目相向，我无论如何也难以理解。原来我认为是自己的一派，态度与敌对的一派毫无二致。我被公社"打倒"了，井冈山的人也争先恐后，落井下石。他们也派自己的红卫兵到我家来，押解我到属于井冈山的什么地方去审讯。他们是一丘之貉，难兄难弟。到了此时，我恍如大梦初觉，彻底悟透了人生。然而晚矣。

最让我难以理解也难以忍受的是我的两个"及门弟子"。其中之一是贫下中农出身又是"烈属"的人，简直红得不能再红了。学习得并不怎样。我为了贯彻所谓"阶级路线"，硬是把他留下当了我的助教。还有一个同他像是"枣木球一对"的资质低劣，一直到毕业也没有进入梵文之门。他也是出身非常好的。为了"不让一个阶级弟兄掉队"，我在课堂上给他吃偏饭，多向他提问。"可怜天下老师心"，到了此时，我成了"阶级报复"者。就是这两个在山（井冈山）上的人，把我揪去审讯，口出恶言，还在其次。他们竟动手动脚，拧我的耳朵。我真是哭笑不得，自己酿的苦酒只能自己喝，奈之何哉！这一位姓马的"烈属"屡次扬言："不做资产阶级知识分子的金童玉女！"然而狐狸尾巴是不能够永远掩盖的。到了今天，这一位最理想的革命接班人，已经背叛了祖国，跑到欧洲的一个小国，当"白华"去了。"天网恢恢，疏而不漏"，自己吐出的唾沫最后还是落在自己脸上！我脑袋里还有不少封建思想，虽然我不相信"一日师徒，终身父子"这样的说法。但是对自己有恩无怨的老师，至少还应该有那么一点敬意吧！

总之，我在思想感情中，也在实际上，完全陷入一条深沟之内，左右无路，后退不能，向前进又是刀山火海。我何去何从呢？

一年多以来，我看够了斗争走资派的场面：语录盈耳，口号震天；拳打脚踢，耳光相间；谩骂凌辱，背曲腰弯；批斗完了，一声"滚蛋！"踢下斗台，汗流满面。到了此时，被批斗者往往是躺在地上，站不起来。我作为旁观者，胆战心颤。古人说："士可杀，不可辱。"现在岂但辱而已哉！早已超过了这个界限。我们中华古国，礼仪之邦，竟有一些人沦落到这种程度，岂不大可哀哉！原来我还可以逍遥旁观，而今自己已成瓮中之鳖，阱中之兽，任人宰割，那些惊心动魄的场面就要降临到自己头上了！何况还有别人都没有的装满半焚信件的篮子、一把菜刀和蒋介石的照片。我就是长出一万张嘴，也是说不清了，我已是"罪大恶极，罪在不赦"。但是要我承认"天王圣明，臣罪当诛"，那是绝对办不到的。我知道，我的前途要比我看到的被批斗的走资派更无希望。血淋淋的斗争场面，摆在我眼前。我眼前一片漆黑……

我何去何从呢？

我必须做出抉择。

抉择的道路只有两条：一是忍受一切，一是离开这一切，离开这个世界。第一条我是绝对办不到的；看来只有走第二条道路一途了。

这是一个万分难做的决定。人们常说：蝼蚁尚且贪生，何况人乎？倘有万分之一的生机，一个人是决不会做出这样的决定的。况且还有一个紧箍咒：谁要走这一条路，不管出于什么原因，都是"自绝于人民"。一个人被逼得走投无路，手中还剩下唯一的一点权力，就是取掉自己的性命。如果这是"自绝于人民"的话，我就自绝于人民一下吧。一个人到了死都不怕的地步，还怕什么呢？"身后是非谁管得？"我眼睛一闭，让世人去说三道四吧。

决定一旦做出，我的心情倒平静下来了，而且异常地平静，异常地清醒。

我平静地、清醒地、科学地考虑实现这个决定的手段和步骤。我想了很多，我想得很细致，很具体，很周到，很全面。

我首先想到的是"文化大革命"开始以来北大自杀的教授和干部。第一个就是历史系教授汪某人。"文革"开始没有几天，革命小将大概找上门去，问了他若干问题，不知道是否动手动脚了。我猜想，这还不大可能。因为"造反"经验是逐步总结、完善起来的。折磨人的手段也是逐步"去粗取精"地"完善"起来的。我总的印象是，开始时"革命者"的思想还没有完全开放，一般是比较温和的。然而我们这一位汪教授脸皮太薄，太遵守"士可杀，不可辱"的教条，连温和的手段也不能忍受，服安眠药，离开人间了。他一死就被定为"反革命分子"。"打倒反革命分子汪某"的大标语，赫然贴在大饭厅的东墙上，引起了极大震惊和震动。汪教授我是非常熟悉的。他在解放前夕冒着生命危险加入了地下党，为人治学都是好的。然而一下子就成了"反革命"。我实在不理解。但是我同情他。

第二个我想到的人是中文系总支书记程某某。对他我也是非常熟悉的。他是解放前夕地下学生运动的领导人之一，后来担任过北大学生会的主席。年纪虽不大，也算是一个老革命了。然而他也自杀了。他的罪名按逻辑推断应该是"走资派"，他够不上"反动学术权威"这个杠杠。他挨过批斗，"6·18"斗"鬼"时当过"鬼"，在校园里颈悬木牌劳动也有他的份。大概所有这些"待遇"他实在无法忍受，一时想不开，听说是带着一瓶白酒和一瓶敌敌畏，离家到了西山一个树林子里。恐怕是先喝了白酒，麻痹了一下自己的神志，然后再把敌敌畏灌下去，结束了自己的一生。我一想到他喝了毒药以后，胃内像火烧一般，一定是满地乱滚的情况，浑身就汗毛直竖，不寒而栗。

我还想到了一些别的人，他们有的从很高的楼上跳下来，粉身碎骨而死；有的到铁道上去卧轨，身首异处而死。这都是听说的，没有亲眼见到。类似的事情还听到不少，人数太多，我无法一一想到了。每个人在自杀前，都会有极其剧烈的思想斗争，这是血淋淋的思想斗争，我无法想下去了。

我的思绪在时间上又转了回去。我想到了很多年前的50年代，当时有两位教授投未名湖自尽。湖水是并不深的。他们是怎样淹死的呢？现在想来，莫非是他们志在必死，在水深只达到腰部的水中，把自己的头硬埋入水里生生地憋死的吗？差不多同时，一位哲学系姓方的教授用刮胡刀切断了自己的动脉，血流如注，无论怎样抢救也无济于事，人们只能眼睁睁地看着他慢慢地痛苦地死去。

我的思绪在时间上更向后回转，一转转到了古代，我想到了屈原，他是投水死的。比屈原稍晚一点的是项羽，他是在四面楚歌声中自刎死的。对自刎这玩意儿我实在非常担心。一个人能有多大劲儿能把自己的首级砍下来呢？这比用手枪自杀原始得多了。我想，如果当年项羽有一把手枪的话，他绝不会选择刀剑。

我的思绪不但上下数千年，而且纵横几万里，我想到了以希特勒为首的德国法西斯头子们。据说，他们自知罪恶多端，每个人都准备了一点儿氰化钾，必要时只要用牙齿一咬，便可以上天堂或入地狱了。德国化学工业名震寰宇，他们便把化学技术应用到自杀上，非其他国家所能望其项背。日本人则以剖腹自杀闻名于世，这是日本人的专利，没听说其他国家向日本学习的。不过这种方式一个人还实行不了，因为剖了腹一个人也是不会立即死去的，必须有一个助手在旁，自杀者一经剖腹，助手立刻砍下他的脑袋，日文叫作"介错"。我还听说，日本青年男女在热恋最高潮时往往双双跳入火山口中。这也不能普遍实行，没有火山的地方，就绝对行不通的。

就这样，我浮想联翩，想入非非。有时候，我想得非常具体，非常生动，我把死人想象得就像在自己眼前一样。我仿佛看到了鲜红的血流满尸体，可怕而又具有吸引力。我知道，这绝不会给我带来愉快，然而却是欲罢不能，难道上苍就真不给我留一条活路了吗？

我从来没有研究过自杀学，可现在非考虑不行了。我原以为离开自己很远很远，与自己毫不相干的事情，现在就出现在自己眼前了。我决无意于创建一门新的"边缘科学"，自杀学或比较自杀学。现在是箭在弦上，非创建不行了。凡是一门新兴学科，必有自己的理论基础。我在别的方面理论水平也很低，对于这一门新兴的比较自杀学，我更没有高深的理论。但是想法当然是有一点的。我不敢敝帚自珍，现在就公开出来。

我用不着把历史上和当前的自杀案例一一都搜集齐全，然后再从中抽绎出理论来。仅就我上面提到的一些案例，就能抽绎出不少的理论来了。使用历史唯物主义阶级分析的方法，我能够把历史上出现的自杀方式按社会发展的程序分成不同的类型。悬梁、跳井，大概是最古老的方式，也是生命力最强的方式，从原始社会，经过封建社会和资本主义社会，都能使用。今天也还没有绝迹。可谓数千年一贯制了。氰化钾是科学发达国家法西斯头子的专用品。剖腹和跳入火山口恐怕只限于日本，别国人是学不来的。这方式在封建社会和资本主义社会都同样可以使用。至于切开动脉仅限于懂点生理学的知识分子，一般老百姓是不懂得的。服安眠药则是典型的资本主义方式，是世界上颇为流行的方式，无论姓"资"还是姓"社"，都能懂得的。不过，我想，这也恐怕仅限于由于脑力劳动过度而患神经衰弱的知识分子，终日锄地的农民是不懂得服安眠药的。我为什么说它是资本主义方式呢？中药也有镇静剂，但药力微弱，催眠则可，自杀不行。现在世界上流行的安眠药多半出自资本主义国家。所以我说它是资本主义方式。服安眠药自杀最保险，最无痛苦。这可以说是资本主义"优越性"表现之一吧。

我的理论基础大抵如此。

理论必须联系实际：我究竟要采用什么方式呢？不用细说，大家一定都能猜到：资本主义方式。好在我已经被打倒，成了"反革命分子"，这一点嫌疑我也无须避讳了。

在自杀行动中，决心下定以后，最重要的问题就是决定用什么方式。现在我的方式既已选定，大功告成就在眼前。我可以考虑行动的时间和地点了。时间问题很容易解决：立即实行，越快越好。至于地点问题则颇费周折。解决这个问题，首先——恕我借用一个当时极为流行的词儿——要考虑大方向。大方向无非是有两个：一近一远。近是就在家里，远则要走出家门。最方便当然是在家里。但我顾虑重重。我们家里只有一大间一小间房子。如果在家里实施我的计划，夜里服下安眠药，早晨一起床，两个老太太看到我直挺挺地躺在床上，她们即使不被吓死，也必然被吓昏。这是多么可怕的情景呀！我一生为别人考虑过多，此时更是不得不尔。把我的尸体抬出去以后，死过人而且是死过自己亲人的房间，她们敢住下去吗？不敢，又待如何？值此世态炎凉，人情如纸的时代，谁肯谁又敢向这两位孤苦无靠的老太婆伸出援助之手呢？我现在已成为双料的"反革命分子"：新北大公社已经给我戴上了这样一顶帽子，如今又"自绝于人民"，是在反革命之上又加反革命了。总之，在家里不行。

那就在外面吧。在外面也有一个方向问题，而且方向的头绪更多。我首先是受了我上面提到的中文系那一位总支书记的启发，想到了西山。西山山深林密，风光秀丽。倘我能来到此处，猎猎松涛，淙淙泉声，头枕松针，仰视碧空，自己亲手消灭掉一生最可宝贵的生命，多么惬意，又是多么有诗意呀！简直是我一生中最后的一首最美妙的诗。但是，那地方太远，路上倘被红卫兵截获，那就要吃不了兜着走了。我否定掉这个想法，又想到颐和园。过去有不少名人到这里来寻短见，王国维是最著名的例子。可我不想学王老先生投水自尽。在山后找一个洞穴，吞下安眠药，把花花世界丢在身后，自己一走了之。但是我又怕惊吓了游兴正浓的游园的仕女君子。这个主意也不妥。

我想来想去，想到了后面只有一条马路之隔的圆明园。这里有极大的苇坑。时值初冬，芦花正茂。我倘能走到芦苇深处，只需往地上一躺，把安眠药一服，自己的目的立即达到。何等干净，又何等利索！想到这里，我对自己非常满意，我高兴得简直想手之舞之，足之蹈之。我认为，这简直是我的天才的火花的最后而又最光辉的一次闪烁。过此则广陵散矣。

我的心情异常地平静，平静得让自己都感到害怕。我没有研究过古今自杀人的死前心理学。屈原在泽畔行吟时的心情，从他的作品中得知一二，但也不够具体。按道理，一个人决定死是非常困难的，感情应该有极其剧烈的波动，甚至痛哭流涕，坐卧不宁，达到半疯的地步；然后横下一条心，慷慨死去。江淹说："自古皆有死，莫不饮恨而吞声。"我一没有饮恨，二没有吞声。我的心情很平静，平静得让我自己都感到异样，感到不可解。

但是，平静中也有不平静。我想到明天此时，我直挺挺地躺在圆明园荒凉寂寞的大苇坑中。那里几乎是人迹不至的地方。不知道会隔多少时候才会有人发现了我的尸体。此时我的尸体也许已经腐烂了，也许已经被什么鸟兽咬掉一只胳臂或一条腿；肚子也许已经被咬开，肠子、五脏都已被吃掉；浑身血肉模糊，惨不忍睹。眼下还是一个完整的我，到了那时候会变成什么样子呢？我浑身颤抖，我想不下去了。我仿佛能听到那时候新北大公社的广播台声嘶力竭地一遍又一遍播放："反革命分子季羡林自绝于人民，畏罪自杀，罪该万死！"井冈山的广播台也绝不会自甘落伍，同新北大公社展开"打倒季羡林"的竞赛。

但是，不管这些幻想多么可怕，它仍然阻挡不住我那自杀的决心。决心一下，决不回头。我心情平静，我考虑我这五十多年的一生最后几个钟头必须做的事情。我有点对不起陪我担惊受怕的我那年迈的婶母，对不起风风雨雨，坎坎坷坷，伴我度过了四十年的老伴，对不起我那些儿女孙辈，对不起那恐怕数目不多的对我仍怀有深情厚谊的亲戚和朋友。我对不起的人恐怕还有很多很多，我只能说一句："到那边再会了。"我把仅有的几张存款单，平平淡淡地递给婶母和老伴，强抑制住自己，没有让眼泪滴在存款单上。我无言地说："可怜的老人！今后你们就靠这一点钱生活下去吧！不是我狠心，也不是我自私，茫茫宇宙，就只给我留下这样一条独木桥了，我有什么办法呢？"她们一定明白我的意思的，她们的感情也没有激动，眼泪也没有流下。我没有考虑立什么遗嘱，那毫无用处。伴我一生的那些珍贵的书籍，我现在管不了啦，这就是我生离死别的一幕。一切都平静得平淡得令我害怕。

　　我半生患神经衰弱失眠症。服用的中西安眠药成箩成筐，我深通安眠药之学，平日省吃俭用，节约下来不少，丸与水都有，中与西兼备。这时我搜集在一起，以丸打头，以水冲下，真可谓珠联璧合，相辅相成。我找了一个布袋子，把安眠药统统装在里面，准备走出门去，在楼后爬过墙头，再过一条小河和一条马路，前面就是圆明园。

　　一切都准备就绪，只等我迈步出门——

千钧一发

　　然而门上响起了十分激烈的敲门声。我知道，红卫兵又光临了。果然，一开门便闯进来了三个学生，雄赳赳，气昂昂，臂章闪着耀眼的红光。他们是来押解我到什么地方去进行批斗的。

　　在这样的情况下，我深知自己毫无发言的权利。我只是一头被赶赴屠宰场的牲畜，任人宰割，任人驱使。我立即偷偷地放下那只装着安眠药的袋子，俯首帖耳，跟着出去。家里的两位老太太眼睁睁地看着自己的亲人被押走。她们也同我一样一言不发。当前是人为刀俎，我为鱼肉，生杀大权操在别人手中的时刻。走在路上，我被夹在中间，一边一个红卫兵，后面还有一个，像是后卫。他们边走边大声训斥，说我的态度恶劣至极，竟敢反唇相讥。今天要给我一点颜色看，煞煞我的威风。我只有洗耳恭听，一声不吭。我意识到，一场特大的风暴正在我头上盘旋。我以前看过的那一些残酷斗争的场面，不意今天竟临到自己头上了。原来只是一个旁观者，今天成了主角了。说心里不害怕，那不是真话。但是害怕又有什么用处呢？我脑袋里懵懵懂懂，又似清楚，又似糊涂，乱成一团。我想到被绑赴刑场的场面。我还没有被绑赴刑场去杀头或者枪毙的经验。我现在心里的滋味是不是同那件事有点相似呢？我说不清楚。事实上，我认为还不如杀头或者枪毙，那只是一秒钟的事儿，刀光一闪，枪声一响，我就渡过难关了。现在我却不知道，批斗要延长多久，也不知道，有些什么折磨人的花样……

一路之上，我不敢抬头，不敢看别人。我不知道，别人怎样看我。我想到鲁迅的小说《示众》。我现在就是那个被示众者。我周围必然有一大群像小说中所说的观众。他们大概也是指指点点，议论纷纷。可惜我不可能也无心去聆听他们的议论了。

不知道是怎样一来，我就被押解到一个地方。我低头看到地面，我知道这是大饭厅，这是全校最大的室内聚会场所。我从后门走进去，走到一间小屋子里，那里已经有几个"囚犯"，都成了达摩老祖，面壁而立。我不敢看任何人，我不知道他们是谁。我也被命令面壁而立。我的耳朵还没有堵上，我还能听到说话的声音，有的声音我是熟悉的。我只觉得人影纷乱，我只听得人声嘈杂。到场的人一定都是新北大公社的，井冈山的人是不会来的。我平心静气地站在那里。蓦地听到一声清脆的耳光声，而自己脸上并没有什么感觉，知道是响在别的"囚犯"的脸上的。我心里得到了一点儿安慰。但是立刻又听到了一声更为清脆的耳光声，声音近在眼前，我脸上有点儿火辣辣的。我意识到，这一声是发生在自己脸上了。我心里有点儿紧张了。可是我的背上又是重重的一拳，腿上重重的一脚。我吃了老虎胆、豹子心，胆敢起来反对他们那一位女主人。他们把仇恨集中到我身上，这是很自然的。我自作自受，又何怪哉？除此以外，我想还有别的根由：有的人确实是从折磨别人中得到快感享受的。中国古代的哲人强调人禽之辨。他们的意见当然是，人高于禽兽。可是在这方面，我还是同意鲁迅的意见的。他说，动物在吃人或其他动物时，张嘴就吃，绝不会像人这样，先讲上一通大道理，反复解释你为什么必须被吃，而吃人者又有多少伟大的道理，必须吃人。人禽之辨，也就是禽兽与人的区别，就在这里；换句话说，禽兽比人要好，它们爽直，肚子饿了就吃人或别的动物。新北大公社的"人"，同禽兽比一比，究竟怎样呢？

这些想法是后来才有的。当时我只是一头就要被吃的牲畜，我既紧张，又恐惧；既清醒，又糊涂。我面壁而立，浑身的神经都集到耳朵上，身体上的一切部位，随时都在准备着，承受拳打，承受脚踢。我知道，这些都只能算是序曲，大轴戏还在后面哩。

果然，大轴戏终于来了。我蓦地听到空中一声断喝，像一声霹雳："把季羡林押上来！"于是走上来了两个红卫兵。一个抓住我的右臂，拧在我的背上，一个抓住左臂，也拧在背上。同时，一个人腾出来一只手，重重地压在我的脖颈上，不让我抬头。我就这样被押上了批斗台，又踉踉跄跄地被推搡到台的左前方。"弯腰！"好，我就弯腰。"低头！"好，我就低头。但是脊梁上又重重挨了拳："往下弯！"好，我就往下弯。可腿上又凶猛地被踢了一脚："再往下弯！"好，我就再往下弯。我站不住了，双手扶在膝盖上。立刻又挨了一拳，还被踢了一脚："不许用手扶膝盖！"此时双手悬在空中，全身的重力都压到了双腿上，腿真有点承受不了啦。"革命小将"按照喷气式飞机的构造情况，要我变成那个样子。他们工作作风谨严至极。光是调整我的姿势，就用去了几分钟。可我的双腿已经又酸又痛。我真想索性跪在地上。但是，我知道那样一定会招来一阵拳打脚踢。我现在唯一的出路只有咬紧牙关忍受一切了。

忽然听到身后主席台上有人讲话了。台上究竟有多少人，我不清楚。有多少批斗者，又有多少被批斗者，我更不清楚。至于台下的情况，我当然不敢睁眼去看，只听得人声鼎沸，口号之声震天动地。那个讲话的人究竟讲了些什么，我根本没有心思去听。我影影绰绰地知道了，今天我不是主角，我只是押来"陪斗"的。被斗的主角是一个姓戈的老同志。论革命资历，他早于三八式。论行政经历，他担任过河北大学校长和北大副校长、党委副书记。这样一位老革命，只因反对了那一位"老佛爷"，也被新北大公社"打倒"，今天抓来批斗。我弄清楚了自己在这一次空前的大批斗中的地位，心里稍感安慰。在我的右面，大概是主席台的正中，是那位老同志待的地方。他是站着？是坐着？是跪着？还是坐喷气式？我都不清楚。我只听得清脆的耳光声，剧烈的脚踢声，沉重的拳头声，声声不绝。我知道他正在受难。也许有人（？）正用点着的香烟烧他的皮肤。可我自己正是泥菩萨过江，自身难保。况且我的双腿已经再没有力量支撑我的身体了，酸痛得简直无法形容。我眼前冒金星，满脸流汗。我咬紧了牙根，自己警告自己："要忍住！要忍住！你可无论如何也不能倒下去呀！否则那后果就不堪设想了！"忽然，完全出我意料，一口浓痰啪的一声，吐在我的左脸上。我当然不知道是从哪里来的。我也只能"唾面自干"。想用手去擦，是绝对不可能的。我牙根咬了再咬，心里默默地数着数，希望时光赶快过去。此时闹哄哄的大饭厅里好像突然静了下来，好像整个大饭厅，整个北大，整个北京，整个中国，整个宇宙，只剩下了我一个人。

突然间，大饭厅里沸腾起来，一片震天的口号声，此伏彼起，如大海波涛：批斗大会原来结束了。我还没有来得及松一口气，又被人卡住脖子，反剪双手，押出了会场，押上了一辆敞篷车。我意识到我的戏还没演完，现在是要出去"示众"了。英雄们让我站在正中间，仍然是一边一个人，扭住我的胳臂。我什么也看不见，什么也不敢看。只觉得马路两旁挤满了人。有人用石头向我投掷，打到我的头上，打到我的脸上，打到我的身上。我觉得有一千只手挥动在我的头顶上，有一千只脚踢在我的腿上，有一千张嘴向我吐着唾沫。我招架不住，也不能招架。汽车只是向前开动。开到什么地方去？我完全不知道。我在这里住了将近二十年，每一寸土地我都是稔熟的。可我现在完全糊涂了。我现在像一只颠簸在惊涛骇浪中的小船，像一只四周被猎犬包围住的兔子或狐狸，像随风飘动的柳絮，像无家可归的飞鸟。路旁的喊叫声惊天动地，口号声震撼山岳，形成了雄壮无比的大合唱。我脑袋里糊里糊涂，昏昏沉沉。我知道，现在是生命掌握在别人手中，横下了一条心，听天由命吧。

过了不知多久，也不知道车开到了什么地方。车猛然停了。一个人——不是学生，就是工人——一脚把我踹下了汽车。我跌了一个跟头，躺在地上，拼命爬了起来。一个老工人走上前来，对着我的脸，猛击一掌，我的鼻子和嘴里立即流出了鲜血。这个老工人，我是认识的。后来，当8341进校时，他居然代表北大的"工人阶级"举着牌子欢迎解放军。我心里真不是滋味。他够得上当一个工人吗？这是后话，暂且不提。我当时嘴里和鼻子里鲜血都往下滴，我仓皇不知所措。忽然听到头顶上工人阶级一声断喝："滚蛋！"我知道是放我回家了。我真好像是旧小说中在"刀下留人！"的高呼声中被释放了的死囚。此时我的灵魂仿佛才回到自己身上。我发现，头上的帽子早已经丢了，脚上的鞋也只剩下一只。我就这样一瘸一拐，走回家来。我的狼狈情况让家里的两位老太太大吃一惊，然而立即转惊为喜：我总算是活着回来了。

这是我活了五十多年第一次受到的批斗。它确实能令人惊心动魄，毕生难忘。它把人的残酷的本性暴露无遗。然而它却在千钧一发之际救了我一条命。"这样残酷的批斗原来也是可以忍受得住的呀！"我心里想。"有此一斗，以后还有什么可怕的呢？还是活下去吧！"我心里又想。可我心里真是充满了后怕。如果押解我的红卫兵晚来半个小时的话，我早就爬过了楼后的短墙，到了圆明园，服安眠药自尽了。如果我的态度稍微好一点的话，东语系新北大公社的头领们绝不会想到要煞一煞我的威风，不让我来陪斗，我也早已横尸圆明园大苇塘中了。还能有比这更可怕的事情吗？我还得到了一个结论，一条人生经验：对待坏人有时候还是态度坏一点好。我因为态度坏，才捡了一条命。这次批斗又仿佛是做了一次实验，确定一个人在残酷的折磨下能够忍受程度的最低线。我所遭受的显然还是在这一条线上的。这些都是胡思乱想。反正性命是捡到了。可是捡到了性命，我是应该庆幸呢？还是应该后悔？我至今也还没有弄清楚。

既然决心活下去了，那就要准备迎接更残酷更激烈的批斗。这个思想准备我是有的。

我在这里想先研究一个问题：批斗问题。我不知道，这种形式是什么人发明的。大概也是集中了群众的智慧，去粗取精、去伪存真才发明出来的吧。如果对这种发明创造也有专利权的话，这个发明者是一个天才，他应当获得头等大奖。但是我认为他却是一个愚蠢的天才。这种批斗在形式上轰轰烈烈，声势浩大；实则什么问题也不能解决。在旧社会，县太爷或者什么法官，下令打屁股，上夹板，甚至用竹签刺入"犯人"的指甲中，目的是想屈打成招。现在的批斗想达到什么目的呢？如果只想让被批斗者承认自己是走资派，是资产阶级反动学术权威，罪名你不是已经用大喇叭、大字报昭告天下了吗？承认不承认又有什么用处呢？这个或这些发明者或许受了西方为艺术而艺术的影响，他或他们是为批斗而批斗。再想得坏一点，他或他们是为了满足人类折磨别人以取乐的劣根性而批斗。总之，我认为，批斗毫无用处。但是，在这里，我必须向发明者奉献出我最大的敬意，他们精通科学技术，懂得喷气式飞机的构造原理，才发明了喷气式批斗法。这种方法禽兽们是想不出来的。人为万物之灵，信矣夫！

闲言少叙，书归正传。命捡到了，很好。但是捡来是为了批斗的。隔了几天，东语系批斗开始了。原来只让我做配角，今天升级成了主角了。批斗程式，一切如仪。激烈的敲门声响过之后，进来了两个（比上次少了一个）红卫兵，雄赳赳，气昂昂，臂章闪着耀眼的红光，押解着我到了外文楼。进门先在楼道里面壁而立。我仍然是什么都不敢看。耳旁只听得人声嘈杂。我身旁站着两个面壁的人。我明白，这是陪斗者。我在东语系工作了二十多年，现在培养出来的教员和学生，工作起来，有条不紊，滴水不漏，心里暗暗地佩服。还没有等我思想转回到现场来，只听得屋里一声大喊："把季羡林押上来！"从门口到讲台也不过十几步。然而这十几步可真难走呀！四只手扭住了我的胳臂，反转到背上，还有几只手卡住脖子。我身上起码有七八只手，距离千手千眼佛虽还有一段差距，然而已经够可观的了。可是在这些手的缝里还不知伸进了多少手，要打我的什么地方。我就这样被推推搡搡押上了讲台。此处是我二十年来经常站的地方，那时候我是系主任，一系之长，是座上宾；今天我是"反革命分子"，是阶下囚。人生变幻不测，无以复加矣。此时，整个大教室里喊声震天。一位女士领唱。她喊一声："打倒××分子季羡林！"于是群声和之。这××是可以变换的，比如从"资产阶级反动学术权威"变为"走资派"，再变为"国民党残渣余孽"——我先声明一句：我从来没有参加过国民党——再变为什么，我记不清了。每变换一次，"革命群众"就跟着大喊一次。大概"文化大革命"所有的帽子都给我戴遍了。我成了北京大学集戴帽子之大成的显赫人物！

我斜眼看了看主席台的桌子上摆着三件东西：一是明晃晃一把菜刀；一是装着烧焦的旧信件的竹篮子；一是画了红"×"的蒋介石和宋美龄的照片。我心里一愣，几乎吓昏了过去。我想："糟了！我今天性命休矣！"对不明真相的群众来说，三件东西的每一件都能形象地激发起群众的极大的仇恨，都能置我于死地。今天我这个挂头牌的主角看来是凶多吉少了。古人说过："既来之，则安之。"地上没有缝，我是钻不进去的。我就"安之"吧。

"打倒"的口号喊过以后，主席恭读语录，什么"革命不是请客吃饭"，什么"你不打他就不倒"之类。我也不知道，读语录会起什么作用。是对"革命群众"的鼓励呢？还是对"囚犯"的震慑？反正语录是读了，而且一条一条地读个没完。终于语录结束了。什么人作主旨发言——好像就是到我家去抄过家的学泰语的王某某——历数我的"罪状"，慷慨激昂，义形于色。我此时正坐着喷气式，两腿酸痛得要命。我全身精力都集中到腿上，只能腾出四分之一的耳朵聆听发言。发言百分之九十九是诬蔑、捏造、罗织、说谎。我的头脑还是清楚的，但是没有感到什么愤愤不平，——惯了。他说到激昂处，"打倒"之声震动屋瓦。宇宙间真仿佛充满了正气。这时逐渐有人围了过来，对我拳打脚踢，一直把我打倒在地。我在大饭厅陪斗时，只听到拳打脚踢的声音，这声音是发生在别人身上的。这次却发生在自己身上。我是否已经鼻青脸肿，没有镜子，我自己看不到。不久有人把我从地上拖了起来，是更激烈的拳打脚踢。此时我想坐喷气式也不可能了。围攻者中我看清楚的有学印地语的郑某，学朝鲜语的谷某某，还有学越南语（？）的王某某。前一个能说会道，有"电门"之称，是"老佛爷"麾下的铁杆。后二者则都是彪形大汉，"两臂有千钧之力"。我忽然又有了被抄家时的想法：我这样一个糟老头子，手无缚鸡之力。你们只需出一个女的铁杆社员，就足能把我打倒在地，并且踏上一千只脚了。何必动用你们武斗时的大将来对付我呢？你别说，这些巨无霸还真克尽厥职，决不吝惜自己的力量。他们用牛刀来杀我这一只鸡。结果如何，读者自己可以想象了。

我不知道，批斗总共进行了多长的时间，真正批得淋漓尽致。我这个主角大概也"表演"（被动地表演）得不错。恐怕群众每个人都得到了自己那一份享受，满意了。我忽听得大喊一声："把季羡林押下去！"我又被反剪双手，在拳头之林中，在高呼的口号声中，被押出了外文楼。然而革命热情特高的群众，革命义愤还没有完全发泄出来，追在我的身后，仍然是拳打脚踢，我想抱头鼠窜，落荒而逃；然而却办不到，前后左右，都是追兵。好像一个姓罗的阿拉伯语教员说了几句话，追兵同仇敌忾的劲头稍有所缓和。这时候我已经快逃到了民主楼。回头一看，后头没了追兵。心仿佛才回到自己的腔子里，喘了一口气。这时才觉得浑身上下又酸又痛，鼻下，嘴角，额上，有点黏糊糊的，大概是血和汗。我就这样走回了家。

我又经过了一场血的洗礼。

劳改的初级阶段

跟着来的是一个批斗的高潮期。

从 1967 年冬天到 1968 年春天，隔上几天，总有一次批斗。对此我已经颇能习以为常，"曾经沧海难为水"，我是在批斗方面见过大世面的人，我又珍惜我这一条像骆驼钻针眼似的扯来的性命，我再不想到圆明园了。

这一个高潮期大体上可以分成两个阶段：从开始直到次年的初春为批斗和审讯阶段；从初春到 1968 年 5 月 3 日为批斗、审讯加劳动阶段。

在第一个阶段中，批斗的单位很多，批斗的借口也不少。我曾长期在北大工会工作。我生平获得的第一个"积极分子"称号，就是"工会积极分子"。北京刚一解放，我就参加了教授会的组织和领导工作。后来进一步发展，组成了教职员联合会，最后才组成了工会。风闻北大工人认为自己已是领导阶级，羞与知识分子为伍组成工会。后经不知什么人解释、疏通，才勉强答应。工会组成后，我先后担任了北大工会组织部长、沙滩分会主席。在沙滩时，曾经学习过美国竞选的办法，到工、农、医学院和国会街北大出版社各分会，去做竞选演说，精神极为振奋。当时初经解放，看一切东西都是玫瑰色的。为了开会布置会场，我曾彻夜不眠，同几个年轻人共同劳动，并且以此为乐。当时我有一个问题，怎么也弄不清楚：我们这些知识分子同中华人民共和国的领导阶级工人阶级是什么关系呢？这个问题常常萦绕在我脑海中。后来听一个权威人士解释说：知识分子不是工人，而是工人阶级。我的政治理论水平非常低。我不明白：为什么不是工人而能属于工人阶级？为了调和教授与工人之间的矛盾，我接受了这个说法，但是心里始终是糊里糊涂的。不管怎样，我仍然兴高采烈地参加工会的工作。1952 年，北大迁到城外以后，我仍然是工会积极分子。我被选为北京大学工会主席。北大教授中，只有三四人得到了这个殊荣。

然而到了"文化大革命"中，这却成了我的特殊罪状。北大"工人阶级"的逻辑大概是：一个从旧社会过来的臭知识分子，得以滥竽工人阶级，已经证明了工人阶级的宽宏大量，现在竟成了工人阶级组织的头儿，实在是大逆不道，罪在不赦矣。对北大"工人阶级"的这种逻辑，我是能够理解的，有时甚至是同意的。我在上面已经谈到，我心悦诚服地承认自己是资产阶级知识分子，因为我有个人考虑。至于北大"工人阶级"是否都是大公无私，毫不利己，专门利人，我当时还没有考虑。但是对当时一个流行的说法：资产阶级知识分子统治我们学校的现象，再也不能继续下去了，我却大惑不解。我们资产阶级知识分子，虽然当了教授，当了系主任，甚至当了副校长和工会主席，可并没有真正统治学校呀！真正统治学校的是上级派来的久经考验的老革命。据我个人的观察，这些老革命个个都兢兢业业地执行上级的方针政策，勤勤恳恳地工作。他们不愧是国家的好干部。"文化大革命"中，他们都成了"走资派"，我觉得很不公平。现在又把我们这些知识分子拉进了"统治"学校的圈子。这简直是"城门失火，殃及池鱼"。

这个问题现在暂且不谈，先谈我这个工会主席。我被"打倒"批斗以后，北大的工人不甘落后。在对我大批斗的高潮中，他们也挤了进来。他们是工人，想法和做法都同教员和学生有所不同。他们之间的区别是颇为明显的：工人比学生力气更大，行动更"革命"（野蛮）。他们平常多欣赏评剧，喜欢相声等民间艺术。在"文化大革命"中，他们大概发现了大批斗比评剧和相声要好看、好听得多，批斗的积极性也就更高涨。批斗我的机会他们怎能放过呢？于是在一阵激烈的砸门声之后，闯进来了两个工人，要押解我到什么地方去批斗。他们是骑自行车来的。我早已无车可骑。这样我就走在中间，一边一个人推车"护驾"，大有国宾乘车左右有摩托车卫护之威风。可惜我此时心里正在打鼓，没有闲情逸致去装阿Q了。

听说，北大工人今天本来打算把当过北大工会主席的三位教授揪出来，一起批斗。如果真弄成的话，这是多么难得的一出戏呀！这要比杨小楼和梅兰芳合演什么戏还要好看得多。可惜三位中的一位已经调往中国社会科学院，另一位不知为什么也没有揪着，只剩下我孤身一人，实在是大煞风景。但是，"咱们工人有力量"，来一个就先斗一个吧。就这样，他们仍然一丝不苟；并没有因为只剩下一个人，就像平常劳动那样，偷工减料，敷衍了事。他们决不率由旧章，而是大大地发挥了创造性：把在室内斗争，改为"游斗"，也就是在室外大马路上，边游边斗。这样可以供更多的人观赏，满足自己的好奇心或者别的什么心。我糊里糊涂，不敢抬头，不敢说话，任人摆布，任人捉弄。我不知道沿途"观礼"者有多少人。从闹哄哄的声音来推测，大概人数不少。口号声上响云霄，中间掺杂着哈哈大笑声。可见这一出戏是演得成功了。工人阶级有工人阶级的脾气：理论讲得少，拳头打得重，口号喊得响，石块投得多。耳光和脚踢，我已经习以为常，不以为忤。这一次不让我坐喷气式，这就是对我最大的安慰，我真是感恩戴德了。

工会的风暴还没有完全过去，北大亚非所的"革命群众"又来揪斗我了。人们干事总喜欢一窝蜂的方式，要么都不干，要么都抢着干。我现在又碰到了这一窝蜂。在"文革"以前，北大根据教委（当时还叫教育部或者高教部）的意见，成立了亚非研究所。校长兼党委书记陆平亲自找我，要我担任所长。其实是挂名，我什么事情都不管。因此我同所里的工作人员没有任何利害冲突，我觉得关系还不错。可是一旦我被"打倒"，所里的人也要显示一下自己的"革命性"或者别的什么性，决不能放过批斗我的机会。这算不算"落井下石"呢？大家可以商量研究。总之我被揪到了燕南园的所里，进行批斗。批斗是在室内进行的，屋子不大，参加的人数也不多。我现在在被批斗方面好比在老君八卦炉中锻炼过的孙大圣，大世面见得多了，小小不言的我还真看不上眼。这次批斗就是如此。规模不大，口号声不够响，也没有拳打脚踢，只坐了半个喷气式。对我来说，这简直只能算是一个"小品"，很不过瘾，我颇有失望之感。至于批斗发言，则依然是百分之九十是胡说八道，百分之九是罗织诬陷，大约只有百分一说到点子上。总起来看水平不高。批斗完了以后，我轻轻松松地走回家来。如果要我给这次批斗打一个分数的话，我只能给打二三十分，离开及格还有一大截子。

在一次东语系的批斗会上——顺便说一句，这样的批斗会还是比较多的；但是，根据生理和心理的原则，事情太多了，印象就逐渐淡化，我不能都一一记住了——我瞥见主斗的人物中，除了新北大公社的熟悉的面孔以外，又有了对立面井冈山的面孔。这两派虽然斗争极其激烈，甚至动用了长矛和其他自制的武器，大有你死我活不共戴天之势。然而，从本质上来看，二者并没有区别，都搞那一套极"左"的东西，都以形而上学为思想基础，都争着向那一位"红色女皇"表忠心。现在是对"敌"斗争了——这个"敌"就是我——大家同仇敌忾，联合起来对我进行批斗，这是完全可以理解的。有一次斗争的主题是从我被抄走的日记上找出的一句话："江青给新北大公社扎了一针吗啡，他们的气焰又高涨起来了。"这就犯了大忌，简直是大不敬。批斗者的理论水平极低——他们从来也没有高过——说话简直是语无伦次。我坐在喷气式上，心里无端产生出鄙夷之感，可见我被批斗的水平已经猛增，甚至能有闲情逸致来评断发言的水平了。从两派合流我想到了自己的派性。日记中关于江青的那一句话，证明我的派性有多么顽固。然而时过境迁，我认为对之忠贞不贰的那一派早已同对立面携起手来对付我了。我边坐喷气式，边有点儿愤愤不平了。

这样的批斗接二连三，我心中思潮起伏，片刻也不能平静。我想得很多，很多；很远，很远。我想到我的幼年。如果我留在乡下的话，我的文化水平至多也只是一个半文盲。我们家里大约只有一两亩地。我天天下地劳动。解放以后还能捞到一个贫农的地位，可以教育知识分子了。生活当然是清苦的，"人生识字忧患始"，我可以无忧无患，多么舒服惬意呀！如今自己成了大学教授，可谓风光已极。然而一旦转为"反动权威"，则天天挨批挨斗，胆战心惊，头顶上还不知道戴上了多少顶帽子，前途未卜。我真是多么后悔呀！造化小儿实在可恶之至！

这样的后悔药没有什么用处，这一点我自己知道。我下定决心，不再去想，还是专心致志地考虑眼前的处境为佳，这样可能有点儿实际的效益。我觉得，我在当时的首要任务是锻炼身体。这种锻炼不是一般的体育锻炼，而是特殊的锻炼。说明白一点就是专门锻炼双腿。我分析了当时的种种矛盾，认为最主要的矛盾是善于坐喷气式，能够坐上两三小时而仍然能坚持不倒。我在上面已经谈到过，倘若在批斗时坐喷气式受不住倒在地上，其后患简直是不堪设想。批斗者一定会认为我是故意捣乱，罪上加罪，拳打脚踢之外，还不知道用什么方法来惩罚我哩。我必须坚持下来，但是坚持下来又是万分不容易的。坐喷气式坐到半个小时以后，就感到腰酸腿痛，浑身出汗；到了后来，身子直晃悠，脑袋在发晕，眼前发黑，耳朵轰鸣。此时我只能咬紧牙关。我有时也背语录："下定决心，不怕牺牲，排除万难，去争取胜利！"我的潜台词是："下定决心，不怕苦痛，排除万难，去争取不要倒下！"你别说，有时还真有效。我坚持再坚持。到了此时，台上批斗者发言不管多么激昂慷慨，不管声音多么高，"打倒，打倒"的呼声不管多么惊天动地，在我听起来，只如隔山的轻雷，微弱悠远而已。

这样的经验，有过多次。自己觉得，并不保险。为了彻底解决，根本解决这个主要矛盾，我必须有点儿长久之计。我于是就想到锻炼双腿。我下定决心，每天站在阳台上进行锻炼。我低头弯腰，手不扶膝盖，完全是自觉自愿地坐喷气式。我心里数着数，来计算时间，必至眼花流汗而后止。这样的体育锻炼是古今中外所未有的。如果我不讲出来，绝不会有人相信，他们一定认为这是海外奇谈。今日回想起来，我真是欲哭无泪呀！

站在阳台上，还有另外一个作用。我能从远处看到来我家押解我去批斗或审讯的红卫兵。我脾气急，干什么事我都从来不晚到。对待批斗，我仍然如此。我希望批斗也能正点开始。至于何时结束，那就不是我的事了。

站在阳台上，还有意想不到的发现。有一天，我在"锻炼"

之余，猛然抬头看到楼下小园内竹枝上坐着的麻雀。此时已是冬天，除了松柏翠竹外，万木枯黄，叶子掉得精光。几竿翠竹更显得苍翠欲滴。坐在竹竿上的几只小麻雀一动也不动。我的眼前一亮，立刻仿佛看到一幅宋画"寒雀图"之类。我大为吃惊，好像天老爷在显圣，送给我了一幅画，在苦难中得到点儿喜悦。但是，我稍一定神，顿时想到，这是什么时候我还有这样的闲情逸致？我的资产阶级、修正主义思想真可谓顽固至极，说我"死不改悔"，我还有什么办法不承认呢？

类似这样的奇思怪想，我还有一些。每一次红卫兵押着我沿着湖边走向外文楼或其他批斗场所时，我一想到自己面临的局面，就不寒而栗。我是多么想逃避呀！但是茫茫天地，我可是往哪里逃呢？现在走在湖边上，想到过去自己常在这里看到湖中枯木上王八晒盖。一听到人声，通常是行动迟缓的王八，此时却异常麻利，身子一滚，坠入湖中，除了几圈水纹以外，什么痕迹都没有了。我自己为什么不能变成一只王八呢？我看到脚下乱爬的蚂蚁，自己又想到，我自己为什么不能变成一只蚂蚁呢？只要往草丛里一钻，任何人都找不到了。我看到天空中飞的小鸟，自己又想到，我自己为什么不能变成一只小鸟呢？天高任鸟飞，翅膀一展，立刻飞走，任何人都捉不到了。总之，是嫌自己身躯太大。堂堂五尺之躯，过去也曾骄傲过，到了现在，它却成了累赘，欲丢之而后快了。

这一些幻想毫无用处，自己知道。有用处的办法有没有呢？有的，那就是逃跑。我确实认真考虑过这一件事。关键是逃到什么地方去。逃到自己的家乡，这是最蠢的办法。听说有一些人这样做了。新北大公社认为这是犯了天法，大逆不道，派人到他的家乡，把他揪了回来，批斗得加倍的野蛮残酷。这一条路绝不能走。那么逃到哪里去呢？我曾考虑过很多地方，别人也给我出过很多点子，或到朋友那里，或到亲戚那里。我确曾认真搜集过全国粮票，以免出门挨饿。最后，考虑来，考虑去，认为那些都只是幻想，有很大的危险，还是留在北大吧。这是一条最切实可走的路，然而也是最不舒服，最难忍受的路，天天时时提心吊胆，等候红卫兵来抓，押到什么地方去批斗。其中滋味，实不足为外人道也。

然而，忽然有一天，东语系公社的领导派人来下达命令：每天出去劳动。这才叫作"劳动改造"，简称"劳改"，没有劳动怎么能改造呢？这改变了我天天在家等的窘境，心中暂时略有喜意。

从今以后，我就同我在上面谈到的首先被批斗的老教授一起，天天出去劳动。仅在一年多以前"十年浩劫"初起时，在外文楼批斗这一位老教授，我当时还滥竽人民之内，曾几何时，我们竟成了"同志"。人世沧桑，风云变幻，往往有出人意料者，可不警惕哉！

我们这一对难兄难弟，东语系的创办人，今天同为阶下囚。每天八点到指定的地方去集合，在一个工人监督下去干杂活。十二点回家，下午两点再去，晚上六点回家。劳动的地方很多，工种也有变换，有时候一天换一个地方。我们二人就像是一对

252

能思考会说话的牛马，在工人的鞭子下，让干什么干什么，半句话也不敢说，不敢问。据我从旁观察，从那时起，北大工人就变成了白领阶级，又好像是押解犯人的牢头禁子，自己什么活都不干，成了只动嘴不动手的"君子"。我颇有点腹诽之意。然而，工人是领导一切的阶级，我自己只不过一个阶下囚，我吃了老虎心豹子胆也不敢说三道四了。在旧社会，教授与工人地位悬殊，经济收入差距也极大。有一些教授自命不凡，颇有些"教授架子"，对工人不够尊重。工人心中难免蕴藏着那么一点怨气。在那时候他们也只能忍气吞声。解放以后，情况变了。到了"十年浩劫"，对某一些工人来说，机会终于来了。那一股潜伏的怨气，在某一些人鼓励煽动下，一股脑儿爆发出来了。在大饭厅批斗面壁而立时，许多响亮的耳光声，就来自某一些工人的巴掌与某一些教授的脸相接触中。我这些话，有一些工人师傅可能不肯接受。但我们是唯物主义者，要实事求是，事情是什么样子，就应该说它是什么样子。不接受也否认不了事实的存在。

我现在就是在一个工人监督下进行劳改。多脏多累的活，只要他的嘴一动，我就必须去干。这位工人站在旁边颐指气使。他横草不动，竖草不沾，就这样来"领导一切"。

这样劳动，我心里有安全感了没有？一点也没有。我并不怕劳动。但是这样的劳动，除了让我失掉锻炼双腿的机会而感到遗憾外，仍然要随时准备着，被揪去批斗。东语系或北大的某一个部门的头领们，一旦心血来潮，就会派人到我劳动的地方，不管这个地方多么远，多么偏僻，总能把我手到擒来。有时候，在批斗完了以后，仍然要回原地劳动。坐过一阵喷气式以后，劳动反而给我带来了乐趣，看来我真已成了不可雕的朽木了。

无论是走去劳动，还是劳动后回家，我绝不敢，也不愿意走阳关大道。在大道上最不安全。戴红袖章手持长矛的红卫兵，三五成群，或者几十成群，雄赳赳气昂昂地走在路上，大有"天上天下，唯我独尊"之概。像我这样的人，一看打扮，一看面色，就知道是"黑帮"分子。我们满脸晦气，目光呆滞，身上鹑衣百结，满是尘土，同叫花子差不多。况且此时我们早已成了空中飞鸟，任何人皆可得而打之。打我们一拳或一个耳光，不但不犯法，而且是"革命行动"，这能表现"革命"的义愤，会受到尊敬的。连十几岁的小孩都知道我们是"坏人"，是可以任意污辱的。丢一块石头，吐几口唾沫，可以列入"优胜纪略"中的。有的小孩甚至拿着石灰向我们眼里撒。如果任其撒入，眼睛是能够瞎的。在这样的情况下，我们也不敢还口，更不敢还手。只有夹着尾巴逃跑一途。有一次，一个七八岁的小男孩手里拿着一块砖头，命令我："过来！我拍拍你！"我也只能快走几步，逃跑。我还不敢跑得太快，否则吓坏了我们"祖国的花朵"，我们的罪孽就更大了。我有时候想，如果我真成了瞎子，身上再被"踏上一千只脚"，那可真是如堕入十九层地狱，"永世不得翻身"了。

不敢走阳关大道怎么办呢？那就专拣偏僻的小路走。在"十年浩劫"期间，北大这样的小路要比现在多得多。这样的小路大都在老旧房屋的背后，阴沟旁边。这里垃圾成堆，粪便遍地，杂草丛生，臭气熏天。平常是绝对没有人来的。现在却成了我的天堂。这里气味虽然有点儿难闻，但是非常安静。野猫野狗是经常能够碰到的。猫狗的"政治觉悟"很低，完全不懂"阶级斗争，一抓就灵"。它们不知道我是"黑帮"，只知道我是人，对人它们还是怕的。到了这个环境里，平常不敢抬的头敢抬起来了，平常不敢出的气现在敢出了，也还敢抬头看蔚蓝色的天空，心中异常地快乐。对这里的臭气，我不但不想掩鼻而过，还想尽量多留一会儿。这里真是我这类人的天堂。

　　但是，人生总是祸不单行的，天堂也绝非能久留之地。有一天，我被押解着去拆席棚，倒在地上的木板上还有残留的钉子。我一不小心，脚踏到上面，一寸长的钉子直刺脚心，鞋底太薄，阻挡不住钉子。我只觉脚底下一阵剧痛，一拔脚，立即血流如注。此时，我们那个牢头禁子，不但对此毫不关心，而且勃然大怒，说："你们这些人简直是没用的废物！"所谓"无用的废物"，指的就是教授。这我和他心里都是明白的。我正准备着挨上几个耳光，他却出我意料大发慈悲，说了声："滚蛋吧！"我就乘机滚了蛋。我脚痛得无法走路，但又不能不走。我只能用一只脚正式走路，另一只是被拖着走的。就这样一瘸一拐地走回家来。我不敢进校医院，那里管事的都是公社派，见了我都会怒目而视，我哪里还敢自投罗网呢？看到我这一副狼狈相，家里的两位老太太大吃一惊，也是一筹莫展，只能采用祖传的老办法，用开水把伤口烫上一烫，抹点红药水，用纱布包了起来。下午还要去劳动。否则上边怪罪下来，不但我吃不消，连那位工人也会受到牵连。我现在不期望有什么人对我讲革命的人道主义，对国民党俘虏是可以讲的，对我则不行，我已经被开除了"人籍"，人道主义与我无干了。

此时，北大的两派早已开始了武斗。两派都创建了自己的兵工厂，都有自己的武斗队。兵器我在上面已经提到一点。掌权的公社派当然会阔气非凡。他们把好好的价值昂贵的钢管锯断，磨尖，形成了长矛，拿在手里，威风凛凛。井冈山物质条件差一点儿，但也拼凑了一些武器。每一派各据几座楼，相互争斗。每一座楼都像一座堡垒，警卫森严。我没有资格亲眼看到两派的武斗场面。我想，武斗之事性命交关，似乎应该十分严肃。但是，我被监工头领到学生宿舍区去清理一场激烈的武斗留下的战场。附近楼上的玻璃全被打碎，地上堆满了砖头石块，是两派交战时所使用的武器。我们的任务就是来清除这些垃圾。但是，我猛一抬头，瞥见一座楼的窗子外面挂满了成串的破鞋。我大吃一惊，继而在心里莞尔一笑。关于破鞋的故事，我上面已经谈过。老北大都知道破鞋象征着什么，它象征的就是那一位"老佛爷"。我真觉得这些年轻的大孩子顽皮到可爱的程度。把这兵戎大事变成一幕小小的喜剧。我脸上没有笑意已经很久很久，笑这个本能我好像已经忘掉了。不意今天竟有了想笑的意思。这在囚徒生活中是一个轻松的插曲。

但是，真正的武斗，只要有可能，我还是尽量躲开的。这种会心的微笑于无意中得之，不足为训。我现在是"猪八戒照镜子，里外不是人"。两派中哪一派都把我看作敌人。我若遇到武斗而躲不开的话，谁不想拿我来撒气呢？我既然凭空捡了一条命，我现在想尽力保护它。我虽然研究过比较自杀学，但是，我现在既不想自杀，也不想他杀。我还想活下去哩。

劳改初级阶段的情况，大体如此。

大批斗

日子就这样一天天地过去，时光流逝得平平静静。

但是我却一点平静都没有。我一天二十四小时都在提心吊胆中。不管是什么时候，也不管是什么地方，在家里，在劳动的地方，红卫兵一到，我立刻就被押解着到什么地方去接受批斗，同劳改前一模一样。因此，即使在一个非常僻远几乎是人迹不到的地方，只要远处红卫兵的红袖章红光一闪，我就知道，自己的灾星又到了。我现在已经变成了不会说话的牲畜，一言不发，一句不问，乖乖地被押解着走。走到什么地方去，只有天晓得。这种批斗同劳改前没有任何差别，都是"行礼如仪"，没有任何的花样翻新。喷气式我已经坐得非常熟练，再也不劳红卫兵用拳打脚踹来纠正我的姿势了。我在阳台上争分夺秒的锻炼也已取得出乎意料的成功，我坐喷气式姿势优美，无懈可击；双腿微感不适，再也没有酸痛得难忍难受之感了。对那些比八股都不如的老一套胡说八道谎话连篇的所谓批判发言，我过去听得就不多，现在更是根本不去听，"只等秋风过耳边"了。总之，批斗一次，减少劳动一次，等于休息一次。我在批斗的炼狱中已经接近毕业，应该拿到批斗实践学的学士证书了。

可是，有时候红卫兵押着我不是去批斗，而是去审讯，地方都在外文楼，但不总是在一间屋子里。其中奥秘我不得而知。一进屋子，东语系公社的领导——恕我不知道他们是什么官职——一排坐在那里，面色严肃，不露一丝笑容，像法庭上的法官。我走进去，以为也要坐喷气式，但是，天恩高厚，只让我站在那里，而且允许抬头看人。我实在感到异常别扭，我想我已经成为《法门寺》的贾桂了。原来我在这种场合，态度很不好。自从由于态度不好而捡回一条命以后，我的态度好多了。我觉得，态度不好，一点用处也没有。他们审讯的主题往往是在抄走了我的几百万字的日记中，捕风捉影，挖出几句话，断章取义，有时还难免有点歪曲。我在洗耳恭听之余，有时候觉得他们罗织得过于荒谬，心中未免有点儿发火。这当然会影响我的态度，但是我尽量把心中的火压下去。在被抄走的几百万字的手稿和日记中，想用当时十分流行的形而上学的诬陷的方法挖出片言只字，进行歪曲是非常容易的。他们还一定要强迫我回答。不说不行，说又憋着一肚子气，而这气又必须硬压下去。这种滋味真难受呀！有时候我想，还不如坐在喷气式上，发言者的胡说八道可以不听，即使挨上几个耳光，也比现在这样憋气强。俗话说："这山望着那山高。"我难道说也是望着被批斗

并且还研究过比较语言学。但是，我现在改入别
的自卫，也不想他学。我还想活下去哩。

　　劳改初级阶段的情况，大体如此。

十一

大批斗

　　日子就这样一天天地过去，时光流逝得平
平静静。

　　但是我却一点平静都没有。我一天二十四
小时都在提心吊胆。不管是什么时候，也不管
是什么地方，在家里，在劳动的地方，红卫兵
一到，我立刻就被押解着到什么地方去接受批
斗，同以前一模一样。因此，即使在一个非
掌偏远几乎是人迹不到的地方，只要这处红卫
兵的红袖章红光一闪，我就知道，自己的灾难
又到了。我现在已经变成了不会说话的牲畜，
一言不发，一句不问，乖乖地被押解着走。走
到什么去，只有天晓得。这种批斗同以前没
有任何差别，都是行礼如仪，没有任何的花样
翻新。喷气式我也经生得非常熟练，再也不劳
红卫兵用拳打脚踢来纠正我的姿式了。我在阳
台上争分夺秒的锻炼也已取得士手意料的成为
　　我坐喷气式若持状态，无懈可击；以照相机
不透，再也没有酸痛得难忍难受之虞了。对那
些比八股都不如的一套胡说八道谎话连篇的

而淡他批判发言，我过去听得就不多，现在更是根本不去听，只等秋风过耳边了。总之，批斗一次，减少劳改一次，等于休息一次。我在批斗的煎熬中已经接近毕业，在后拿到批斗竞争学习学士证书了。

可是，有时候红卫兵押着我不是去批斗，而是去审讯，地方都在外文楼，但不是在一间屋子里，其中奥妙我不得而知。一进屋子，东语系公社的领导——恕我不知道他们是什么官——一排坐在那里，面色严肃，不露一丝笑容，俨然法庭上的法官，我被推进去，以为又要坐喷气式，但是，天恩高厚，只让我站在那里，面且又许抬头看人。我竟在威吓声中轻松，我现在已经成为什么场合的要犯了。原来我在这种场合，态度很不好，自从由于态度不好挨揍四一年多以后，我的态度好多了，我觉得，态度不好，一点用处也没有。他们审讯的主题往往是在抄走了我的几百万字的日记中，捕风捉影，挑出几句话，断章取义，有时还难免歪曲。我在这事情上不全，有时候竟弄得他们气愤得过于紧张，心中未免好笑。这当然会影响我的态度，但是我尽量把心中的好笑压下去。在批判我的几百万字的手稿和日记中，想用当时十分流行的〔挖〕那么上纲的那幅的方法搞大肆言只字，进行歪曲是非常容易的，他们也一定要注意

《牛棚杂忆·大批斗》手稿（二）

的那一座山高吗？

审讯我的人，不是东语系原来的学生，就是我亲手请进来的教员。我此时根本没有什么"忘恩负义"的想法。这想法太陈腐了。我能原谅他们中的大部分。他们同我一样，也是受了派性的毒害，以致失去评断是非的理智。但是，其中个别的人，比如一位朝鲜语教员，是公社的铁杆，对审讯我表现出反常的积极性，难道是想用别人的血染红自己的顶子，期望他的"女皇"对他格外垂青，飞黄腾达吗？还有一位印尼语教员，平常对我毕恭毕敬，此时也一反常态，积极得令人吃惊。原来他的屁股并不干净，解放前同进步学生为敌，参加过反苏游行。想以此来掩盖自己的过去。但狐狸尾巴是掩藏不住的，后来终于被人揭发，用资本主义的自杀方式去见上帝去了。

最令我感到不安，甚至感到非常遗憾的是一位阿拉伯语教员。这是一位很老实很正派的人，我们平常无恩无怨，关系还算是过得去的。现在他大概在东语系公社中并不是什么主要人物，被分配来仔细阅读我被抄的那一些日记和手稿。我比谁知道得都清楚，这是一件万分困难，万分无聊的工作。在摞起来可以高到一米多的日记和手稿中，寻求我的"反革命"的罪证，一方面很容易，可以任意摘出几句话来，就有了足够批斗我一次的资料。但在另一方面，如果一个字一个字地细读，那就需要有极大的耐心，既伤眼力，又伤脑筋。让我再读一遍，我都难以做到。然而这一位先生——我没有资格称他为"同志"——却竟然焚膏继晷，把全部资料都读完了，提供了不少批斗的资料。如果我是大人物，值得研究；如果他真有兴趣来研究"季羡林学"，那还值得。但我只是一个很平凡的人。读了那样多的资料，费了那么大的力量，对他来说不是白白浪费自己的生命吗？反过来说，如果他用同样大的力量和同样多的时间，读点阿拉伯语言、文学或文化的资料，他至少能写成一篇像样的论文，说不定还能拿到硕士学位，被提升一级哩。因此，我从内心深处同情他，觉得对他不起。可这是我能力以外的事，我有什么办法呢？

东语系对我的审讯，并不总是心平气和的，有时候也难免有点剑拔弩张。但是没有人打我耳光，我实在是非常感恩戴德了。

即使是这样，这种劳改、批斗和审讯三结合的生活，确也让我感到厌烦。我又有了幻想。我幻想能有一个救世主，大慈大悲，忽然大发善心，结束这一场浩劫，至少对像我这样无辜的人加恩，把我解放。我从来没有相信过任何教门，上帝、天老爷、佛爷、菩萨，我都不去祈祷。我想到的是我们国家领导人。在劳改、批斗之余，夜里在暗淡的灯光下，在十分不友好的气氛中——同一个单元住的一位太太早已把我看作"敌人，反革命分子"，不但不正眼看我一眼，而且还鼓动我们家两位老太太，同我划清界限。我们的老祖直截了当地告诉她说："我们还靠他吃饭哩！"——我伏案给我们的国家领导人写信，妄想世间真会出现奇迹。但是世间怎会出现奇迹呢？世间流传的是："'文化大革命'七八年一次，一次七八年。"我写这些信，等于瞎子点灯，白费一支蜡。我却一厢情愿，痴心妄想，妄想有一天一睁眼,最高指示者乾纲独断,毅然昭告天下:"文化大革命"结束。我这个鬼再转变成人,那该有多么好呀!在弥漫宇宙仿佛凝固起来的黑暗中我隐隐约约从"最高楼"(陈寅恪先生有诗曰:"看花愁近最高楼")上看到流出来的一线光明。然而最终证明,这只是一片海市蜃楼,转瞬即逝。我每天仍然是劳改、批斗、审讯。

就是在家里,不劳改,不批斗,不审讯,日子也过得不得安生。同住一单元的要同我划清界限的那一位太太,我在上面已经谈过几句了。但是麻烦还不止这一些。她逼我把存在他们屋中的据说北京只有一张的红木七巧桌和大沙发搬出来。我真是进退两难。我现在只剩下堆满了东西的一大间和一小间房子。这些大家伙往哪里放呢?楼下存书的车库,抄家之后,一片狼藉,成了垃圾堆,我看都不忍看。沙发和七巧桌无论如何也是搬不进去的。火上加油,楼下住的一位女教员还贴出小字报,要我把书搬出车库。我此时一个朋友也没有,谁都视我如瘟神,我向谁求援呢?我敢走出去吗?我好像是乌江边上四面楚歌的项羽。幸亏我已经研究过比较自杀学,我决不自刎。我还要活下去。但是活下去又怎样呢?我真已经走到了山穷水尽了。

但是来的却不是"柳暗花明又一村",而是更大的灾难。

我劳改了整整1968年的一个春天。此时大地重又回春。大自然根本不理会什么"文化大革命",依旧繁花似锦,姹紫嫣红,燕园成了一片花海。人人都喜欢春天,而我又爱花如命。但是,到了此时,我却变成了一个色盲,红红绿绿,在我眼睛里统统都成了灰色。

但是，在另一方面，烂漫的春光却唤醒了"革命家"的"革命"热情。新北大公社的头子们谨遵"一年之计在于春"的古训，决定使自己的工作水平再提高一步，着重发明创造，避免故步自封，想出了一套崭新的花样。对象当然还是这百十口子囚徒。他们之中是否有真正想"革命"的，我说不准。但是，绝大多数，如果不是全体的话，却绝对是以虐待别人来取乐的。人类的劣根性，过去被掩盖住，现在完全"解放"了。他们可以为所欲为了。我在这里顺便着声明几句：在北大几千名工人中，在北大上万名学生中，参加这个活动的只是极少数。他们平常就是一些调皮捣蛋、耍奸卖滑、好吃懒做、无巧不沾的类似地痞流氓的人物。现在天赐良缘，得到了空前的千金难买的好机会，可以施展自己的本领了。

1968 年 5 月 4 日，五四运动的纪念日，中国规定的青年节，我们这一批囚徒一个个从家中被押解到了煤厂。提起煤厂，真正是大大的有名。顾名思义，这里是贮存煤炭的地方，由一群工人管理。在"文化大革命"分派时期，里面的工人碰巧都是拥护"老佛爷"的。运煤工人当然个个都是身强体壮的彪形大汉，对付煤块他们有劲；对付我们这一批文弱书生，他们的劲有极大的剩余。他们打一个耳光或踢上一脚，少说也抵得上《水浒传》里的黑旋风和花和尚。具体的感受不可言宣，只有我们这些人的骨肉才说得清楚。特别是浩劫第一阶段重点在批走资派的那一阶段在煤厂劳改过的"走资派"，一提到煤厂，无不不寒而栗，谈虎色变，简直像谈到国民党的渣滓洞一样。

现在我们这一批囚徒又被押到这里来了。我仔细看了一下，不是所有的囚徒，而是"择优录取"，或是"优化组合"，选了一批特别"罪大恶极"的。其中有"第一张马列主义大字报"点了名的陆平和彭珮云，等等。我们每一个人的脖子上都被戴上了一块十几斤重的大木板，上面写着自己的名字。我们被命令坐在地上，谁也不敢出声。我估计批斗的时间不会短的。为了保险起见，先请求允许到便所去一趟。路颇远，我仍然挂着木牌，滴溜当郎儿，踉踉跄跄，艰难跋涉，到了目的地，赶快用超人的速度完成任务，回去坐在地上待命。我心里直打鼓，谁知道，这是一阵什么样的风暴呢？

　　时间终于到了，虽然不是午时三刻，然而滋味也差不多。只听到远处一声大喝："把他们押走！"于是上来了一大堆壮士，每两个对付一个囚犯，方式没有改变，双臂被拧到背后，脖子上还有两只粗壮的手。走了很长的路，才到了我依稀认出的当时的学三食堂。从左边的门进去，排成一行，坐上了喷气式。这里没有讲台，主持人和发言者也都站在平地上一张桌子的后面。我只瞥见我的右手是彭珮云。其余的人的排列顺序就看不清了。行礼一切如仪。先是声震屋瓦的"打倒"声，大概每一个囚犯都打倒一遍。然后恭读语录，反正仍然是那一套"革命不是请客吃饭"等。接着是批判发言。说老实话，我一个字都没有听见，我一个字也不想听到，那一套胡说八道，我已经听够了，听腻了。我只听到发言者为了对什么人表示忠诚，发言时声嘶力竭，简直成了号叫。这对我毫无影响，对这些东西我的神经已经麻木了。我最关心的是希望批斗赶快结束。我无法看表，大概当时手表是没有戴的。我在心里默默地数着数：一二三四五六七八，一直数下去，数到了二三千了，耳边狼嗥之声仍然不断。可我这双经过锻炼的腿实在有点吃不消了，眼里也冒出了金星，脑袋里昏昏沉沉，数也数不下去了。斜眼一看，彭珮云面前的地上已经被头上流下来的汗水滴湿。我自己面前怎样，我反而没有注意。此时只觉得脖子上的木牌越来越重，挂牌子的铁丝越来越往肉里面扎。我处于半昏迷的状态之中。

又过了不知多久，耳边只听得一声断喝："把他们都押出去！"我知道，仪式结束了。但是同上一次大饭厅的批斗一样，仪式并没有完全结束。"老鼠拉木锨，大头还在后面。"我被押出了学三食堂，至少有三个学生或工人在"服侍"我。双臂被弯到背上，脖子上不知道有几只手在卡住，头当然抬不起，连身子也站不直。就这样被拖到马路上。两旁有多少人在"欣赏"，我说不出来，至少比在大饭厅批斗时还要多。只听得人声嘈杂，如夏夜的蚊声。这又是一次游斗；但是比上次的速度可要快多了。我身上有那么多累赘，又刚坐过喷气式。要让我自己走路，我是走不了这么快的。于是我身旁的年轻人就拖着我走，不是架着，好像拖一只死狗。我的鞋在水泥马路和石头上同地面摩擦。鞋的前头已经磨破，磨透，保护脚趾的袜子当然更不值得一磨，于是脚趾只好自己出马。这样一来，其结果如何，概可想见。当时是否流了血，自己根本无法知道，连痛的感觉都一点儿也没有。小石块又经常打在头上。我好像已经失去知觉，不知道自己是在人间，还是在梦中。自己被拖到什么地方，走的哪一条路，根本不知道。看样子好像已经拖到了大饭厅。不知道怎样一来，又被拖了回来。几个人把我往地上一丢。我稍一清醒，才知道自己躺在煤厂门外。

这一次行动真是非同小可。比上几次的批斗和游斗都不一样。我已经完全筋疲力尽，躺在地上再也爬不起来。头脑发昏，眼睛发花，耳朵里嗡嗡作响，心里怦怦直跳。在蒙眬中感觉到脚趾头流出了血，刺心地痛。我完全垮了。此时周围一下子静了下来，批斗的人走了，欣赏者也兴尽到什么地方去吃饭了。抬眼看到身旁还有两个人：一个是张学书，一个是王恩涌。宇宙间好像只剩下我们三个被批斗者。他俩比我年轻，身体也结实。是他们俩把我扶了起来，把我扶回了家。这种在苦难中相濡以沫的行动，我三生难忘。

太平庄

　　我原以为，或者毋宁说是希望，在大批斗以后，能恩赐两天的休息时间。我实在支持不住了。

　　然而"造反派"的脾气却不是这样。

　　他们要趁热打铁。

　　就在大批斗的第二天，我们一百多号"黑帮分子"接到命令，到煤厂去集合，而且要带上行李。我知道又出了新花样，还不晓得要把我们带到什么地方去哩。我心里真不是滋味，觉得非常凄凉。当我扛着行李走在那一条倚山傍湖的曲径上时，迎面遇到前一阵被当作走资派批斗过的姓胡的经济系教授。他虽然还没有"解放"，仍然是一脸晦气；但他毕竟用不着到煤厂去集合了。在我当时的眼中，他已是神仙中人，真让我羡煞。

　　我战战兢兢地走进了煤厂。对我们"反革命分子"来说，这里是非常令人发怵的地方，无异于阎王殿。昨天的记忆犹新，更增加了我的恐怖感。我走了进去，先被领到一个墙外的木牌子下面，低头弯腰，站在那里。这是第一个下马威。我随时准备着脸上，头上，肩上，背上，脚上，被打上几个耳光，挨上几拳，被踢上几脚。然而，这些都没有发生。我觉得这十分反常，心里很不踏实，很不舒服。觉得这不一定是吉兆，其中暗藏着杀机。然而我又不能虔心请求，恩赐几个耳光，那样我才会觉得正常，觉得舒服。我只有把这痛苦的不安埋在自己心中。

　　过了一会儿，我们这一群"黑帮"被命令排成两列纵队。一个新北大公社学生模样的人，大模大样，右手执钢管制成的长矛一根。开口训话，讲了一大篇歪理。我们现在没有坐喷气式，能够清清楚楚地听懂他说的话。其中警句颇为不少，比如："你们这一群王八蛋，你们的罪恶，铁证如山，谁也别梦想翻案！"他几次抖动手里的长矛，提高声音说："老子的长矛可是不吃素的！"这一点我最清楚，而且完全相信。因为他们的长矛确实曾吃过几次人肉了，其中包括校外一个中学生的肉。我现在只希望，他们这吃肉的长矛不要吃到我身上来。当时杀死一个"黑帮"等于杀死一只苍蝇，不但不会受到法律制裁——哪里还有什么法律！——反而会成为"革命行动"。在训话的同时，有人就从我们黑帮队伍中拖出几个人去，一个耳光或用脚一踹，打倒在地，然后几个人上去猛揍一顿，鼻青脸肿，一声不敢吭，再回到队伍中。这是杀鸡给猴看的把戏，我是懂得的。我只是不知道他们拖人的原则，生怕自己也被拖出去，心里吓得直打哆嗦。我幸而只是猴子，没有成鸡。

杀鸡的把戏耍完，"黑帮"们在长矛队的押解下，排队登上了几辆敞篷车，开往十三陵附近的北大分校，俗称二百号。路上大约走了一个小时。到了以后，又下车整队，只能有一辆车开往我们此行的目的地，也就是我们劳改的地方太平庄。从二百号到太平庄，还有四五里路是要步行的。可是在列队时，我们几个年老的黑帮被叫出队列。这次不是要杀鸡给猴看了，而是对我们加以优待。我们可以乘车到太平庄，其余的人都要步行。这次天恩高厚，实在出我意外。你能说人家一点人道主义也没有吗？我实在真是受宠若惊了。

　　到了太平庄以后，我们被安排在一些平房里住下。我不知道，这些平房是干吗用的，现在早已荒废不用。门窗几乎没有一扇是完整的。屋里到处布满尘土，木板床上也积了很厚的土。好在我们此时已经不再像人。什么卫生不卫生，已经同我们无关了。每屋住四个黑帮，与我同屋的有东语系那一位老教授，还有我非常熟悉的国政系的一位姓赵的教授。他好像是从走资派起一直到资产阶级反动学术权威，"全程陪同"，一步没缺。我们都是熟人；但没有一个人敢吭上一声，敢笑上一笑。我们都变成了失掉笑容不会表情的木雕泥塑。我们都从"人"变成了"非人"。这也算是一种"异化"吧。

　　我此时关心的绝不是这样的哲学问题，就只是想喝一点水。我从早晨到现在滴水没有入口。天气又热，又经过长途跋涉，渴得难以忍受。我木然坐在床板上，心里想的只是

　　水水水。

如果我眼前有一点水的话，不管是河水，湖水，还是海里的水，坑里的水，甚至臭沟里的水，我一定会埋头狂饮。我感觉到，人生最大的幸福就是能有水喝。我梦想，"时来运转风雷动"，我一旦被"解放"，首先要痛痛快快地喝一通水。如果能有一瓶冰镇啤酒，那就会赛过玉液琼浆了。

"水，水，水，"我心里想。

但是一滴水也看不到。

我忽然想到在大学念书时读过的英国浪漫诗人柯勒律治（Coleridge）的《古舟子咏》（Ancient marines），其中有一行是：

Water, water, everywhere（水，水，到处都有）。

这里指的是海水。到处有水，却是咸的，根本没法子喝。我此时连咸水也看不到，我眼前只有一片干黄的尘土。同古舟子正相反，我是：

Water, water, nowhere（水，水，无处有水）。

我坐在那里，患了思水狂。恍恍惚惚，不知待了多久。

此地处在燕山脚下，北倚大山，南面是纵横交错的田畴。距离居民聚居的太平庄，还有一段路。实际上它孤立在旷野之中。然而押解我们到这里来的革命小将和中将，对于这个风景宜人宛如世外桃源的地方，却怕得要命。他们大概害怕，人数远远超过他们的黑帮会团结起来举行暴动。所以在任何时候，在任何地方，他们都是手持长矛。他们内心是胆怯的。其实我们这一群手无缚鸡之力的中老年知识分子，哪里还能有什么暴动的能力和勇气呢？我们只是虔心默祷上苍，愿不吃素的长矛不要刺到我们身上，我们别无所求，别无所图。看了他们这种战战兢兢的神气，心里觉得非常可笑。

到了夜里，更是戒备森严，大概是怕我们逃跑，试问在旷野荒郊中我们有逃跑的能力和勇气吗？也许是押解人员真正心慌。他们传下命令：夜里谁也不许出门，否则小心长矛！如果非到厕所去不行，则必须大声喊："报告！"得到允许，才能行动。有一天夜里，我要小便，走出门来，万籁俱寂，皓月当空。我什么人都看不到，只好对空高呼："报告！"在黑影里果然有了人声："去吧！"此人必然是长矛在手，但是我没有见到人影。

我们是来劳动改造的。劳动是我们的主课。第二天早晨，我们就上了半山，课程是栽白薯秧。按说这不是什么累活。可是我拖着带伤的身体，跪在地上，用手栽秧，感到并不轻松。但是我仍然卖劲地干，一点不敢懈怠。可是我头上猛然挨了一棒，抬头看到一个一手执长矛一手执棒的押解人员，他厉声高喊："季羡林！你想挨揍吗？！"我不想挨揍，只好低下头，用出吃奶的力气来干活，手指头磨出了血。

此地风光真是秀美。当时是初夏，桃花、杏花早已零落；但是周围全是树林，绿树成荫，地上开满了各种颜色的小花。如锦绣一般。再往上看，是高耸入云的山峰。在平常时候，这样美妙的大自然风光，必然会引起我的兴趣，大大地欣赏一番。但是此时，我只防备头上的棒子，欣赏山水的闲情逸致连影儿都没有了。也许真是积习难除，在满身泥污、汗流浃背的情况下，我偶一斜眼，瞥见苍翠欲滴的树林，心里涌起了两句诗：

栽秧燕山下
慊然见绿林

当年陶渊明是"悠然见南山"，我此时却是"悠然"不起来的，我只能"慊然"。大自然不关心人间的阶级斗争，不管人间怎样"黄钟毁弃,瓦釜雷鸣",它依然显示自己的美妙。我不"慊然"能行吗?

我干了几天活以后，心理的负担，身体的疲劳，再加上在学校大批斗时的伤痕，我身心完全垮了。睾丸忽然肿了起来，而且来势迅猛，直肿得像小皮球那样大，两腿不能并拢起来，连站都困难，更不用说走路。我不但不能劳动，连走出去吃饭都不行了。押解人员大发慈悲，命令与我同住的那一位东语系的老教授给我打饭，不让我去栽秧，但是不干活是不行的，安排我在院子里捡砖头石块，扔到院子外面去。我就裂开双腿，趴在地上，把砖石捡到一起，然后再爬着扔到院子外面。此时，大队人马都上了山，只有个别的押解人员留下。不但院子里寂静无声，连院子外面，山脚下，树林边，田畴上，小村中也都是一片静寂。静寂铺天盖地压了下来,连几里外两人说话的声音都能听到。久住城市的人无法领会这种情景。我在仿佛凝结了起来的大寂静中,一个人孤独地在地上爬来爬去。我不禁"念天地之悠悠,独怆然而涕下"了。

又过了两天,押解人员看到我实在难熬,睾丸的肿始终不消,便命令我到几里外的二百号去找大夫。那里驻有部队，部队里有医生。但是郑重告诫我：到了那里一定要声明自己是"黑帮"。我敬谨遵命，裂开两腿，夹着一个像小球似的睾丸，蜗牛一般爬了出去。路上碰到黑帮难友马士沂。他推着小车到昌平县去买菜。他看到我的情况，再三诚恳地要我上车，他想把我推到二百号。我吃了豹子心老虎胆也不敢上车呀！但是，他这一番在苦难中的真挚情意，我无论如何也是忘不了的。

我爬了两个小时，才爬到二百号。那里确实有一个解放军诊所。里面坐着一个穿军服的医生。他看到了我，连忙站起来，满面春风地要搀扶我。我看到他军服上的红领章，这红色特别鲜艳耀眼，闪出了异样的光彩。这红色就是希望，就是光明，就是我要求的一切。可是我必须执行押解人员的命令。我高声说："报告！我是黑帮！"这一下子坏了。医生脸上立刻晴转阴，连多云这个阶段都没有。我在他眼中仿佛是一个带艾滋病毒的人，连碰我一下都不敢，慌不迭地连声说："走吧！走吧！"我本来希望至少能把我的睾丸看上一眼，给我一点止痛药什么的。现在一切都完了，我眼前的红色也突然暗淡下来。我又爬上了艰难的回程。

人类忍受灾难和痛苦的能力，简直是没有底儿的，简直是神秘莫测的。过了几天，我一没有停止劳动，二没有服任何药，睾丸的肿竟然消了，我又能够上山干活了。此时，白薯秧已经栽完。押解人员命令我同东语系那一位老教授上山去平整桃树下的畦。我们俩大概算是一个劳动小分队，由一名押解人员率领，并加以监督。他是东语系阿拉伯语教员。论资排辈，他算是我们的学生。但现在是押解人员，我们是阶下囚，地位有天壤之别了。就我们这两个瘦老头子，他还要严加戒备，手执长矛，威风凛凛，宛如四大天王中的一个天王。这地方比下面栽白薯秧的地方，更为幽静，更为秀美。但是我哪里有心去欣赏呢？

我们的生活——如果还能算是"生"，还能算是"活"的话——简单到不能再简单。吃饭的地方在山脚下，同我们住的平房群隔一个干涸的沙滩。这里房子整洁，平常是有人住的。厨房就设在这里。押解人员吃饭坐在屋子里，有桌有椅，吃的东西也不一样。我们吃饭的地方是在房外的草地上，树根下；当然没有什么桌椅。吃的东西极为粗糙，粗米或窝头，开水煮白菜，炸油饼等算是珍馐，与我们绝对无缘。我们吃饭不过是为了维持性命。除了干活和吃饭睡觉外，别的任何活动都没有。

但是，我们也有特殊的幸福之感：这里用不着随时担心被批斗。批斗我们的单位都留在校内了。在这里除了偶尔挨上一棒或一顿骂之外，没有喷气式可坐，没有胡说八道的批斗发言。这对我们来说已是最大的幸福。

我们真希望长期待下去。

自己亲手搭起牛棚

但是，我们的希望又落了空。

造反派的脾气我们还没有摸着。

有一天，接到命令：回到学校去。我们在太平庄待的时间并不长，反正不到一个月。

返校就返校吧。反正我们已是"瘸子掉在井里，扶起来也是坐"，到什么地方去都一样。太平庄这二十多天，我不知道，在虐待折磨计划中占什么地位。回来以后，我也不知道，他们还会想出什么花样来继续虐待和折磨我们。

到了学校，下车的地点仍然是渣滓洞阎罗殿煤厂。临走时给我们训话的那一个学生模样的公社头子，又手执长矛，大声训了一顿话。第二天，我们这一群黑帮就被召到外文楼和民主楼后面的三排平房那里去，自己动手，修建牛棚，然后再请君入瓮，自己住进去。

这几排平房我是非常熟悉的。我从家里到外文楼办公室去，天天经过这里。我也曾在这里上过课。房子都是简陋到不能再简陋的程度。屋顶极薄，挡不住夏天的炎阳。窗子破旧，有的又缺少玻璃，阻不住冬天的寒风。根本没有暖气。安上一个炉子，也只能起"望梅止渴"的作用。地上是砖铺地，潮湿阴冷。总之，根据我在这里上课的经验，这个地方毫无可取之处。

然而今天北大公社的头子们却偏偏选中了这块地方当作牛棚，把我们关在这里。牛棚的规模是，东面以民主楼为屏障，南面以外文楼为屏障，西面空阔的地方，北面没有建筑的地方，都用苇席搭成墙壁，遮了起来。在外文楼与民主楼之间的空阔处，也用苇席围起，建成牛棚的大门。我们这一群"牛"们，被分配住在平房里，男女分居，每屋二十人左右，每个人只有躺下能容身之地。因为久已荒废，地上湿气霉味直冲鼻官。监改者们特别宣布："老佛爷"天恩，运来一批木板，可以铺在地上挡住潮气。意思是让我们感恩戴德。这样的地方监改者们当然是不能住的。他们在民主楼设了总部，办公室设在里面，有的人大概也住在那里。同过去一样，他们非常惧怕我们这一群多半是老弱的残兵。他们打开了民主楼的后门，直接通牛棚。后门内外设置了很多防护设施，还有铁蒺藜之类的东西，长矛当然也不会缺少。夜里重门紧闭，害怕我们这群黑帮会起来暴动。这情况令人感到又可笑又可叹。在西边紧靠女牢房的地方搭了一座席棚，原名叫外调室。后来他们觉得这不够"革命"，改名为审讯室。在这里确审讯过不少人，把受审者打得鼻青脸肿的事情，也经常发生。在外文楼后面搭了一座大席棚，后来供囚犯们吃饭之用。黑帮大院的建筑规模大体上就是这样。这里由于年久失修，院子里坑坑洼洼，杂草丛生，荒芜不堪。现在既然有我们这一批"特殊"的新主人要迁入，必须大力清扫，斩草铺地。这工作当然要由我们自己来做。监改人员很有韬略，指挥若定。他们把我们中少数年富力强者调了出来，组成了类似修建队的小分队，专门负责这项工作。其余的老弱残兵以及一些女囚徒则被分配去干其他的活。工地上一派生气勃勃的劳动气氛。同任何工地不同之处则是，这里没有一个人敢说说笑笑，都是囚首丧面，是过去在任何时候，任何地方都没有见过的劳动大军。

我原来奉命在今天考古楼东侧的一排平房（平房现在已经拆掉）的前面埋柱子，搭席棚。先用铁锹挖土成坑，栽上木桩，再在桩与桩之间架上木柱，搭成架子，最后在架子上钉上苇席，有一丈多高，人们是无法爬出来的。原来是毫无阻拦的通道，现在则俨然成了铁壁铜墙，没有人胆敢跨越一步了。

席棚搭完，我又被调到审讯室去，用铁锹和木棍把地面捣固，使之平整。我们被调去的人，谁也不敢偷懒耍滑。我们都是鼓足干劲，力争上游。并不是因为我们的觉悟特别高，我们只害怕有意外的横祸飞临自己头上。这时候，监改人员手里都不拿着长矛了，同在太平庄时完全不同。也许是因为太平庄地处荒郊野外，而此处则是公社的大本营，用不着担心了。我们心里也清楚：虽然他们手里没有长矛，但大批的长矛就堆在他们在

东西极为粗糙，粗米或窝头，开水煮白菜，好
油汤等算是珍馐，与我们绝的无味。我们吃饭
不过是为了维持生命。除了干活和吃饭睡觉外
，别的任何活动都没有。

但是，我们也有特殊的幸福之感：这里因
不看随时担心被批斗。把斗我们的单位都留在
校内了。在这里除了偶手捞上一棒求一锄等之外
，想的喷气或可坐，没有那记八遍的批斗发言
，这对我们来说也是最大的幸福。

我们真希望长期呆下去。

十三

自己亲手搭起牛棚

但是，我们的希望又落了空。

造反派的脾气我们还没有摸着。

有一天，接到命令：回到学校去。我们在
大千庄呆的时间并不长，反正不到一个月。

回校就回校吧。反正我们已是鱼大搁在井
里，快凳来也是坐。到什么地方去都一样。大
千庄这二十来天，我不知道，在进行折腾计划
十占什么地位。回来以后，我也不知道，他们
还会想出什么花样来继续虐待和折磨我们。

到了学校，不事的也不用说是搬清洞简罗
威歌厂。临走的时候我们训话的那一个学生模样
的公社大千，又手扶去手，大后训了一顿话。

季羡林稿纸（20×25＝500）　　　　　第一三三页

《牛棚杂忆·自己亲手搭起牛棚》手稿（一）

第二天，我们这一群黑帮就被召到外文楼和此主楼后面的三期手房那里去，自己动手，修建牛棚。然后再请君入瓮，自己住进去。

这几排手房都是非常熟悉的，我从东语到外文楼办公室去，天天都过这里，我也曾在这里上过课。房子都是简陋到不能再简陋的程度，屋顶极薄，挡不住夏天的太阳，高士坦白，有的又缺少玻璃，挡不住冬天的寒风，根本没有暖气。摆上一个炉子，也只能起"聊胜于无"的作用。地上是砖铺地，潮湿阴冷。总之，把据我在这里上课的经验，这个地方毫无可取之处。

然而今天北大公社的头子们都偏偏选中了这块地方当做牛棚，把我们关在这里。牛棚的规模是，东向以此主楼为屏障，南面以外文楼为屏障，西南空阔的地方，北向没有建筑的地方，都用苇箔搭成墙壁，远了起来。在外文楼与此主楼之间的空阔处，也用苇箔围起，建成牛棚的大门。我们这一群"牛"们，被分配住在手房里，男女分居，每室二十人左右，每个人只有躺下能容身之地。因为大门关废，地上潮湿霉味直冲鼻官。监改者们特别高抬：老佛爷天恩，送来一张木板，可以铺在地上暂住几天。意思是让我们感恩戴德。这样的地方，监改者们当然是不愿住的，他们在此主楼设了总部。

《牛棚杂忆·自己亲手搭起牛棚》手稿（二）

民主楼内的武器库中，不费吹灰之力就可以拿到手的。而且他们现在手中都执有木棒。他们的长矛是不吃素的，他们的木棒也不会忌荤的。

我的担心并没有错。西语系教法语的一位老教授，当时岁数总在古稀以上。他眼睛似乎有点毛病，神志好像也不那么清醒，平常时候就给我以痴呆的印象。他大概是没有到太平庄去经受火的洗礼；在被批斗方面，他也没有上过大的场面，有点闭目塞听，不知道天高地厚，没有长矛不吃素的感性认识。现在也被调来用铁锹捣地。在干活的时候，手中的铁锹停止活动了一会儿。他哪里知道，监改人员就手执木棒站在他身后。等到背上重重挨了一棒，他才如梦方醒，手里的铁锹又运转起来了。这可能算是一个小小的插曲。插曲一过，天下太平，小小的审讯室里响彻铁锹砸地的声音，激昂而又和谐，宛如某一个大师的交响乐了。

劳改大院终于就这样建成了。

落成之后，又画龙点睛，在大院子向南的一排平房子的墙上，用白色的颜料写上了八个大字：横扫一切牛鬼蛇神。每一个字比人还高，龙飞凤舞，极见功力。顿使满院生辉，而且对我们这一群牛鬼蛇神极有威慑力量，这比一百次手执长矛的训话威力还要大。我个人却非常欣赏这几个字，看了就心里高兴，窃以为此人可以入中国书谱的。我因此想到，在"文化大革命"中，写大字报锻炼了书法，打人锻炼了腕力，批斗发言锻炼了诡辩说谎，武斗锻炼了勇气。对什么事情都要一分为二。你能说"十年浩劫"一点好处都没有吗？

此外，我还想到，鲁迅先生的话是万分正确的，他说中国是文字之国。这种做法古已有之，于今为烈。汉朝有"霄寐匪祯，扎闼宏庥"，翻成明白的话就是"夜梦不祥，出门大吉"。只要把这几个字往门上一写，事情就"大吉"了。后来这种文字游戏花样繁多，用途极广，什么"进门见喜""吉祥如意"，等等，到处可见。连中国的鬼都害怕文字，"泰山石敢当"是最好的例子。中国进入社会主义阶段以后，此风未息。"为人民服务"五个字，很多地方都能看到。好像只要写上这五个字，为人民服务的工作就已完成。至于服不服务，那是极其次要的事情了。现在我们面临的"横扫一切牛鬼蛇神"，也属于这种情况。八个字一写，我们这一群牛鬼蛇神，就仿佛都被横扫了。何其简洁！何其痛快！

从此以后，我们这一群囚徒就生活在八个大字的威慑之下。

牛棚生活

我们亲手把牛棚建成了，我们被"请君入瓮"了。

牛棚里面也是有生活的。有一些文学家不是宣传过"到处有生活"吗？

但是，现在要来谈牛棚生活，却还非常不容易，"一部十七史，不知从何处说起"。我考虑了好久，忽然灵机一动，我想学一学过去很长时间内在中国史学界最受欢迎，几乎被认为是金科玉律的"以论带史"的办法，先讲一点理论。但是我这一套理论，一无经可引，二无典可据，完全是我自己通过亲身体验，亲眼观察，又经过深思熟虑，从众多的事实中抽绎出来的。难登大雅之堂，是可以肯定的。但我自己则深信不疑。现在我不敢自秘，公之于众，这难免厚黑之诮，老王卖瓜之讽，也在所不顾了。

我的理论是什么呢？一言以蔽之，可名之为"折磨论"。我觉得，"革命小将"在"文化大革命"中自始至终所搞的一切活动，不管他们表面上怎样表白，忠于什么什么人呀，维护什么什么路线呀，这些都是鬼话。要提纲挈领的话，纲只有一条，那就是：折磨人。这一条纲贯彻始终，无所不在，无时不在，左右一切。至于这一条纲的心理基础、思想基础，我在上面几个地方都有所涉及，这里不再谈了。从"打倒"抄家开始，一直到劳改，花样繁多，令人目迷五色，但是其精华所在则是折磨人。在这方面，他们也有一个进化的过程。最初对于折磨人，虽有志于斯，但经验很少，办法不多。主要是从中国过去的小说杂书中学到了一点。我在本书开头时讲到的《玉历至宝钞》，就是一个例子。此时折磨人的方式比较简单、原始、生硬、粗糙，并不精美、完整。比如打耳光、用脚踹之类，大概在原始社会就已有了。他们不学自通。但是，这一批年轻人勤奋好学，接受力强，他们广采博取，互相学习，互相促进。正如在战争中武器改良迅速，在"文化大革命"中，折磨人的方式也是时新日异，无时不在改进、丰富中。往往是一个学校发明了什么折磨人的办法，比电光还快，立即流布全国，比如北大挂木牌的办法，就应该申请专利。结果是，全国的"革命造反派"共同努力，各尽所能，又集中了群众的智慧，由粗至精，由表及里，由近及远，由寡及众，折磨人的办法就成了体系，光被寰宇了。如果有机会下一次再使用时，那就方便多了。

我的"论"大体如此。

这个"论""带"出了什么样的"史"呢？

这个"史"头绪繁多。上面其实已经讲了一些，现在结合北大的"牛棚"再来分别谈上一谈。据我看，北大黑帮大院的创建就是理论联系实践的结果。

下面分门别类来谈。

（一）正名

孔子曰："必也正名乎。名不正则言不顺。"我们这一群被抄家被"打倒"的罪犯应该怎样命名呢？这是"革命"的首要任务。我们曾被命名为"黑帮"。但是，这是老百姓的说法，其名不雅驯。我们曾被叫作"王八蛋"。但是，此名较之"黑帮"，更是"斯下矣"。我们曾被命名为"反革命分子"。这确实是一个"法律语言"；不知为什么，也没有被普遍采用。此外还有几个名，也都没有流行起来。看来这个正名的问题，一直没有妥善地解决。现在黑帮大院已经建成了，算是正规化了，正名便成了当务之急。我们初搬进大院来的时候，每一间屋的墙上都贴着一则告示，名曰《劳改人员守则》。里面详细规定了我们必须遵守的规矩，具体而又严厉。看样子是出自一个很有水平的秀才之手。当时还没有人敢提倡法治。我们的"革命"小将真正是得风气之先，居然订立出来了类似法律的条款，真不能不让我们这些被这种条款管制的人肃然起敬了。

但是，俗话说："智者千虑，必有一失。"我们这些小智者也有了"一失"，失就失在正名问题上。《劳改人员守则》贴出来大概只有一两天就不见了，换成了《劳改罪犯守则》。把"人员"改为"罪犯"，只更换了两个字，然而却是点铁成金。"罪犯"

286

二字何等明确，又何等义正词严！让我们这些人一看到"罪犯"二字，就能明确自己的法律地位，明确自己已被打倒，等待我们的只是身上被踏上一千只脚，永世不得翻身了。我们这一群从来也不敢造反的秀才们，从此以后，就戴着罪犯的帽子，小心翼翼，日日夜夜，都如临深渊，如履薄冰，把我们全身，特别是脑袋里的细胞，都万分紧张地调动到最高水平，这样来实行劳改。

我有四句歪诗：

大院建成，

乾坤底定。

言顺名正，

天下太平。

（二）我们的住处

关于我们的住处，我在上面已经有所涉及。现在再简略地谈一谈。

"罪犯们"被分配到三排平房中去住。

这些平房，建筑十分潦草，大概当时是临时性的建筑，其规模比临时搭起的棚子略胜一筹。学校教室紧张的时候，这里曾用作临时教室。现在全国大学都停课闹革命已经快两年了，北大连富丽堂皇的大教室都投闲置散，何况这简陋的小屋？所以里面尘土累积，蛛网密集，而且低矮潮湿，霉气扑鼻。此地有老鼠、壁虎，大概也有蝎子。地上爬着多足之虫，还有土鳖，以及其他许许多多的小动物，总之，低矮潮湿之处所有的动物，这里应有尽有。实际上是无法住人的。但是我们此时已经被剥夺了"人籍"，我们是"罪犯"。让我们在任何地方住，都是天恩高厚。我们还敢有什么奢望！

最初几天，我们就在湿砖地上铺上席子，晚上睡在上面，席子下面薄薄一层草实在挡不住湿气。白天苍蝇成群，夜里蚊子成堆。每个人都被咬得遍体鳞伤，奇痒难忍。后来，运来了木头，席子可以铺在木头上了。夜里每间房子里还发给几个蘸着敌敌畏的布条，悬挂在屋内，据说可以防蚊。对于这一些"人道"措施，我们几乎要感激涕零了。

这时候，比起太平庄来，劳动"罪犯"的队伍大大地扩大了，至少扩大了一倍。其中原因我们不清楚，也不想清楚，这同我们有什么关系呢？我观察了一下，陆平等几个"钦犯"，最初并没有关在这里，大概旁处还有"劳改小院"之类，这事我就更不清楚了。有一些新面孔，有的过去在某个批斗会上见过面，有一些则从没有见过面，大概是随着"阶级斗争"的深入发展，新"揪"出来的。事实上，从入院一直到大院解散，经常不断地有新"罪犯"参加进来。我们这个大家庭在不断扩大。

（三）日常生活

牛棚里有了《劳改罪犯守则》，就等于有了宪法。以后虽然也时常有所补充，但大都是口头的，没有形诸文字。这里没有

"劳改罪犯"大会，用不着什么人通过。好在监改人员——我不知道这是不是官方的称呼？——出口成法，说什么都是真理。

在"宪法"和口头补充法律条文的约束下，我们的牛棚生活井然有序。早晨六点起床，早了晚了都不允许。一声铃响，穿衣出屋，第一件事情就是绕着院子跑步。监改人员站在院子正中，发号施令。在我的记忆中，他们很少手执长矛，大概是觉得此地安全了。跑步算不算体育锻炼呢？按常理说，是的。但是实际上我们这一群"劳改罪犯"，每天除了干体力活以外，谁也不允许看一点书，我们的体育锻炼已经够充分的了，何必再多此一举？再说我们"这一群王八蛋"已经被警告过，我们是铁案如山，谁也别想翻案。我们已经罪该万死，死有余辜，身体锻炼不锻炼完全是无所谓的。唯一的合理解释就是我发现的"折磨论"。早晨跑步也是折磨"罪犯"的一种办法。让我们在整天体力劳动之前，先把体力消耗净尽。

跑完步，到院子里的自来水龙头那里去洗脸漱口。洗漱完，排队到员二食堂去吃早饭。走在路上，一百多人的浩浩荡荡的队伍，个个垂头丧气，如丧考妣。根据口头法律，谁也不许抬头走路，谁也不敢抬头走路。有违反者，背上立刻就是一拳，或者踹上一脚。到了食堂，只许买窝头和咸菜，油饼一类的"奢侈品"，是绝对禁止买的。当时"劳动罪犯"的生活费是每月十六元五角，家属十二元五角。即使让我买，我能买得起吗？靠这一点钱，我们又怎样"生"，怎样"活"呢？餐厅里当然有桌有凳；但那是为"人"准备的，我们无份。我们只能在楼外树底下，台阶上，或蹲在地上"进膳"。中午和晚上的肉菜更与我们无关，只能吃点盐水拌黄瓜，清水煮青菜之类。整天剧烈的劳动，而肚子里却滴油没有。我们只能同窝头拼命，可是我们又哪里去弄粮票呢？这是我继在德国挨饿和所谓"三年困难时期"之后的第三次堕入饥饿地狱。但是，其间也有根本性的区别：前两次我只是饿肚子而已，这次却是在饿肚之外增加了劳动和随时会有皮肉之苦。回思前两次的挨饿宛如天堂乐园可望而不可即了。

早饭以后，回到牛棚，等候分配劳动任务。此时我们都成了牛马。全校的工人没有哪个再干活了，他们都变成了监工和牢头禁子。他们有了活，不管是多脏多累，一律到劳改大院来，要求分配"劳改罪犯"。这就好比是农村生产队队长分配牛马一样。分配完了以后，工人们就成了甩手大掌柜的，在旁边颐指气使。解放后的北大"工人阶级"，此时真是踌躇满志了。

还有一件最最重要的事情，无论如何也是不能忘记的。在出发劳动之前，我们必须到树干上悬挂的黑板下，抄录今天要背诵的"最高指示"。这指示往往相当长。每一个"罪犯"，今天不管是干什么活，到哪里去干活，都必须背得滚瓜烂熟。任何监改人员，不管在什么场合，都可能让你背诵。倘若背错一个字，轻则一个耳光，重则更严厉地惩罚。现在，如果我们被叫到办公室去，先喊一声："报告！"然后垂首肃立。监改人员提一段语录的第一句，你必须接下去把整段背完。倘若背错一个字，则惩罚如上。有一位地球物理老教授，由于年纪实在太老了,而且脑袋里除了数学公式之外,似乎什么东西也挤不进去。连据说有无限威力的"最高指示"也不例外。我经常看到他被打得鼻青脸肿,双眼下鼓起两个肿泡。我颇有兔死狐悲之感。

背语录有什么用处呢?也许有人认为,我们这些"罪犯"都是花岗岩的脑袋瓜,用平常的办法来改造,几乎是不可能的。"革命家"于是就借用了耶稣教查经的办法,据说神力无穷。但是,我很惭愧,我实在没有感觉出来。我有自己的解释,这解释仍然是我发明创造的"折磨论"。我一直到今天还认为,这是唯一合理的解释。监改人员自己也不相信"最高指示"会有这样的威力,他们自己也并背不熟几条语录。连向"罪犯"提头时,也往往出现错误。有时候他提了一个头,我接着背下去,由于神经紧张,也曾背错过一两个字;但监改人员并没有发现。我此时还没有愚蠢到"自首"的地步,蒙混过了关。我如真愚蠢到起来"自首",那么监改人员面子不是受到损害了吗?那后果就不堪设想了。

从此,我们就边干活,边背语录。身体和精神都紧张到要爆炸的程度。

至于我参加的劳动工种,那还是非常多的。劳动时间最长的有几个地方。根据我现在的回忆,首先是北材料厂。这里面的工人都属于新北大公社一派,都是拥护"老佛爷"的。在"劳改罪犯"中,也还是有派别区分的。同是"罪犯",而待遇有时候会有不同。我在这里,有两重身份,一是"劳改罪犯",二是原井冈山成员。因此颇受到一些"特殊待遇",被训斥的机会多了一点。我们在这里干的活，先是搬运耐火砖，从厂内一个地方搬到小池旁边，码了起来。一定要码整整齐齐，否则会塌落下来。耐火砖非常重，砸到人身上，会把人砸死的。我们"罪犯们"都知道这一点，干起活来都万分小心谨慎。耐火砖搬完，又被分配来拔掉旧柱子和旧木板上的钉子。干这活，允许坐在木墩子上，而且活也不累，我们简直是享受天福了。厂内的活干完了后，又来到厂外堆建房用的沙堆旁边，去搬运沙子，从一堆运到另一堆上。在北材料厂我大概干了几个星期。我在这里还要补充说明几句，在这里干活的只是"罪犯"的一小部分。其余的人都各有安排，情况我不清楚，我只好略而不谈了。

我从北材料厂又被调到学生宿舍区去运煤。现在是夏天，大汽车把煤从什么地方运到学校，卸在地上，就算完成任务。我们的任务是把散堆在地上的煤，用筐抬着，堆成煤山，以减少占地的面积。这个活并不轻松，一是累，二是脏。两个老人抬一筐重达百斤以上的煤块或煤末，有时还要爬上煤山，是非常困难的。大风一起，我们满脸满身全是煤灰。在平常时候这种地方我们连走近都不会的。然而此时情况变了，我们已能安之若素。什么卫生不卫生，更不在话下了。同我长时间抬一个筐的是解放前在燕京大学冒着生命的危险参加地下工作的穆斯林老同志，趁着监督劳动的工人不在眼前的时候，低声对我说："我们的命运看来已经定了。我们将来的出路，不外是到什么边远地区劳改终生了。"这种想法是有些代表性的。我自己何尝不是这样想呢？

以后，我的工种有过多次变化。我曾随大队人马到今天勺园大楼的原址稻田的地方去搬过石头，挖过稻田。有一次同西语系的一位老教授被分配跟着一个工人，到学生宿舍三十五楼东墙外面去修理地下水管。这次工人师傅亲自下了手，我们两个老头只能算是"助教"，帮助他抬抬洋灰包，递递铁锹。这位工人虽然也绷着脸，一言不发，但是对我们一句训斥的话都没有说过。我心里实在是铭感五内。"十年浩劫"以后，我在校园里还常见到他骑车而过，我总是用感激的眼光注视着他的背影渐渐消逝。

此外，我还被分配到一些地方去干活，比如修房子，拔草之类，这里不一一叙述了。

既然叫作"劳改"，劳动当然就是我们主要的生活内容。不管是在劳动中，还是在其他活动中，总难避开同监改人员打交道。见了他们，同在任何地方一样，我们从不许抬头，这已经是金科玉律。往往我们不知道站在面前谈话的是什么人。但是对方则一张口就用上一句"国骂"，这同美国人见面时说"hello！"一样，不过我们只许对面的人说而已。监改人员用的词汇很丰富，除了说"妈的"以外，还说"你这混蛋！""你这王八蛋！"等等，词采丰富多了。如果哪个监改人员不用"国骂"开端，我反而觉得非常反常，非常不舒服了。

（四）晚间训话

我先郑重声明一句：这是劳改监改人员最伟大的最富有天

才的发明创造。

在我上面谈"劳改罪犯"的日常生活时,曾谈过监改人员在管理"劳动罪犯"时的许多发明创造。这些监改人员,除了个别职员和一些工人以外,有一多半是学生。这些学生平常学习成绩怎样,我说不清楚。但在管理劳改大院时的表现,我作为一个老师,却不能不给他们打很高的分数。过去我们的教学颇多脱离实际的地方。这主要由教学制度负责,我们当教员的也不能辞其咎。在劳改大院里,他们是完全联系实际的,他们表现出来的才能是多方面的:组织的才能,管理的才能,训话的才能,说歪理诡辩的才能,株连罗织的才能,等等,简直说也说不完。再加上他们表现出来的果断和勇气,说打人伸手就打,抬脚就踢,丝毫也不游移迟疑,我辈老师实在是望尘莫及。

但是,他们发明创造的天才表现得最最突出的地方,却是晚间训话。

什么叫"晚间训话"呢?每天晚上,吃过晚饭,照例要全体"罪犯"集合,地点在两排平房之间的小院子里。每天总有一个监改人员站在队列前面训话,这个人好像是上边来的,不是我们在大院里常碰到的那些人,他大概是学校公社的头子之一。这个训话者常换人,个中详情我说不清楚。训话的内容,每天不同。因为它的目的不在讲大道理,而大道理是没有多少的,讲大道理必然每天重复。他们的训话是属于"折磨学"的,是这一门学问的实践。训话者每天主要做法是抓小辫子,而小辫子我们满头都是,如果真正没有,他们还可以栽在你头上嘛。小辫的来源大体上有两个：一个是白天劳动时一些芝麻绿豆大的小事；一个是我们每天的书面思想汇报中一些所谓"问题"。我们劳动都是非常兢兢业业的，并不是由于我们"觉悟"高，而是由于害怕拳打脚踢。但是，欲加之罪，何患无辞，说不定哪一个"棚友"今天要倒霉，让监改人员看中了。到了晚间训话时，就给你来算账。至于写书面的思想汇报，那更是每天的重要工作。不管我们怎样苦思苦想，细心推敲，在中国这个文字之国，这个刀笔师爷之国，挑点小毛病是易如反掌的。中国历史上这类著名的例子多如牛毛。清朝雍正皇帝就杀过一个大臣，原因是他把"朝乾夕惕"，为了使文章别开生面，写成了"夕惕朝乾"。这二者其实是一样的，都是"颂圣"之句。然而"龙颜大怒"，结果丢掉了脑袋。我们监改人员的智商要比封建皇帝高多了。他们反正每天必须从某个"罪犯"的书面汇报中挑点小毛病。不管是谁，只要被他们选中，晚间训话时就倒了大霉。

晚间训话的程序大体上是这样的。"罪犯"们先列队肃立，因为院子不大，排成四行。监改人员先点名。这种事情我一生经历多了，没有留下什么深刻的记忆。只有一件极小极小的小事，却给我留下了毕生难忘的回忆，就是我将来见了阎王爷，也不会忘记的。有一位西语系的归国华侨教授，年龄早过了花甲，而且有重病在身，躺在床上起不来。不知道是用什么东西把他也弄到黑帮大院里来。他行将就木，根本不能劳动，连吃饭都起不来，就让他躺在床上"改造"。他住的房子门外就是晚间训话"罪犯"们排队的地方。每次点名，他都能听到自己的名字。

此时就从屋中木板上传出来一声："到！"声音微弱、颤抖、苍老、凄凉。我每次都想哭上一场。这声音震动了我的灵魂！

其他"罪犯"站在这一间房子的门外，个个心里打鼓。说不定训话者高声点到了谁的名字，还没有等他自己出队，就有两个年轻力壮的监改人员，走上前去，用批斗会上常用的方式，把他倒剪双臂，拳头按在脖子上，押出队列，上面是耳光，下面是脚踢。清脆的耳光声响彻夜空。更厉害的措施是打倒在地，身上踏上一两只脚——一千只脚是踏不上的，这只不过是修辞学的夸大而已，用不着推敲，这也属于我所发现的"折磨论"之列的。

这样的景观大概只有在"十年浩劫"中才能看到。我们不是非常爱"中国之最"吗？有一些"最"是颇有争议的；但是，我相信，这里绝无任何争议。因此，劳改大院的晚间训话的英名不胫而走，不久就吸引了大量的观众，成为北大最著名的最有看头的景观。简直可以同英国的白金汉宫前每天御林军换岗的仪式媲美了。每天，到了这个时候，站在队列之中，我一方面心里紧张到万分，生怕自己的名字被点到；另一方面在低头中偶一斜眼，便能看到席棚外小土堆上，影影绰绰地，隐隐约约地，在暗淡的电灯光下，在小树和灌木的丛中，站满了人。数目当然是数不清的。反正是里三层外三层，人不在少数。这都是赶来欣赏这极为难得又极富刺激性的景观的。这恐怕要比英国戴着极高的黑帽子，骑在高头大马上的御林军的换岗难得得多。这仪式在英国已经持续了几百年，而在中国首都的最高学府中只持续了几个月。这未免太煞风景了。否则将会给我们旅游业带来极大的经济效益。

还有一点十分值得惋惜的是，我们晚间训话的棚外欣赏者们，没有耐性站到深夜。如果他们有这个耐性的话，他们一定能够看到比晚间训话更为阴森森的景象。这个景象连我们这个大院里的居民都不一定每个人都能看到。偶尔有一夜，我出来小解，我在黑暗中看到院子里一些树下都有一个人影，笔直地站在那里，抬起两只胳臂，向前做拥抱状。实际上拥抱的只是空气，什么东西都没有。我不知道，我们这几个棚友已经站在那拥抱空虚有多久了。对此我没有感性认识，我只觉得，这玩意儿大概同喷气式差不多。让我站的话，站上一刻钟恐怕都难以撑住。棚友们却不知道已经站了多久了，更不知道将站到何时。我们棚里的居民都知道，在这时候，什么话也别说，什么声也别出。我连忙回到屋里，在梦里还看到一些拥抱空虚的人。

（五）离奇的规定

在黑帮大院里面，除了有《劳改罪犯守则》这一部"宪法"以外，还有一些不成文法或者口头的法规。这我在上面已经说过几句。现在再选出两个典型的例证来说上一说。

这两个例证：一是走路不许抬头，二是坐着不许跷二郎腿。

我虽不是研究法律的学者，但是在许多国家待过，也翻过一些法律条文；可是无论在什么地方也没有看到或者听到一个人走路不许抬头的规定。除了生理上的歪脖子以外，头总是要抬起来的。

但是,在北京大学的劳改大院里,牢头禁子们却规定"罪犯"走路不许抬头。我不知道,他们是怎样想出这个极为离奇的规定来的。难道说他们读到过什么祖传的秘典?或者他们得到了像《水浒传》中说的那种石碣文?抑或是他们天才的火花闪耀的结果?这些问题我研究不出来。反正走路不许抬头,这就是法律,我们必须遵守。

除了在个人的牢房里以外,在任何地方,不管是在院内,还是在院外,抬头是禁止的。特别在同牢头禁子谈话的时候,绝对不允许抬头看他一眼的。如果哪一个"罪犯"敢于这样干,那后果真是不堪设想。轻则一个耳光,重则拳打脚踢,甚至被打翻在地。因此,我站在牢头禁子面前,眼光总是落在地上,或者他的脚上,再往上就会有危险。他们穿的鞋,我观察得一清二楚,面孔则是模糊一团。在干活时,比如说抬煤筐,抬头是可以的。因为此时再不允许抬头,活就没法干了。有一次,我们排队去吃饭,不知道由于什么原因,我稍稍抬了一下头,时间最多十分之一秒。然而押送我们到食堂的监改人员立即作狮子吼:"季羡林! 你老实点!"我本能地期望着脸上挨一耳光,或者脚上挨一脚。幸而都没有,我从此以后再也不敢不"老实"了。

至于跷二郎腿,那几乎是人人都有的一个习惯。因为这种姿势确实能够解除疲乏。但是在劳改大院里却是被严厉禁止的。记得在什么书上看到有关袁世凯的记载,说他一生从来不跷二郎腿，坐的时候总是双腿并拢，威仪俨然。这也许是由于他是军人，才能一生保持这样坐的姿势。我们这一群"劳改罪犯"都是平常的人，不是洪宪皇帝，怎么能做得到呢？

还有一件不大不小的事情，我想在这里提一提。我在上面已经说到过，我们"罪犯"们已经丢掉了笑的本领。笑本来是人的本能，怎么竟能丢掉了呢？这个"丢掉"，不是来自"劳改宪法"，也不是出自劳改监督人员的金口玉言，而是完全"自觉自愿"。试问，在打骂随时威胁着自己的时候，谁还能笑得起来呢？劳改大院里也不是没有一点笑声的，有的话，就是来自牢头禁子的口中的。在寂静如古墓般的大院中，偶尔有一点笑声，清脆如音乐，使大院顿时有了生气。然而，这笑声会在我们心中引起什么感觉呢？别人我不知道，在我耳中心中，这笑声就如鸱鸮在夜深人静时的狞笑，听了我浑身发抖。

（六）设置特务

这一群年轻的牢头禁子们，无师自通，或者学习外国的"盖世太保"或克格勃，以及国民党的"中统"或"军统"，也学会了利用特务来巩固自己的统治。他们当然绝不会径名之为"特务"，而称之为"汇报人"。每一间牢房里都由牢头禁子们任命一个"汇报人"。这个"汇报人"是根据什么条件被选中的，他们是怎样从牢头禁子那里接受任务，对我们这些非"汇报人"的"罪犯"来说，都是极大的秘密。据我的观察，"汇报人"是有一些特权的。比如每星期日都能够回家，而且在家里待的时间也长一点。我顺便在这里补充几句，"罪犯"们中有的根本不允许回家。有的隔一段比较长的时间可以回家，有的每个星期日都能够回家。这叫作"区别对待"。决定的权力当然都在牢头禁子手中。"汇报人"既然享受特权，"士为知己者用"。他们必思有以报效，这就是勤于"汇报"。鸡毛蒜皮，都要"汇报"，越勤越好。有的"汇报人"还能看风使舵。哪一个"罪犯""失宠"于牢头禁子，他就连忙落井下石，以期得到更大的好处。我还观察到，有一天，某一间屋子里的"汇报人"在一个牢头禁子面前，低头弯腰，"汇报"了一通，同房的某一个"罪犯"立刻被叫了出去，拖到一间专供打人用的房间里去了。其结果我无法亲眼看到，但是完全可以想象了。

（七）应付外调

所谓"外调"，是一个专用名词，意思就是从外地外单位向劳改大院的某一个"罪犯"调查本地本单位某一个人——他们那里是不是也叫"罪犯"？这个称呼也许是北大的专利——的"罪行"。当时外调人员满天飞。哪一个单位也不惜工本，派人到全国各地，直至天涯海角，深入穷乡僻壤，调查搜罗本单位有问题人员的罪证，以便罗织罪名，把他打倒在地，让他永世不得翻身。拿我自己来讲，我斗胆开罪了那一位"老佛爷"，她的亲信们就把我看作"眼中钉"，大卖力气，四处调查我的"罪行"。后来我回老家，同村的儿童时的朋友告诉我说，北大派去的人一定要把我打成地主。他把他们（大概是两个人）狠狠地教训了一顿，说："如果讲苦大仇深要诉苦的话，季羡林应是第一名！"第一次夹着尾巴跑了。听口气，好像还去过第二次。我上面已经说到，在抄家时，他们专把我的通信簿抄走，好按照上面的地址去"外调"。北大如此，别的单位也不会两样。于是天下滔滔者皆外调人员矣。

我被关进"劳改大院"以后，经常要应付外调人员。这些人也是三六九等，很不相同。有的只留下被调查人的姓名，我写完后，交给监改人员转走。有的要当面面谈，但态度也还温文尔雅，并不吹胡子瞪眼。不过也有非常野蛮粗鲁的。有一天，山东大学派来了两个外调人员，一定要面谈。于是我就被带进审讯室，接受我家乡来人的审讯了。他们调查的是我同山大一位北京籍的国文系教授的关系。我由此知道，我这位朋友也遭了难。如果我此时不是黑帮的话，对他也许能有一点帮助。但我是自身难保，对他是爱莫能助了。我这个新北大公社的"罪犯"，忽然摇身一变，成了山东大学的"罪犯"。这两位仁兄拍桌子瞪眼，甚至动手扯头发，打人，用脚踹我。满口山东腔，"如此乡音真逆耳"，我想到吴宓先生的诗句。我耳听粗蛮重浊而又有点油滑的济南腔，眼观残忍蛮横的面部表情，我真恶心到了极点。山东济南的"国骂"同北京略有不同，是用三个字："我日妈！"这两个汉子满嘴使用着山东"国骂"，迫我交代，不但交代我同那位教授的"黑"关系，而且还要交代我自己的"罪行"。来势之迅猛，让我这久经疆场的老"罪犯"也不知所措，浑身上下流满了汗。一直审讯了两个钟头，看来还是兴犹未尽。早已过了吃午饭的时间。连北大的监改人员都看不下去了，觉得他们实在有点过分，干脆出面干涉。这两位山东老乡才勉强收兵，悻悻然走掉了。我在被折磨得筋疲力尽之余，想到的还不是我自己，而是我的那位朋友："碰到这样蛮横粗野没有一点人味的家伙，你的日子真够呛呀！"

（八）连续批斗

被囚禁在牛棚里，每天在监改人员或每天到这里要人的工人押解下到什么地方去劳动。我一下子就想到农村中合作化或人民公社时期生产队长每天向农民分配耕牛的情景。我们现在同牛的差别不大。牛只是任人牵走，不会说话，不会思想；而我们也是任人牵走，会说话而一声不敢吭而已。

但是劳动并不是我们现在唯一的生活内容，换句话说，并不是唯一的"改造"手段。我们不总是说"劳动改造"吗？我一直到现在，虽然经过了多年的极为难得的实践，我却仍然认为，这种"劳动改造"只能改造"犯人"的身体，而不能改造思想，改造灵魂。它只能让"犯人"身上起包，让平滑的皮肤上流血，长疤，却不能让"犯人"灵魂中不怒气冲冲。劳动不行怎么办呢？济之以批斗。在劳动改造以前，是批斗单轨制。劳动改造以后，则与批斗并行，成了双轨制。批斗我在上面已经谈到，它也只能用更猛烈，更残酷的手段把"犯人"的身体来改造，与劳改伯仲之间而已。

但是劳改与批斗二者之间还是有区别的。如果让我辈"罪犯"选择的话，我们都宁愿选取前者。可惜我们选择的权利一点都没有。因此，我们虽然身居劳改大院，仍然必须随时做好两手准备。即使我们已经被分配好跟着工人到什么地方去干活了，心里也并不踏实。说不定什么时候，也说不定哪一个单位，由于某一个原因——其中并不排除消遣取乐的原因——要批斗我们"罪犯"中的某一个人了。戴红袖章的公社红卫兵立即奉命来"黑帮大院"中押人，照例是雄赳赳气昂昂地，找到大院的"办公厅"，由负责人批准批斗。过了或长或短的时间，被批斗者回来了。无人不是垂头丧气，头发像乱草一般。间或也有人被打得鼻青脸肿。

至于有多少人这样被押出去批斗，我没有法子统计。反正每天都有。我自己在大院中，从某种意义上来讲，是"要犯"。我作为一个原井冈山的勤务员，反对了那一位"老佛爷"，这就罪在不赦，从大院中被押出去批斗的机会也就特别多。我每天早饭之后，都在提心吊胆，怕被留下，不让出去劳动。我此时简直是如坐针毡，度秒如年，在牢房里，坐立不安。想到"棚友"们此时正在某处干活，自由自在，简直如天上人。等待着自己的却是一场说不定是什么样的风暴。押解我的红卫兵一走进大院，监改人员就把我叫到对着劳改大院门口的一座苇席搭成的屏风似的东西前面——屏风上有许多字，我现在记不清是什么了——低头弯腰，听候训示："季羡林！好好地去接受批斗！"好像临行时父母嘱咐孩子："乖乖的不要淘气！"在这期间，我被押去批斗的地方很多，详细情形我不讲了。每次反正都是"行

303

礼如仪"。先是震天的"打倒"的口号，接着是胡说八道，胡诌八扯的所谓批斗发言。紧张的时候，也挨上两个耳光。最后又在"打倒"声中一声断喝："把季羡林押下去！"完了，礼仪结束了。我回到大院，等于回到自己家里，大概也是垂头丧气，头发像乱草一般。

（九）1968年6月18日大批斗

我在上面谈到过北京大学"文化大革命"的历史。1966年6月18日，第一次斗"鬼"。因为我当时还不是"鬼"，没有资格上斗鬼台，只是躺在家中，听到遥远处闹声喧天而已。1967年6月18日，此时这个日期已经被规定为"纪念日"，又大规模地斗了一次"鬼"。因为我仍然没能争取到"鬼"的资格，幸免于难。

到了1968年6月18日，我已经被打成了"鬼"，并已在黑帮大院中住了一个多月。今年我有资格了，可以被当"鬼"来斗了。但是，这也是一个沉重的灾难，是好久没有过的了。一大早，本院的牢头禁子们就忙碌上了。也不知道是根据什么原则来进行"优化组合"。并不是每一个"棚友"都能得到这个一年一度极为难得的机会。在列队出发的时候，我发现只有少数人参加。东语系的"代表"只有二人：我和那一位老教授。押解我们的人，不是本院的监改人员，而是东语系派来的一位管电化教育的姓张的老工作人员。由此也许可以推断，这次斗鬼的出席人员是由各系所单位确定的。这一位姓张的老同事，见了我们，不但不像其他同等地位人员那样，先"妈的""混蛋"骂上一通，而且甚至和颜悦色。我简直有点毛骨悚然，非常不习惯。我们这一伙"罪犯"，至少是我，早已觉得自己不是人了。一旦被人当人来看待，反而觉得"反常"。这位姓张的老同事使我终生难忘。

但是，那些"斗鬼者"却完全不是这个样子。这些人是谁，我不知道。我不敢抬头，不但路旁的人我看不清，也不敢看。连走什么道路也看不清。只是影影绰绰地被押出黑帮大院，看到眼前的路是走过临湖轩和俄文楼，沿斜坡走上去的。当时现在的大图书馆还根本没有，只有一条路通向燕南园和哲学楼。我们大概就是顺着这一条林荫马路，被押解到哲学楼一带地方。不知道在什么地方，也不清楚是用什么方式，批斗了一番之后，就押解回"府"。我没有记得坐很久的喷气式，也不记得有人针对我做什么批斗发言。我的印象是，混乱一团。我只听到人声鼎沸，间以"打倒"之声。也许是各个系所单位分头批斗的。我自己好像梦中的游魂，稀里糊涂地低头弯腰，向前走去，"前不见古人，后不见来者"，我只感觉到，不但前后有人，而且左右也有人，好像连上下都有人，弥天盖地，到处都是人。我能够看到的却只有鞋和裤子。在"打道回府"的路上，我感觉到周围的人似乎更多了，人声也更嘈杂了，砖头瓦块打到身上的更多了。我现在已经麻木，拳头打在身上，也没有多少感觉。回到黑帮大院以后，脱下衬衣，才发现自己背上画上了一个大王八，衣襟被捆了起来，绑上了一根带叶的柳条。根据我的考证，这大概就算是狗尾巴吧。平常像阎罗王殿一样的黑帮大院，现在却显得异常宁静、清爽，简直有点可爱了。

痛定思痛，我回忆了一下今天大批斗的过程。为什么会这样热闹而又隆重呢？小小的批斗，天天都有，到处都有。根据心理学的原理，越是看惯的东西，就越不能引起兴趣。那些小批斗已经是"司空见惯浑无事"了。今天的大批斗却是一年才一次的大典，所以就轰动燕园了。

（十）棚中花絮

这里的所谓"花絮"，同平常报纸上所见到的大异其趣。因为我一时想不出更恰当的名称，所以姑先借用一下。我的"花絮"指的是同棚难友们的一些比较特殊的遭遇，以及一些琐琐碎碎的事情，都是留给我印象比较深的。虽是小事，却小中见大，颇能从中窥探出牛棚生活的一些特点。又由于大家都能了解的原因，我把人名一律隐去。知情者一看就知道是谁，用不着学者们再写作《〈牛棚杂忆〉索引》这样的书。

1. 图书馆学系一教授

这位教授做过北京图书馆的馆长，是国内外知名的图书馆学家和敦煌学家。我们早就相识，也算是老朋友了。这样的人在"十年浩劫"中难以幸免，是意中事。我不清楚加在他头上的是些什么莫须有的罪名。他被批斗的情况，我也不清楚。不知道是怎样一来，我们竟在牛棚中相会了。反正我们现在早已都变成了哑巴，谁也不同谁说话。幸而我还没有变成瞎子，我还能用眼睛观察。

在牛棚里，我辈"罪犯"每天都要写思想汇报。有一天，在著名的晚间训话时，完全出我意料，这位老教授被叫出队外，一记清脆响亮的耳光声在他脸上响起，接着就是拳打脚踢，一直把他打倒在地，跪在那里。原来是他竟用粗糙的手纸来写思想汇报，递到牢头禁子手中。在当时那种阴森森的环境中，我一点开心的事情都没有。这样一件事却真大大地让我开心了一通。我不知道，这位教授是出于一时糊涂，手边没有别的纸，只有使用手纸呢？还是他吃了豹子心老虎胆，有意嘲弄这一帮趾高气扬，天上天下，唯我独尊的牢头禁子？如果是后者的话，他简直是视这一班手操生杀大权的丑类如草芥。可以载入在旧社会流行的笔记中去了。我替他捏一把汗，又暗暗地佩服。他是牛棚中的英雄，为我们这一批阶下囚出了一口气。

2. 法律系一教授

这位教授是一个老革命干部，在抗日战争以前就参加了革命。他的生平我不清楚。他初调到北大来时，曾专门找我，请我翻译印度古代著名的法典《摩奴法论》。从那时起，我们就算是认识了。以后在校内外开会，经常会面。他为人随和、善良，具有一个老干部应有的优秀品质。我们很谈得来。谁又能料得到，在"十年浩劫"中，我们竟有了"同棚之谊"。

在黑帮大院里，除非非常必要时，黑帮们之间是从来不互相说话的。在院子里遇到熟人，也是各走各的路，各低各的头，连眼皮都不抬一抬。我同这位教授之间的情况，也并不例外。

有一天,是一个礼拜天,下午被牢头禁子批准回家的"罪犯",各个按照批准回棚的时间先后回来了。我正在牢房里坐着,忽然看到这一位老教授,在一个牢头禁子的押解下,手中举着一个写着他自己名字的牌子,走遍所有的一间间的牢房,一进门就高声说:"我叫某某某,今天回来超过了批准的时间,奉命检讨,请罪!"别的人怎么样,我不知道。我却是毛骨悚然,站在那里,不知所措。

3. 东语系一个女教员

她是东语系教蒙古语的教员,为人耿直,表里如一,不会虚伪。"文化大革命"一起,不知道是什么人告密,说她是国民党三青团的骨干分子。这完全是捕风捉影的无稽之谈,根本缺乏可靠的材料,也根本没有旁证。大概是因为她对北大那一位女野心家不够尊敬,莫须有的"罪名"浸浸乎大有变成"罪行"之势。当我同东语系那一位老教授被勒令劳动的时候,最初只有我们两个人,在学校东门外的一个颇为偏僻的地方,捡地上的砖头石块,有一个工人看管着我们。有一天,忽然这一位女教员也去了。我有点困惑不解。我问她,是不是系革委会命令她去的?她回答说:"不是。""既然不是,你为什么自己来呢?""人家说我有罪,我就有了有罪的感觉。因此自动自愿地来参加劳动改造了。"她这种逻辑真是匪夷所思。"其愚不可及也。"这是我心中的一闪念。我对于这种类似耶稣教所谓"原罪"的想法,觉得十分奇怪,十分不理解。由此完全可以看出她这个人的为人。但是,在我当时的处境中,自己是专政的对象,"只准规规矩矩，不准乱说乱动"。我敢说什么呢？

如此过了一些时候。等我们被押解到太平庄去劳动的时候，"罪犯"队伍里没有她。这是理所当然的。焉知祸不单行，古有明训。等我们从太平庄回来自建牛棚自己进驻以后，最初也没有看到她。这也是理所当然的，我自己心里想。但是，忽然有一天，已经是傍晚时分，从黑帮大院门外连推带搡地推进一个新的"棚友"来，我低头斜眼一看：正是那一位女教员。我这一惊可真不小。我原以为她已经平安过了关，用不着再自投罗网，"鱼目混珠"了。现在，"胡为乎来哉！"她怎么到这阎王殿来了呢？这次看样子绝不是自动自愿的，而是被押解了来的。尽管我心里胡思乱想，然而却一言不发，视而不见。

有一个牢头禁子问她：

"你叫什么名字？"

"××华。"

"哪一个'华'呀？"

"中华民国的'华'。"

这一下子可了不得了！一个"反革命罪犯"竟敢在威严神圣的、代表"聂"记北大革委会权威的劳改大院中，在光天化日众目睽睽下为"中华民国"张目，是可忍，孰不可忍！简直是胆大包天，狂妄至极！非严惩不可！立即给戴上了"现行反革命分子"的帽子，拳足交加，打倒在地。不知道是哪一个有天才的牢头禁子，忽然异想天开，把她带到一棵树下。这棵树长得有点奇特：有一枝从主干上长出来的枝干，是歪着长的。

她被命令站在这个枝干下面，最初头顶碰到树干。牢头禁子下令：

"向前一步走！"

她遵令向前走了一步。此时她的头必须向后仰。又下了一个口令：

"向前一步走！"

此时树干越来越低，不但头必须向后仰，连身子也必须仰了。但是，又来了一个口令：

"向前一步走！"

此时树干已极低。她没有练过马戏，腰仰着弯不下去。这时口令停了。她就仰着身子，向后弯着站在那里。这个姿势她连一分钟也保持不了。在浑身大汗淋漓之余，软瘫在地上。结果如何，用不着我讲了。我觉得，牢头禁子把折磨人的手段提高到一个新的水平。然而，这一位女教员却是苦矣。

一夜折磨的情况，我不清楚。第二天早晨起来，我看到她面部浮肿，两只眼睛下面全是青的。

4. 生物系党总支书记

我在北大搞了几十年的行政工作，校内会很多。因此，我早就认识这一位总支书记。我们可以算是老朋友了。

"文革"一开始，他在劫难逃，是天然的"走资派"。所以在第一阵批走资派的大风暴中，他就被揪了出来。第一个"六一八斗鬼"，他必然是参加者之一。在这一方面，他算是老前辈了。

不知道是什么缘故，拥护那位"老佛爷"的"造反派"，生物系特别多。在黑帮大院的牢头禁子中，生物系学生也因而占绝对优势。我可是万没有想到，劳改大院建成后，许多"走资派"在被激烈地冲击过一阵之后，没有再同我们这一批多数是"资产阶级反动学术权威"的"牛鬼蛇神"一起被关进来。这一位生物系总支书记却出现在我们中间。

大概是因为牢头禁子中生物系学生多，他就"沾"了光，受到一些"特殊待遇"。详情我不清楚，不敢乱说。我只看到一个例子，就足以让人毛发直竖了。

有一天，中午，时间大概是七八月，正是北京最炎热，太阳光照得最——用一句山东土话——"毒"的时候，我走过黑帮大院的大院子，在太阳照射的地方，站着一个人：是那位总支书记。双眼圆睁，看着天空里像火团般的太阳。旁边树荫中悠然地坐着一个生物系学生的牢头禁子。我实在莫名其妙。后来听说，这是牢头禁子对这位总支书记的惩罚：两眼睁着，看准太阳；不许眨眼，否则就是拳打脚踢。我听了打了一个寒战：古今中外，从奴隶社会一直到资本主义社会，试问哪一个时代，哪一个国家有这样的惩罚？谁要是想实践一下，管保你半秒钟也撑不下来。这样难道不会把人的眼睛活生生地弄瞎吗？

此外，我还听说，没有亲眼看到，也是生物系教员中的两位牛鬼蛇神，不知怎样开罪了自己的学生。作为牢头禁子的学生命令这两位老师，站在大院子中间，两个人头顶住头，身子却尽管往后退；换句话说，他们之所以能够站着，就全靠双方彼此头顶头的力量。

类似的小例子，还有一些，不再细谈了。总之，折磨人的"艺术"在突飞猛进地提高。可惜到现在我还没有看到这方面的专著，如果年久失传，实在是太可惜了。

5. 附小一位女教员

这个女教员是哪个单位的，我说不清楚了。我原来并不认识她。她是由于什么原因被关进牛棚的，我也并不清楚。

根据我在牛棚里几个月的观察，牢头禁子们在打人或折磨人方面，似乎有所分工。各有各的专业，还似乎有点有条不紊、泾渭分明。专门打这位女教员的人就是固定不变的。

有一天早上，我看到这位女教员胳臂上缠着绷带，用一条白布挂在脖子上。隐隐约约地听说，她在前几天一个夜里，在刑讯室受过毒打，以致把胳臂打断。但仍然受命参加劳动。详细情况，当时我就不清楚，后来更不清楚。当时，黑帮们的原则是，事不干己，高高挂起。我就一直挂到现在。

6. 西语系的一个"老右派"学生

这个学生姓周，我不认识他，平常也没有听说过。到了黑帮大院，他突然出现在我的眼前。

既然叫"右派"，而且还"老"，可见这件事有比较长久的历史渊源了。在中国，划右派最集中的时期是 1957 年。难道这一位姓周的学生也是那时候被划为右派的吗？到了进入牛棚时，他已经戴了将近十年的右派帽子了。这个期间他是怎样活下来的，我完全不清楚。等我见到他的时候，他满面蜡黄，还有点浮肿，头发已经脱落了不少，像是一个年老的病人。据说他原是一个聪明机灵的学生，此时却已经显得像半个傻子，行动不很正常了。我们只能说，这一切都是在身体上和精神上受到十分严重的折磨的结果。这无疑是一个人生悲剧。我自己虽然身处危难，性命操在别人手中，随时小心谨慎，怕被不吃素的长矛给吃掉；然而看到这一位"老右派"，我不禁有泪偷弹，对这一位半疯半傻的人怀有无量的同情！

可是在那一批毫无心肝的牢头禁子眼中，这位傻子却是一个可以随意打骂，任意污辱，十分开心的玩物。这样两只腿的动物到哪里去找呀！按照他们的分工原则，一个很年轻的看上去很聪明伶俐的工人，是分工折磨这个傻子的。我从没有见过这个年轻工人打过别的"罪犯"。独独对于这个傻子，他随时都能手打脚踢。排队到食堂去吃饭的路上，他嘴里吃喝着又打又骂的也是这个傻子。每到晚上，刑讯室里传出来的打人的声音以及被打者叫唤的声音，也与这个傻子有关。我写回忆录，有一个戒条，就是：决不去骂人。我在这里，只能作一个例外，我要骂这个年轻的工人以及他的同伙："万恶的畜类！猪狗不如的东西！"

有一天，我在这个傻子的背上看到一个用白色画着的大王八。他好像是根本没有家，没有人管他。他身上穿的衣服，满是油污，至少进院来就没洗过，鹑衣百结。但是这一只白色的大王八却显得异常耀眼，从远处就能看得清清楚楚。别人见了，有笑的权利的"自由民"会哈哈大笑，我辈失掉笑的权利的"罪犯"，则只有兔死狐悲，眼泪往肚子里流。

7. 物理系的一个教员

这个教员是北大心理系一位老教授的儿子，好像还是独生子。不知道是由于什么原因，他的一条腿短一截，走起路来像个瘸子。

我从前并不认识他。初进牛棚时，甚至在太平庄时，都没有见到过他。我们在牛棚里已经被"改造"了一段时间。有一天，是中午过后不久——我在这里补充几句。牛棚里是根本没有什么午休的。东语系那位老教授，就因为午饭后坐着打了一个盹儿，被牢头禁子发现，叫到院子里在太阳下晒了一个钟头，好像也是眼睛对着太阳——我在牢房里忽然听牛棚门口有打人的声音，是棍棒或者用胶皮裹起来的自行车链条同皮肉接触的声音。这种事情在黑帮大院里是司空见惯的事，一天能有许多起。我们的神经都已经麻木了，引不起什么感觉。但是，这一次声音特别高，时间也特别长。我那麻木的神经动了一下，透过玻璃窗向棚口看了看。我看到这一位残伤的教员，已经被打倒在地，有几个"英雄"还用手里拿着的兵器，继续抽打。他身上是不是已经踏上了一千只脚，我看不清楚。我只看到这一位腿脚本来就不灵便的人，躺在地上的泥土中，脸上还好像流着血。

他为什么这样晚才到牛棚里来？他是由于什么原因才来的？他是不是才被"揪"出来的？这些事情我都不清楚。一直到今天也不清楚。我虽然也像胡适之博士那样有点考据癖，但是我不想在这里施展本领了。

从此以后，我们每次排队到食堂去吃饭时，整齐的队伍里就多了走起路来很不协调的瘸腿的"棚友"。

关于牛棚中个别人的"花絮",如果认真写起来的话,还可以延长十二倍。我现在没有再写的兴致,我也不忍再写下去了。举一隅可以三隅反,希望读者自己慢慢地去体会吧。

(十一)特别雅座

我自己已经堕入地狱。但是,由于根器浅,我很久很久都不知道,地狱中还是有不同层次的。佛教不是就有十八层地狱吗?

这话要从头讲起,需要说得长一点。生物系有一个学生,大名叫张国祥。牛棚初建时,我好像还没有看到他。他是后来才来的。至于他为什么到这里来,又是怎样来的,那是聂记北大革委会的事情,我辈"罪犯"实无权过问,也不敢过问。他到了大院以后,立即表现出鹤立鸡群之势。看样子,他不是一个大头子,只是一般的小卒子之类。但管的事特别多,手伸得特别长。我经常看到他骑着自行车——这自行车是从"罪犯"家中收缴来的。"罪犯"们所有的财务都归这一批牢头禁子掌握,他们愿意到"罪犯"家中去拿什么,就拿什么。连"罪犯"的性命自己也没有所有权了——在大院子里兜圈子,以资消遣。这在那一所阴森恐怖寂静无声的"牛棚"中,是非常突出的惹人注目的举动。

有几天晚上,在晚间训话之后,甚至在十点钟规定的"犯人"就寝之后,院子里大榆树下面,灯光依然很辉煌,这一位张老爷,坐在一把椅子上，抬起右腿，把脚放到椅子上，用手在脚指头缝里抠个不停。他面前垂首站着一个"罪犯"。他问着什么问题，间或对"罪犯"大声训斥，怒骂。这种训斥和怒骂，我已经看惯了。但是他这坐的姿势，我觉得极为新鲜，在我脑海里留下的影像，永世难忘。更让我难忘的是，有一天晚上，他眼前垂头站立的竟是原北大校长兼党委书记，一二·九运动的领导人之一，当过铁道部副部长的陆平。他是那位"老佛爷"贴大字报点名攻击的主要人物。黑帮大院初建时，他是首要"钦犯"，囚禁在另外什么地方，还不是"棚友"。不知道什么时候，他竟也乔迁到棚中来了。张国祥问陆平什么问题，问了多久，后果如何，我一概不知。只是觉得这件事儿很蹊跷而已。

可是我哪里会想到，过了不几天，这个厄运竟飞临到我头上来了。有一天晚上，已经响过熄灯睡觉的铃，我忽然听到从民主楼后面拐角的地方高喊："季羡林！"那时我们的神经每时每刻都处在最高"战备状态"中。我听了以后，连忙用上四条腿的力量，超常发挥的速度，跑到前面大院子里，看到张国祥用上面描绘的那种姿态，坐在那里，右手抠着脚丫子，开口问道：

"你怎么同特务机关有联系呀？"

"我没有联系。"

"你怎么说江青同志给新北大公社扎吗啡针呀？"

"那只是一个形象的说法。"

"你有几个老婆呀？"我大为吃惊，敬谨回禀：

"我没有几个老婆。"

这样一问一答，"交谈"了几句。他说：

"我今天晚上对你很仁慈！"

是的，我承认他说的是实话。我一没有被拳打脚踢，二没有被"国骂"痛击。这难道不就是极大的"仁慈"吗？我真应该感谢"皇恩浩荡"了。

我可是万万没有想到，他最后这一句话里面含着极危险的"杀机"。"我今天晚上对你很仁慈！"明天晚上怎样呢？

第二天晚上，也是在熄灯铃响了以后，我正准备睡觉，忽然像晴空霹雳一般，听到了一声："季羡林！"我用比昨晚还要快的速度，走出牢房的门，看到这位张先生不是在大院子里，而是在两排平房的拐角处，怒气冲冲地站在那里：

"喊你为什么不出来？你耳朵聋了吗？"我知道事情有点儿不妙。还没有等我再想下去，我脸上、头上蓦地一热，一阵用胶皮裹着的自行车链条作武器打下来的暴风骤雨，铺天盖地地落到我的身上，不是下半身，而是最关要害的头部。我脑袋里嗡嗡地响，眼前直冒金星。但是，我不敢躲闪，笔直地站在那里。最初还有痛的感觉，后来逐渐麻木起来，只觉得头顶上，眼睛上，鼻子上，嘴上，耳朵上，一阵阵火辣辣的滋味，不是痛，而是比痛更难忍受的感觉。我好像要失掉知觉，我好像要倒在地上。但是，我本能地坚持下来。眼前鞭影乱闪，叱骂声——如果有的话——也根本听不到了。我处在一片迷茫、混沌之中。我不知道，他究竟打了多久。据后来住在拐角上那间牢房里的"棚友"告诉我，打的时间相当长。他们都觉得十分可怕，大有谈虎色变的样子。我自己则几乎变成了一块木头，一块石头，成为没有知觉的东西，反而没有感到像旁观者感到的那样可怕了。不知到了什么时候，我隐隐约约地仿佛是在梦中，听到了一声："滚蛋！"我的知觉恢复了一点，知道这位凶神恶煞又对我"仁慈"了。我连忙夹着尾巴逃回了牢房。

但是，知觉一恢复，浑身上下立即痛了起来。我的首要任务是"查体"，这一次"查体"全是"外科"，我先查一查自己的五官四肢还是否完整。眼睛被打肿了，但是试着睁一睁：两眼都还能睁开。足证眼睛完整的。脸上，鼻子里，嘴里，耳朵上都流着血。但是张了张嘴，里面的牙没有被打掉。至于其他地方流血，不至于性命交关，只好忍住疼痛了。

试想，这一夜我还能睡得着吗？我躺在木板上，辗转反侧，浑身难受。流血的地方黏糊糊的，只好让它流。痛的地方，也只好让它去痛。我没有镜子，没法照一照我的"尊容"。过去我的难友，比如地球物理系那一位老教授，东语系那一位女教员，等等，被折磨了一夜之后，脸上浮肿，眼圈发青。我看了以后，心里有点颤抖。今天我的脸上就不止浮肿，发青了。我反正自己看不到，由它去吧。

第二天早晨，照样派活，照样要背语录。我现在干的是在北材料厂外面马路两旁筛沙子的活。我身上是什么滋味？我心里是什么滋味？我一概说不清楚，我完全迷糊了，迷糊到连自杀的念头都没有了。

正如俗话所说的：祸不单行。我这一个灾难插曲还没有结束。这一天中午，还是那一位张先生走进牢房，命令我搬家。我这"家"没有什么东西，把铺盖一卷，立即搬到我在门外受刑的那一间屋子里。白天没有什么感觉，到了夜里，我才恍然大悟：这里是"特别雅座"，是囚禁重囚的地方。整夜不许关灯，屋里的囚犯轮流值班看守。不许睡觉。"看守"什么呢？我不清楚。是怕犯人逃跑吗？这是根本不可能的。知识分子犯人是最胆小的，不会逃跑。看来是怕犯人寻短见，比如上吊之类。现在我才知道，受过重刑之后，我在黑帮大院里的地位提高了，我升级了，升入一个更高的层次。"钦犯"陆平就住在这间屋里。打一个比方说，我在佛教地狱里进入了阿鼻地狱，相当人间的死囚牢吧。

但是，问题还没有完。仍然是那一位张先生，命令我同中文系一位姓王的教授，每天推着水车，到茶炉上去打三次开水，供全体囚犯饮用。我不知道为什么这一位王教授会同我并列。据我所知，他并没有参加"井冈山"，也并没有犯过什么弥天大罪，为什么竟受到这样的惩罚呢？打开水这个活并不轻，每天三次，其他的活照干，语录照背。别人吃饭，我看着。天下大雨，我淋着。就是天上下刀，我也必须把开水打来，真是苦不堪言。但是，那一位姓王的教授却能苦中寻乐：偷偷地在茶炉那里泡上一杯茶，抽上一烟斗烟。好像是乐在其中矣。

（十二）特别班

这一批牢头禁子们是很懂政策的，把我们这"劳改罪犯"

集中到一起，实行了半年多的劳动改造。念经、说教与耳光棍棒并举。他们大概认为，我们已经达到了一定的水平。现在是采取分化瓦解的时候了。"特别班"于是乎出。

牢头禁子们不知道是根据什么标准，从"劳改罪犯"中挑选出来了一些，进这个班。

这个班的班址设在外文楼内。但是，前门不能走，后门不能开，于是就利用一扇窗子当作通道，窗内外各摆上了一条长木板，可以借以登窗入楼，然后走入一间小教室。这间教室内是什么样子？有什么摆设？我不清楚。在我眼中，虽然近在咫尺，却如蓬山万里了。

我是非常羡慕这个班的。我觉得，对我们"劳改罪犯"来说，眼前的苦日子，挨打，受骂，忍饥，忍渴，咬一咬牙，就能够过去了。但是，瞻望将来，却不能无动于衷。什么时候是我们的出头之日呢？我眼前好像是一片白茫茫的大海，却没有舟楫，也看不到前面有任何岛屿。我盼望着出现点什么。这种望穿秋水的日子真是度日如年啊！现在出现了特别班，我认为，这正是渡过大海的轻舟。

特别班的学员有一些让人羡煞的特权。他们有权利佩戴领袖像章，他们有权利早请示，晚汇报，等等。在牛棚里，党员是剥夺了交党费的权利的。特别班学员是否有了权利，我不知道。我每次听到从特别班的教室里传出来歌颂领袖的歌声或者语录歌的歌声时，那种悠扬的歌声真使我神往。看到了学员们一些——是否被批准的，我不清楚——奇特的特权，我也是羡慕得要命。比如他们敢在牢房里跷二郎腿，我就不敢。他们走路头抬得似乎高一点了，我也不敢。我真是多么想也能够踏着那一块长木板走到外文楼里面去呀！

后来，不知是由于什么原因，一直到"黑帮大院"解散，特别班的学员也没能真正变成龙跳过了龙门。

（十三）东语系一个印尼语的教员

这一位教员原是从解放前南京东方语专转来的学印尼语的学生，毕业后留校任教。人非常聪明，读书十分勤奋，写出来的学术论文极有水平，是一个不可多得的人才。他留学印尼时，家里经济比较困难，我也曾尽了点绵薄之力。因此我们关系很好。他对我毕恭毕敬。

然而人是会变的。"文化大革命"北大一分派，他加入了掌权的新北大公社。人各有志，这也未可厚非。但是，对我这一个"异教徒"，他却表现出超常的敌意。我被"揪"出来以后，几次在外文楼的审讯，他都参加了，而且吹胡子瞪眼，拍桌子砸板凳，胜过其他一些参加者。看样子是唯恐表现不出自己对"老佛爷"的忠诚来。难道是因为自己曾反苏反共现在故作积极状以洗刷自己吗？我曾多次有过这样的想法。否则，一般的世态炎凉落井下石的解释，还是不够的。

然而政治斗争是不讲情面的。

有一天早晨我走出"黑帮大院"，钦赐低头，正好看到写在马路上的大字标语：

打倒反革命分子某某某！

我大吃一惊。就在不久前，在一次审讯我的小会上，他还是"超积极分子"，革命正气溢满眉宇。怎么一下子变成了"反革命分子"了呢？原来有人揭了他的老底。他在夜间就采用了资本主义的自杀方式，"自绝于人民"了。

对于此事，我一不幸灾，二不乐祸。我只是觉得人生实在太复杂，太可怕而已。

（十四）自暴自弃

在牛棚里已经待了一段时间。自己脑筋越来越糊涂，心情越来越麻木。这个地方，不是地狱，胜似地狱；自己不是饿鬼，胜似饿鬼。如果还有感觉的话，我的自我感觉是：非人非鬼，亦人亦鬼。别人看自己是这样，自己看自己也是这样。不伦不类地而又亦伦亦类地套一个现成的哲学名词：自己已经"异化"了。

过去被认为是人的时候，我自己当然以人待己。我这个人从来不敢狂妄，我是颇有自知之明的。如果按照小孩子的办法把人分为好人和坏人的话，我毫不迟疑地把自己归入"好人"一类。就拿金钱问题来说吧。我一不吝啬，二不拜金。在这方面，我颇有一些"优胜纪略"。十几岁在济南时，有一天到药店去打药。伙计算错了账，多找给我了一块大洋。当时在小孩子眼中，一块大洋是一个巨大的财富。但是我立即退还给他，惹得伙计的脸一下子红了起来。这种心理我以后才懂得。1946 年，我从海外回到祖国，卖了一只金表，寄钱给家里。把剩下的"法币"换成黄金。伙计也算错了账，多给了一两黄金。在当时一两黄金也算是一笔不小的财富，但是我也立即退还给他。在大人物名下，这些都是不足挂齿的小事。然而对一个像我这样平凡的人，也不能说一点意义都没有的。

到了现在，自己一下子变成了鬼。最初还极不舒服，颇想有所反抗。但是久而久之，自己已习以为常。人鬼界限，好坏界限，善恶界限，美丑界限，自己逐渐模糊起来。用一句最恰当的成语，就是"破罐子破摔"。自己已经没有了前途，既然不想自杀，是人是鬼，由它去吧。别人说短论长，也由它去吧。

而且自己也确有实际困难。聂记革委会赐给我和家里两位老太太的"生活费"，我靠它既不能"生"，也不能"活"。就是天天吃窝头就咸菜，也还是不够用的。天天劳动强度大，肚子里又没有油水，总是饥肠辘辘，想找点吃的。我曾几次跟在牢头禁子身后，想讨一点盛酱豆腐罐子里的汤，蘸窝头吃。有一段时间，我被分配到学生宿舍区二十八楼、二十九楼一带去劳动，任务是打扫两派武斗时破坏的房屋，捡地上的砖石。我记得在二十八楼南头的一间大房子里，堆满了杂物，乱七八糟，破破烂烂，什么都有。我忽然发现，在一个破旧的蒸馒头用的笼屉上有几块已经发了霉的干馒头。我简直是如获至宝，拿来装在口袋里，在僻静地方，背着监改的工人，一个人偷偷地吃。什么卫生不卫生，什么有没有细菌，对一个"鬼"来说，这些都是毫无意义的了。

我也学会了说谎。离开大院，出来劳动，肚子饿得不行的时候，就对带队的工人说，自己要到医院里去瞧病。得到允许，就专拣没有人走的小路，像老鼠似的回到家里，吃上两个夹芝麻酱的馒头，狼吞虎咽之后，再去干活，就算瞧了病。这行动有极大的危险性，倘若在路上邂逅监改人员或汇报人员，那结果将是什么，用不着我说了。

有一次我在路上捡到了几张钞票，都是一毛两毛的。我大喜过望，赶快揣在口袋里。以后我便利用只许低头走路的有利条件，看到那些昂首走路的"自由民"绝不会看到的东西，曾捡到过一些钢镚儿。这又是意外的收获。我发现了一条重要的规律：在"黑帮大院"的厕所里，掉在地上的钢镚儿最多。从此别人不愿意进的厕所，反而成了我喜爱的地方了。

上面说的这一些极其猥琐的事情，如果我不说，绝不会有人想到。如果我自己不亲身经历，我也绝不会想到。但是，这些都是事实，应该说是极其丑恶的事实。当时我已经完全失掉了羞恶之心，并没有感到有什么不对。现在回想起来，真是不寒而栗。我从前对一个人堕落的心理过程发生过兴趣，潜意识里似乎有点认为这是天生的。现在拿我自己来现身说法，那种想法是不正确的。

然而谁来负这个责任呢？

（十五）"折磨论"的小结

牛棚生活，千头万绪。我在上面仅仅择其荦荦大者，简略地叙述了一下。我根据"以论带史"的原则,先提出了一个理论:折磨论。最初恐怕有很多怀疑者。现在看了我从非常不同的方面对"黑帮大院"情况的叙述,我想再不会有人怀疑我的理论的正确性了。

　　"革命小将"们的折磨想达到什么目的呢?他们绝不会暴露自己心里的肮脏东西,别人也不便代为答复。冠冕堂皇的说法是"劳动改造"。我在上面已经说过,这种打着劳动的旗号折磨人的办法,只是改造人的身体,而决不会改造人的灵魂。如果还能达到什么目的的话,我的自暴自弃就是一个最好的例证。折磨的结果只能使人堕落,而不能使人升高。

　　这就是我对"折磨论"的小结。

牛棚转移

时令已经进入了冬季，牢房里也装上了炉子，生上了火。虽然配给的煤不多，炉火当然不能很旺。但是，比起外面来，屋子里已经是温暖如春了。

可是劳改的队伍却逐渐缩小了起来。一来二去，剩下的人不多了，就都受命搬到一间大屋子里来。什么原因呢？我不清楚，当然也不敢问。我此时反正已经堕入阿鼻地狱，再升上一级两级，是鬼总是鬼，对我无所谓了。

屋子里显得空荡荡的。大概是因为人少了，连老鼠的胆子也大了起来，大白天里，竟敢到处乱窜。我从家里带回来的一个干馒头首当其冲，被老鼠咬掉了一些。我想赶走它们，它们竟敢瞪着小眼睛，在窗台上跟我玩捉迷藏。也许老鼠们也意识到，屋子里住的不是人，而是"黑帮"。等级不比老鼠高，欺负他们一下，谅他们也不敢奈自己何。

大家虽然不大敢随便说话，不能互通信息，但是正如俗话所说的："没有不透风的墙。"我逐渐知道了，聂记革委会改变了对待"劳改罪犯"的"政策"问题，不再集中，而要实行分散，把各系所处的"罪犯"分回各自的单位。姗姗来迟，东语系也把我们几个"罪犯"捉回系里。我们的"牛棚"转移了，转移到外文楼去。

　　前些日子，"特别班"还在外文楼时，我是多么希望能进外文楼来呀！现在果然进来了，却是依然故我。我们几个"罪犯"被分配住在二楼北面的缅甸语教研室里，都在地上搭地铺。靠窗子有一张大桌子，我们的牢头禁子睡在上面，居高临下，监督我们。他外号叫"小炉匠"，大概是姓卢的青年学生。最使我吃惊的是，"我们"又增加了新人，是"黑帮大院"中没有见过的。他们也是"罪犯"吗？我心里纳闷儿。反正现在是同我们一锅煮了，彼此相安无事。

　　在这里，生活比较平静了。不像在"黑帮大院"里那样，时时刻刻都要把神经绷得紧紧的，把耳朵伸得长长的，唯恐牢头禁子喊自己的名字时答应晚了，招致灾难。现在牢头禁子就高踞在同一间小屋的桌子上，用不着把神经弄得那样紧张了。

　　但是，日子也并不好过，也不可能好过。我仍然是"劳改罪犯"。这楼上有许多办公室，大多是各专业的教研室。在我被"打倒"以前，我当了二十年的系主任，这些办公室我都是熟悉的。周围的气氛当然是非常好的。我是这里的主人。而今时移世迁，我一"跳"（自己跳出来也）而成为阶下囚了。"流水落花春去也，天上人间。"我当"反革命"已经有一年多了。我并不是留恋当年的"威风"，我深知自己已被"打倒在地"，永无翻身之日了。我只求苟延残喘而已。

现在，在整个大楼里，我只有三个地方能进：一是牢房，二是厕所，三是审讯我的屋子，最后这一项是并不固定的。至于第二项则是"黑帮"同"白帮"（"革命者"）共同享用的，因为"黑帮"虽然是鬼，也总得大小便呀。——真鬼大概是不大小便的，待查。

此外，这里也颇有令人难堪之处。"黑""白"杂居，抬头不见低头见。中国是礼仪之邦，见了面，总得说点什么。可我们又缺少英美人见面说的 good morning！ how do you do？或者单纯一声 hello！现在习用的"早安"之类，是地道的舶来品。我们过去常用的："你吃了饭了吗？"是举国通用的问候语，我想缩为"国候"。现在，在外文楼，见到了以前很熟很熟的人，舶来品不敢用，"国候"也不敢用。只有低头，望望然而去之。"白帮"怎么想？我不得而知。似我"黑帮"却实在觉得非常别扭。有时"白人"在某一间屋子里，讨论什么问题，逸兴遄飞，欢笑之声中溢满了"革命气"，在楼道里往复回荡。这革命气却一点也没有熏到我身上。我们现在是"谈笑之声能闻，而老死不相往来"。"能闻"者，能听到也，这是别人的声音，我们是不能有声音的。我们都像影子似的活动着，影子是没有声音的。

但是，这里也并不缺少新闻，缺少有刺激性的东西。这新闻并不是哪一个人告诉我的，现在没有人敢干、肯干这种事。

这是我自己从楼道中喊喊喳喳的声音中听出来的。最重要的一条新闻是关于我在上面提到过的那一位蒙古语女教员的。原来东语系"罪犯"中只有她一个女性。在"黑帮大院"时有女囚牢。到了外文楼以后，女囚牢没有了，又不能同我辈男士一起睡在地铺上。所以就把她关在另外一间屋子里。据我的推测，管理她的大概是一个学朝鲜语的女学生和一个系图书室女管理员。后者姓叶，大名暂缺。此人是一个女光棍似的人物，泼辣，粗暴，最擅长惹是生非，兴风作浪。她所在的图书室是东语系小沙龙，谣言由此处产生，小道消息在这里集散。"文革"一分派，她就成了聂记公社在东语系的女干将，大概也属于那一种"老子铁了心，誓死保聂孙"类型的人物。有一次是她到我家来，大声叱骂，押解着我到外文楼去接受批斗。女牢头禁子押解男"犯人"，在北大恐怕是罕见的新鲜事儿。这样一个人物，对唯一的女囚绝对不会放过。在一天夜里，她和其他几个人对这位女囚大肆审讯，殴打。这位女囚是不是像在"黑帮大院"里那样被折磨得眼圈发青，我没有看见，不敢瞎说。我听到这个消息以后，心里没有引起什么波动，我的神经现在已经完全麻木了。

可是我却万万没有想到，第二条引起人们震动的新闻竟然出在我身上。

到了外文楼以后，我没有再挨揍。大概我天生就是一个不识抬举的家伙，一个有着花岗岩脑袋瓜死不改悔的家伙。虽然经过了炼狱的锻炼，我并没有低头认罪。有一天，解放军派来"支左"的常驻东语系的一个大概是营长的军官，大名叫赵良山（此人后来听说已经故去），把我叫到他的办公室里，问我一个问题。我当时心里非常火，非常失望。我想，解放军水平总应该是高的，现在看来也不尽然。我粗声粗气地说道："我的全部日记已经都被抄来了。一定会放在外文楼某一间屋子里。你派一个人去查一查那一天的日记。最多只用五分钟，问题就可以全部弄明白了。"万没有想到，这一下子又捅了马蜂窝。他勃然变色，说我态度极端恶劣。他现在是太上皇。我哪里还敢吭气儿呢？

晚饭以后，回到牢房。原先反聂的一位女教员，率领着几个人，手里拿着红红绿绿的大标语，把小屋墙上贴满。原来一片白色，非常单调寡味。现在增添了大红大绿，顿觉斗室生光，一片勃勃的生机。标语内容，没有什么创新，仍然是"季羡林要翻天，就打倒他！""坦白从宽，抗拒从严！""只许规规矩矩，不许乱说乱动！"等等，等等。"司空见惯浑无事"，这些东西已经对于我的神经不能产生任何作用了。我夜里照睡不误，等候着暴风雨的来临。

果然，"革命家"们第二天就开始行动了。首先由东语系的"红卫兵"——现在恐怕是两派的都有了——押解着我，走向东语系学生住的四十楼。我自己又像一个被发配的囚犯，俯首帖耳，只能看到地上，跟跄前进。旧剧中，囚犯是允许抬头的。我这个新社会的囚犯却没有这个特权。既来之则安之，由它去吧。

我原来并不知道把我押向何方。走近四十楼，凭我的本能，我恍然大悟。此时隐隐约约地看到楼外贴满了大字报和大标语，内容不外是那一套。我猜想——因为我不能看——不过是"打倒老保翻天的季羡林!"“坦白从宽,抗拒从严!"此外再加上造谣、诬蔑、人身攻击。从震耳欲聋的口号声中,听到的也不过是那些东西。我顿时明白了:我现在成了"翻天"的代表人物。

我被卡住脖子,拧住胳臂,推推搡搡,押进楼去,先走过一楼楼道。楼道本来很狭,现在又挤满了学生。我耳朵里听的是口号,头上,身上,挨的是拳头。我一个人也看不到,仿佛腾云驾雾一般,我飞上了二楼。同在一楼一样,从楼道这一头,走(按语法来讲,应该是被动式)到那一头。仍然是震天的口号声。在嘈杂混乱中,我又走(同前)上了三楼。在这里也没有什么新花样,心里颇有点不满足,觉得太单调,不够味。"仪式"完了以后,我又被押解着回到了外文楼。

后来听说,这叫作"楼内游斗"。这是不是东语系学生的发明创造?如果是的话,将来有朝一日编写《"无产阶级文化大革命史"》时,应该着重提上一笔,说不定还要另立专章的。至于我自己,我是经过了大风大浪的人。身体上,精神上,都没有受到什么痛苦,只觉得有点"好玩"而已。

事情当然不能就这样结束。看来那位赵营长下定了决心,连夜召开会议,制订了斗争方案。第二天,刚吃过早饭,立即有学生来找我,到一间教研室里去批斗。这次准我抬头了,看到的是一个教研室的成员,加上个别的学生。我已摆好了架子坐喷气式。然而有人却推给我一把椅子。我大惊失色,我现在已经成了法门寺的贾桂了。在这样的情况下,你想这个批斗会,还能批出什么,又斗出什么呢?我觉得十分平淡寡味。我于是把两个耳朵都关闭了起来，"任凭风浪打，稳坐钓鱼船"。朦胧中，听到一声："把季羡林押出去！"我知道，这一出戏算是结束了。

　　我正准备回自己的牢房，又有人来把我拉到另一个教研室去，"行礼如仪"。然后是第三个教研室，第四个教研室。我没有记录，也无法统计。估计是每一个教研室都批斗一次。东语系十几个教研室，共批斗了十几次。接着来的是学生。我不知道，东语系学生共有多少个班。每班批斗一次（也许有的班是联合批斗），我记不清楚，加起来，总有二十来次。以每次批斗一个小时计算，共有三十来个小时。我看有的班"偷工减料"，质量大有问题。实际上怕用不了这样多的时间。反正在三四天以内，我比出去"走穴"的人还要忙。这个班刚批完，下一个班接着干。每天批斗八九场，只给我留出了吃饭的时间。可谓紧张之至了。

　　对我产生了什么结果呢？除了感觉到有点儿疲倦之外，"虱子多了不痒"，我"被批斗的积极性"反而调动起来了。我爱上了这种批斗。我觉得非常开心。你那里"义正词严"，我这里关上耳朵，镇定养神，我反而是"以逸待劳"了。

　　世间事真是复杂的。我以"态度恶劣"始，又以"态度恶劣"终。第一个"恶劣"救了我的命，第二个"恶劣"养了我的神。当时的真假革命家们，大概是万万想不到的吧。

半解放

什么叫"半解放"呢？没有什么科学的定义，只是我个人的感觉而已。

集中批斗之后，时令已经走过了 1968 年，进入了 1969 年。在这一年的旧历元旦前，系革委会突然通知我，可以回家了。送我（这次恐怕不好再说"押解"了）回家的，就是上面提到的那一个"小炉匠"。此时我家的那一间大房间久已被封了门。全家挤住在一间九平方米的小屋里。据家里两位老太太告诉我，其间曾有一个学生拿着抄走了的房门钥匙，带着一个女人，在那间被查封了的大屋子里，鬼混了相当长一段时间，睡在我的床上，用我们的煤气做饭。他们威胁两位老太太说："不许声扬！否则将有极其严重的后果。"现在"小炉匠"就拿着那一把钥匙，开了门，让我睡在里面。我离开自己的床已经有八九个月了。

我此时在高兴之中又满怀忧虑。我头上还顶着一摞帽子，自己的前途仍然渺茫。每月只能拿到那一点钱，吃饭也不够。我记得后来增加了点钱，数目和时间都想不起来了。外来的压力还是有的。有一天我无意中听到楼下一个家属委员会的什么"连长"的老头子（他自己据说是国民党的兵痞）高声昭告全楼："季羡林放回来了。大家都要注意他呀！"这大概是"上面"打的招呼。我听了没有吃惊，这种事情对我可以说是习以为常了。但是，心里仍然难免有点别扭，知道自己被判"群众监督"了。我仿佛成了瘟神或艾滋病的患者，没有人敢接触了。

即使没有人告诉我，毋宁说是提醒我这种情况，我这人已经有点反常。走路抬头，仍不习惯。进商店买东西，像是一个白痴，不知道说什么好。我不敢叫售货员"同志"，我怎么敢是他们的"同志"呢？不叫"同志"又叫什么呢？叫"小姐"，称"先生"，实有所不妥。什么都不叫，更有所不安。结果是口嗫嚅而欲言，足越趄而不前，一副六神无主、四体失灵的狼狈相，我自己都觉得十分难堪。我已经成了一个老年痴呆症的患者了。

过了没有多久，我被指令到四十楼去参加"学习"。我第一次从家里走向四十楼的时候，正是千里冰封，万里雪飘的时候。这一段路相当长，总有三四里路；走快了，也得用半小时。我走出门去，走了一段路，立即避开大路，从湖中的冰上走过去。我忽然想到古人"如临深渊，如履薄冰"的说法，这只是形象的比喻，可我今天的处境不正是这个样子吗？我不知道将来会发生什么事情。我现在已经很不习惯同人打交道。我到了四十楼，见了革命小将，是不是还要高喊"报告！"呢？是不是还要低头垂手站在他们面前呢？这都是非常现实的问题。我得不到答复，走起路来，就磨磨蹭蹭。

我越走越慢，好不容易才走到四十楼。我见景生情，思绪万端。前不久我还在这里被"楼中游斗"，曾几何时，我又回到这里来了。这回是以什么身份？我说不清。"丑媳妇怕见公婆的面"，怕也不行。我一鼓勇气，进去报了到。幸而没有口号的喊声，没有手打脚踹，而是不冷不热的待遇。我心头一块石头落了地，被分派了小组，组员都是学印地语的学生。从此以后，我就以一个莫名其妙的身份，参加了他们的学习和活动。原来东语系的"棚友"都被召唤到那里。可是待遇却不知为什么显然不同了。有的被分配打扫楼道。有一个印地语教员被无端扣上了地主的帽子，被分配打扫厕所。我原来是有思想准备来干最脏最累的活。然而竟然没有，实出我的意外了。

同革命群众在一起，我还非常不习惯，有点拘谨，有点不舒服。我现在是人是鬼，还没有定性。游离于人鬼之间，不知何以自处。学生们是青年人，活泼爱动。学习休息时，他们就吹拉弹唱。有一个同学擅长拉二胡，我非常欣赏，但又不敢忘形。年轻人说说笑笑，打打闹闹，我则待坐一旁，宛然泥塑木雕。自己也觉得气氛很不协调。

但是，在相对平静的生活中，也不是没有一些波澜。我回忆所及，首先就是党费问题。我上面已经谈过，在"黑帮大院"中，交党费是犯忌讳的。我当时自己不能领每月的生活费，都是我的年迈的婶母代劳。她每月到外文楼东语系办公室去领全家三

进入了1969年，在这一年的旧历元旦前，革革委会突然通知我，可以回家了。送我（我没想到不许再说"押解"了）回家的，就是上面提到的那一个小炉匠。此时我家的一间大房间已被封了门，全家挤住在一间九平米的小房里。坊家里两位老太太告诉我，大间曾有一个学生拿着抄走了的房门钥匙，带着一个女人，在那间被查封了的大屋子里，鬼混了相当一段时间，睡在我的床上，用我们的煤气做饭。他们威胁两位老太太说："不许声张！否则将有极其严重的后果"。现在小炉匠又拿着那一把钥匙，开了门，让我睡在里面。我离开自己的家已经有八九个月了。

我此时在高兴之中又满怀忧虑。我头上还顶着一摞帽子，自己的前途仍然渺茫。每月只能拿到那一点钱，吃饭也不够。我记得后来增加了点钱，数目和时间都已记不起来了。经济的压力还是有的。有一天我无意中听到楼下一个永佣无头实发的什么"连长"的某女士（她自己标榜是闻一多的关系）高声喝令全楼："季羡林放回来了，大家都要注意他！"这大概是上面打的招呼。我听了没有吭声。这种事情对我可以说是习以为常了。但是，心里仍然难免有点别扭，知道自己被判了群众监督了。我仿佛成了稿中戒备森严的走兽，没有人敢接近了。

《牛棚杂忆·半解放》手稿（一）

即使没有人告诉我，毋宁说是提醒，我这种情况，我这人也总有点夸耀。走路�，还不习惯。进而了采车面，像是一个囚犯，不知道这什么样。我不敢叫售货员为"同志"，我是怎敢同他们的同志呢？不叫"同志"又叫什么呢？叫小姐称先生，实有所不妥，什么都不叫，更有所不妥。结果是口吻傻地欲言，还是趁我面前，一副神天主，四体失是的狼狈相，我自己都觉得十分难堪。我已结成了一个老马瘫痪的患者了。

过了没有多久，我被指令到四十楼去学习。我第一次从家里走向四十楼的时候，正是千里冰封，万里雪飘的时候。这一段路相当长，总有三四里路；走快了，也得用手小时。我走出门去，走了一段路，立即离开大路，从湖中的冰上走过去。我忽然想到古人如临深渊，如履薄冰的诗句，这只是形像的比喻，可我今天的处境不正是这个样子吗？我不知道将来会发生什么事情。我现在已经很不习惯同人打交道。我到了四十楼，见了单与小涂，我不想迎着高喊：报告！吃？还是不还走低头走进站在他们面前呢？这都是我要现实的问题。我得不到答复，走起此来，忐忑忑踌躇。

我越走越慢，好不容易才走到四十楼。我见景生情，心绪万端，高不久我还在这里批稿

《牛棚杂忆·半解放》手稿（二）

口人四十多元的生活费。作为"黑帮"的家属，她没少听到闲话。特别是井冈山"黑帮"的家属，更会直接或间接受到奚落。老人没有办法，只有忍气吞声。在这个情况下，她居然还怕自己的孩子丢掉党票，仍然按月交纳党费。东语系不知道哪一位党组织干部居然敢收下，而没有向"黑帮大院"通报。否则我一定会多挨上一顿打。我至今感激不尽。我婶母还告诉我，一位姓袁的老同志，不但对她没有奚落，而且，还偷偷地小声对她说："把钱收好！走路要小心！"她老人家每次谈到这种雪地冰天中的一星温暖，也总是感激不尽。

但是，到了四十楼以后，应该我自己交党费了。我这种非人非鬼的处境，却使我不敢厚着脸皮去交党费。此时党组织好像已经不再活动。我也不知道向谁交。如此就耽误了一些时间。系里的领导找我谈话，问我"为什么不按时交党费？"我十分坦诚地告诉他："等到支部决定开除我出党的时候，我一定会把所有拖欠的党费一文不少地交上，然后离开。"由此可见，我认为，留在党内已经完全不可能了。

除了党费问题，我在四十楼颇有一些小小的无关大局的感慨。这一座楼对我来说实在是太太熟悉了。我在东语系，截至1966年，已经当了二十年的系主任。东语系的男学生在四十楼也住了极长的时间了。我必然要经常到这里来的。我在这里走过阳关大道，也走过独木小桥。我受到过热烈的欢迎，也遭受过无情的凌辱。我不想发那些什么"世态炎凉，人情如纸"一类的牢骚。因为世态自古以来就是这样。不这样的人与事，只能算是例外。因此这种事情已经不值得再发牢骚了。

但是，我在感情上是异常脆弱的。我不能成为英雄，我有自知之明。我从来也不想成为英雄。英雄是用特种材料造成的，而我实非其俦。我是一个极其平凡的人，小小的个人悲欢，经常来打扰我。何况"十年浩劫"绝非小事，我在其中的遭受，也绝非小事。以我这个脆弱的心灵来承受这空前的灾难，来承受这一件极大极大的事，其艰难程度完全可以想见了。到了四十楼以后，我的处境应该说是已经有所改变。但是前途仍然笼罩在一片迷雾之中。触景生情，心里就难免有所波动了。

远的不必讲了。专就"文化大革命"开始以来的两年多来说，四十楼就能唤起我很多不同的回忆，激起我很多不同的感慨。1966 年 6 月我从南口村回校，看到批判我的《春满燕园》的大字报，鼻子里不由自主地哼了一声，是在四十楼。我被勒令交出"黑钱"三千元，又被拒绝接受，是在四十楼。亲眼看到"文革"初期批斗东语系"走资派"，口号之声惊天动地，我自己也颇想"对号入座"，是在四十楼。自己顶撞了"支左"的解放军军官而被判处"楼内游斗"，是在四十楼。

啊，四十楼！我本不愿意想但又不能不想的四十楼！

我现在又到你里面来了，第二次滥竽"革命群众"之中。

我的恢复组织生活

时序推移，不知经过了多长的时间，北京大学恢复党组织生活的工作已经要结束了。剩下的大概还只有两三个人了，我是其中之一。写一个榜的话，我不是孙山，就是还在孙山之下，俗话说"名落孙山"了。

忽然有一天，东语系的党组织找我谈话，我知道，这一下轮到我了。我此时早已调离了那个门房，参加印地语教研室的活动。系领导一个解放军的军官和总支书记告诉我，领导上决定不但发给我整个的工资，而且以前扣发的工资全部补给。我当然非常感动。我决意把补发的工资全部作为党费上缴给国家。东语系的一个非常正派的同志先递给我了一千五百元。我立即原封不动地交给了系总支。这位同志告诉我，还有四五千元以后给我。

我现在已经记不清楚，是否开过支部大会讨论我的恢复组织生活的问题。突然有一天，系里军宣队的头儿和系总支书记找我。总支书记问我："你考虑过没有，自己的问题究竟何在？"我愕然不知所对。要说思想问题，我有不少的毛病。要说政治问题，我没有参加过国民党和任何反动组织，我只能说没有。但是，我一时很窘，半天没有说话。那个解放军颇为机灵，连忙用话岔开。结束了这一场不愉快的谈话。不久，总支的宣委或组委一个由中文系调来的干部来找我，告诉我，支部决议：恢复我的组织生活，但给我留党察看二年的处分。我勃然大怒。由于我反对了那位一度统治北大的"女皇"，我被诬陷，被迫害，被关押，被批斗，几乎把一条老命葬送上，临了仍然给扣上了莫须有的罪名。世界上可还有公道可讲！世界上可还有正义可说！这样的组织难道还不令人寒心！这位干部看到了我的表情，他脸上一下子也严肃起来："我们总支再讨论一下，行不行？"他说。说老实话，我已经失望到了极点。我盼星星，盼月亮，盼着东方出太阳。太阳出来了，却是这样一个太阳。我不想再在这个问题上伤脑筋了，够了，够了，已经足够了。如果我在支部后面签上"同意"二字，那是绝对办不到的。如果我签上"不同意"三字，还有不知多少麻烦要找。我想来想去，告诉那位干部："不必再开会了！"我提笔签上了"基本同意"四个字。我着重告诉他说："你明白，'基本'二字是什么意思！"继而又一想："我戴着留党察看二年的帽子，我有什么资格把补发的工资上缴给国家呢？"结果预备上缴的那四五千块钱，我就自己留下。

我恢复组织生活的故事结束了。

我算不算是"完全解放"了呢？

"完全解放"这一节我只能写到这里了。

我的"文化大革命"到此结束了。

耄耋之年

纵浪大化中，不喜亦不惧。
应尽便须尽，无复独多虑。

迎新怀旧

我经常说到，我是幼无大志的人。其实我老也无大志，那种"大丈夫当如是也"的豪言壮语，我觉得，只有不世出的英雄才能说出。但是，历史的记载是否可靠，我也怀疑。刘邦和朱元璋等地痞流氓，一无所有，从而一无所惧，运气好，成了皇上。一批帮闲的书生极尽拍马之能事，连这一批流氓的并不漂亮的长相也成了神奇的东西，在这些书生笔下猛吹不已。他们年轻时未必有这样的豪言壮语，书生也臆造出来，以达到吹拍的目的。

这话扯远了，还是谈我自己吧。我的"无大志"表现在各个方面，在年龄方面也有表现。我的父母都只活四十岁多一点儿。我自己想，我决超过父母的，能活到五十岁，我就应该满足了。记得大概是在20世纪50年代，我四十多岁的时候，忽发奇想，想到我能否看到一个新世纪。我计算了一下，我必须

厚德載物

季羡林
丁亥友

季羡林先生题写的"厚德载物"

活到八十九岁，才能做到。八十九岁，对当时的我来说，简直是一个天文数字，古今中外的文人，有几个能活到这个岁数的？这简直像是蓬莱三山，烟波渺茫，可望而不可即。

然而曾几何时，知命之年，倏尔而逝；耳顺之年，也没有留下什么痕迹，在古稀之年也没能让我有古稀的感觉。物换星移，岁月流逝，我却懵懵然，木木然，没有一点儿感觉，"高堂明镜悲白发"，我很少揽镜自照，头发变白，自己是感觉不到的。只有在校园中偶尔遇到一位熟人，几年不见，发已半白，我心里蓦地震颤了一下。被人称呼，从"老季"变成了"季老"，最初觉得有点儿刺耳。此外则一切平平常常，平平常常。弹指一瞬间，自己竟然活到了八十九岁，迎接了新世纪和新千年，当年认为无法想象的，绝对办不到的，当年的蓬莱三山，"今朝都到眼前来"了。岂不大可喜哉！然而又岂不大可惊哉！

记得有两句诗："凡所难求皆绝好，及能如愿便平常。"我现在深深地认识到这朴素语言中蕴含的真理。我现在确实如愿了。但是心情平常到连平常的感觉都没有了。早晨太阳从东方升起，到了晚上，仍然会在西方落下。环顾我的房间，依然是插架盈室，书籍盈架。窗台上的那几盆花草依然绿叶葳蕤，春意盎然。窗外是严冬。荷塘里只剩下了残荷的枯枝，在寒风中抖动。冰下水中鱼儿们是在游泳，还是在睡眠，我不得而知。埋在淤泥中的莲藕是在蔓延，还是在冬眠，我也不得而知。荷花如果能做梦的话，我想，它们会梦到春天，坚冰融化，春水溶溶，它们又能长出尖尖的角，笑傲春风了。

荷花是不会知道什么 20 世纪 21 世纪的。大千世界的一切动植物都不知道。它们仅仅知道日和夜以及季节的变换这些自然界的现象。只有天之骄子人类才有本领耍出一些新花样，自己耍出来以后，自己又顶礼膜拜，深信不疑。神仙皇帝就属于这一类，世纪和千年也属于这一类。就拿 20 世纪的世纪末来说，明明是人类自己制造出来的东西，却似乎有了无限的神力。多少年来，世界各国不知有多少聪明睿智之士，大谈他们自己制造出来的世纪末问题，又是总结 20 世纪的经验教训，又是侈谈 21 世纪的这个那个，喧呶纷争，煞是热闹；人各自是其是而非他人之是。一时文坛、学坛，还有什么坛，议论蜂起，杀声震天。倘若在高天上某一个地方真有一位造物主的话，他下视人寰，看到一群小动物角斗，恐怕会莞尔而笑吧。

我自己不比任何人聪明，我也参加到这一系列的纷争里来了。我谈的主要是文化问题，20 世纪和 21 世纪东西文化的关系问题。我认为，20 世纪是全部人类历史上发展最快的一个世纪。在这个世纪以前西方发生的产业革命大大地解放了生产力，二百多年内，给人类创造了巨大的财富和福利，全世界人民皆受其惠。但这只是事情的一个方面。另一个方面则是并不美好的，由于西方人以"征服自然"为鹄的，对大自然诛求无餍，结果遭到了大自然的报复和惩罚，产生了许多弊端和祸害。这些弊端和灾害彰彰在人耳目，用不着我再来细数。现在世界上几乎所有的政府和人民团体都在高呼"环保"，又是宣传，又是开会，一时甚嚣尘上。奇怪的是，竟无一人提到环保问题产生的根源。

为什么欧洲的中世纪和中国的汉唐时代，从来没有什么环保问题呢？这情况难道还不值得人们深思吗？

我自己把环保问题同20世纪和21世纪挂上了钩，同东西文化挂上了钩。同时我又常常举一个民间流传的近视眼猜匾的笑话，说21世纪这一块匾还没有挂出来，我们现在乱猜匾上的大字，无疑都是近视眼。能吹嘘看到了匾上的字的人，是狡猾者，是事前向主事人打听好了的。但是这种狡猾行动，对匾是可以的，对21世纪则是行不通的。难道谁有能耐到上帝那里去打听吗？我主张在21世纪东方天人合一的思想——这是东方文化的精华——能帮助人们解决环保问题。我似乎已经看到了还没有挂出来的匾上的字。不是我从上帝那里打听来的，是我根据自己的观察和思考得出来的，我是我自己的上帝。

20世纪最后一天的夜里，我猛然醒来，开灯一看，时针正指十二点，不差一分钟。我心里一愣：我现在已是21世纪的人了。未多介意，关灯又睡。早晨7点，乘车到中华世纪坛去，同另外九个科学界闻人，代表学术界十个分支，另外配上十个儿童，共同撞新铸成的世纪钟王二十一响，象征科学繁荣。钟声深沉洪亮，在北京上空回荡。这时，我的心蓦地一阵颤动，"二十一世纪"五个大字沉重地压在我的心头，真正感觉"往事越千年"，我自己昨天还是20世纪的"世纪老人"，而今一转瞬间，我已成为21世纪的"新人"。

在这关键的时刻，我过去很多年热心议论的一些问题，什么东西方文化，什么环保，什么天人合一，什么分析的思维模式和综合的思维模式，等等，都从我心中隐去。过去侈谈 21 世纪，等到 21 世纪真正来了眼前，心中却是一个大空虚。中国古书上那个叶公好龙的故事是很有启发意义的。

然而，我心中也并不是完全的真正的空虚，我想到了我自己。进入新世纪，我确确实实是八十九岁了。这是古今中外都艳羡的一个年龄，我竟于无意中得之，不亦快哉！连我这个少无大志、老也无大志的人都不得不感到踌躇满志了。但是，我脑海里立即出现了一个问题：活大年纪究竟是好事呢？还是坏事？这问题还真不易答复。爱活着，是人之常情，连中国老百姓都说："好死不如赖活着。"我焉能例外！但是，活得太久了，人事纷纭，应对劳神。人世间的一些魑魅魍魉的现象，看多了也让人心烦。德国大诗人歌德晚年渴望休息（ruhen）的名诗，正表现了这种心情。我有时候也真想休息了。

中国古代诗文中有不少鼓励老年人的话，比如"老骥伏枥，志在千里。烈士暮年，壮心不已"。又如"天意怜幽草，人间重晚晴"。又如"余霞尚满天"。等等。读起来也颇让老人振奋。但是，仔细于字里行间推敲一下，便不难发现，这些诗句实际上是为老人打气的，给老人以安慰的，信以为真，便会上当。

那么，老年人就全该死了吗？也不是的。人老了，识多见广，正反两面的经验教训都非常丰富，这些东西对我们国家还是有用处的，只要不倚老卖老，不倚老吃老，人类社会还是需要老人的。佛经里面有一个《弃老国缘》的故事，说的就是这一番道理。在现在的中国，在 21 世纪的中国，活着无疑还是一种乐事。我常常说：人们吃饭为了活着，但活着不是为了吃饭。这是我的最根本的信条之一。我也身体力行。进入 21 世纪的我仍然是黎明即起，兀兀穷年，不求有惊人之举，但求无愧于心，无愧于吃下去的饭。

在北京大学校内，老教授有一大批。比我更老的人，还有十几位。如果在往八宝山去的路上按年龄顺序排一个队的话，我绝不在前几名。我曾说过，我决不会在这个队伍中抢先加塞，我决心鱼贯而前，轮到我的时候，我说不定还会溜号躲开，从后面挤进比我年轻的队伍中。

多少年来，我成了陶渊明的信徒。他写有一首诗：

纵浪大化中，

不喜亦不惧。

应尽便须尽，

无复独多虑。

我感到，对生死之事，我确实没有多虑。关键在一个"应"字。这个"应"字由谁来掌管，由谁来决定呢？我不能知道，反正不由我自己来决定。既然不由我自己来决定，那么——由它去吧。

九十述怀

　　杜甫诗："人生七十古来稀。"对旧社会来说，这是完全正确的，因为它符合实际情况。但是，到了今天，老百姓却创造了三句顺口溜："七十小弟弟，八十多来兮，九十不稀奇。"这也是完全正确的，因为它符合实际情况。

　　但是，对我来说，却另有一番纠葛。我行年九十矣，是不是感到不稀奇呢？答案是：不是，又是。不是者，我没有感到不稀奇，而是感到稀奇，非常地稀奇。我曾在很多地方都说过，我在任何方面都是一个没有雄心壮志的人，我不会说大话，不敢说大话，在年龄方面也一样。我哪里知道，仿佛一转瞬间，我竟活过了从心所欲不逾矩之年，又进入了耄耋的境界，要向期颐进军了。这样一来，我能不感到稀奇吗？

　　但是，为什么又感到不稀奇呢？从我九十岁时的身体情况来看，除了眼睛和耳朵有点不算太大的问题和腿脚不太灵便外，自我感觉还是良好的，写一篇一两千字的文章，倚马可待。待人接物，应对进退，还是"难得糊涂"的。这一切都同以前，没有什么两样。我不但发已全白（有人告诉我，又有黑发长出），而且秃了顶。这一切也都是事实，可惜我不是电影明星，一年照不了两次镜子，那一切我都不视不见。在潜意识中，自己还以为是"朝如青丝"哩。对我这样无知无识、麻木不仁的人，连上帝也没有办法。在这样的情况下，我怎么能会不感到不稀奇呢？

但是，我自己又觉得，我这种精神状态之所以能够产生，不是没有根据的。我国现行的退休制度，教授年龄是六十岁到

季羡林先生与咪咪二世

七十岁。可是，就我个人而论，在学术研究上，我的冲刺起点是在八十岁以后。开了几十年的会，经过了不知道多少次政治运动，做过不知道多少次自我检查，也不知道多少次对别人进行批判，最后又经历了"十年浩劫"，"对酒当歌，人生几何？"我自己的一生就是这样白白地消磨过去了。如果不是造化小儿对我垂青，制止了我实行自己年龄计划的话，在我八十岁以前（这也算是高寿了）就"遽归道山"，我留给子孙后代的东西恐怕是不会多的。不多也不一定就是坏事。留下一些不痛不痒、灾祸梨枣的所谓著述，对任何人都没有好处。但是，对我自己来说，恐怕就要"另案处理"了。

在从八十岁到九十岁这个十年内，在我冲刺开始以后，颇有一些值得纪念的甜蜜的回忆。在撰写我一生最长的一部长达八十万字的著作《糖史》的过程中，颇有一些情节值得回忆，值得玩味。在长达两年的时间内，我每天跑一趟大图书馆，风雨无阻，寒暑无碍。燕园风光旖旎，四时景物不同。春天姹紫嫣红，夏天荷香盈塘，秋天红染霜叶，冬天六出蔽空。称之为人间仙境，也不为过。然而，在这两年中，我几乎天天都在这样瑰丽的风光中行走。可是我都视而不见，甚至不视不见。未名湖的涟漪，博雅塔的倒影，被外人视为奇观的胜景，也未能逃过我的漠然，懵然，无动于衷。我心中想到的只是大图书馆中的盈室满架的图书，鼻子里闻到的只有那里的书香。

《糖史》的写作完成以后，我又把阵地从大图书馆移到家中来，运筹于斗室之中，决战于几张桌子之上。我研究的对象变成了吐火罗文 A 方言的《弥勒会见记剧本》。这也不是一颗容易咬的核桃，非用上全力不行。最大的困难在于缺乏资料，而且多是国外的资料。没有办法，只有时不时地向海外求援。现在虽然号称为信息时代，可是我要的消息多是刁钻古怪的东西，一时难以搜寻，我只有耐着性子恭候。舞笔弄墨的朋友，大概都能体会到，当一篇文章正在进行写作时，忽然断了电，你心中真如火烧油浇，然而却毫无办法，只盼喜从天降了，只能听天由命了。此时燕园旖旎的风光，对于我似有似无，心里想到的、切盼的只有海外的来信。如此又熬了一年多，《弥勒会见记剧本》英译本终于在德国出版了。

两部著作完了以后，我平生大愿算是告一段落。痛定思痛，蓦地想到了，自己已是望九之年了。这样的岁数，古今中外的读书人能达到的只有极少数，我自己竟能置身其中，岂不大可喜哉！

我想停下来休息片刻，以利再战。这时就想到，我还有一个家。在一般人心目中，家是停泊休息的最好的港湾。我的家怎样呢？直白地说，我的家就我一个孤家寡人，我就是家，我一个人吃饱了，全家不害饿。这样一来，我应该感觉很孤独了吧？然而并不。我的家庭“成员”实际上并不止我一个“人”。我还有四只极为活泼可爱的、一转眼就偷吃东西的、从我家乡山东临清带来的白色波斯猫，眼睛一黄一蓝。它们一点礼节都没有，一点规矩都不懂，时不时地爬上我的脖子，为所欲为，大胆放肆。有一只还专在我的裤腿上撒尿。这一切我不但不介意，而且顾而乐之，让猫们的自由主义恶性发展。

　　我的家庭"成员"还不止这样多，我还养了两只山大小校友张衡送给我的乌龟。乌龟这玩意儿，现在名声不算太好，但在古代却是长寿的象征。有些人的名字中也使用"龟"字，唐代就有李龟年、陆龟蒙等。龟们的智商大概低于猫们，它们绝不会从水中爬出来爬上我的肩头。但是，龟们也自有龟之乐，当我向它喂食时，它们伸出了脖子，一口吞下一粒，它们显然是愉快的。可惜我遇不到惠施，他不会同我争辩，我何以知道龟之乐。

　　我的家庭"成员"还没有到此为止，我还饲养了五只大甲鱼。甲鱼，在一般老百姓嘴里叫"王八"，是一个十分不光彩的名称，人们讳言之。然而我却堂而皇之地养在大瓷缸内，一视同仁，毫无歧视之心。是不是我神经出了毛病？用不着请医生去检查，我神经十分正常。我认为，甲鱼同其他动物一样有生存的权利。称之为王八，是人类对它的诬蔑，是向它头上泼脏水。可惜甲鱼无知，不会向世界最高法庭上去状告人类，还要求赔偿名誉费若干美元，而且要登报声明。我个人觉得，人类在新世纪，新千年中最重要的任务是处理好与大自然的关系。恩格斯已经警告过我们："不能过分陶醉于我们对自然界的胜利。对每一次这样的胜利，自然界都报复了我们。"一百多年来的历史事实，日益证明了恩格斯警告之正确与准确。在新世纪中，人类首先必须改恶向善，改掉乱吃其他动物的恶习。人类必须遵守宋代大儒张载的话："民吾同胞，物吾与也。"把甲鱼也看成是自己的伙伴，把大自然看成是自己的朋友，而不是征服的对象。这样一来，人类庶几能有美妙光辉的前途。至于对我自己，也许有人认为我是《世说新语》中的人物，放诞不经。如果真是的话，那就，那就——由它去吧。

再继续谈我的家和我自己。

我在"十年浩劫"中，自己跳出来反对那位倒行逆施的"老佛爷"，被打倒在地，被戴上了无数顶莫须有的帽子，天天被打，被骂。最初也只觉得滑稽可笑。但"谎言说上一千遍，就变成了真理"，最后连我自己都怀疑起来了："此身合是坏人未？泪眼迷离问苍天。"其实我并没有那么坏；但在许多人眼中，我已经成了一个"不可接触者"。

然而，世事多变，人间正道。不知道是怎么一来，我竟转身一变成了一个"极可接触者"。我常以知了自比。知了的幼虫最初藏在地下，黄昏时爬上树干，天一明就蜕掉了旧壳，长出了翅膀，长鸣高枝，成了极富诗意的虫类，引得诗人"倚杖柴门外，临风听暮蝉"了。我现在就是一只长鸣高枝的蝉，名声四被，头上的桂冠比"文革"中头上戴的高帽子还要高出多多，有时候我自己都觉得脸红。其实我自己深知，我并没有那么好。然而，我这样发自肺腑的话，别人是不会相信的。这样一来，我虽孤家寡人，其实家里每天都是热闹非凡的。有一位多年的老同事，天天到我家里来"打工"，处理我的杂务，照顾我的生活，最重要的事情是给我读报，读信，因为我眼睛不好。还有就是同不断打电话来或者亲自登门来的自称是我的"崇拜者"

的人们打交道。学校领导因为觉得我年纪已大，不能再招待那么多的来访者，在我门上贴出了通告，想制约一下来访者的袭来，但用处不大，许多客人都视而不见，照样敲门不误。有少数人竟在门外荷塘边上等上几个钟头。除了来访者打电话者外，还有扛着沉重的摄像机而来的电视台的导演和记者，以及每天都收到的数量颇大的信件和刊物。有一些年轻的大、中学生，把我看成了有求必应的土地爷，或者能预言先知的"季铁嘴"，向我请求这请求那，向我倾诉对自己父母都不肯透露的心中的苦闷。这些都要我那位"打工"的老同事来处理，我那位打工者此时就成了拦驾大使，想尽花样，费尽唇舌，说服那些想来采访，想来拍电视的好心和热心又诚心的朋友们，请他们少安毋躁。这是极为繁重而困难的工作，我能深切体会。其忙碌困难的情况，我是能理解的。

最让我高兴的是，我结交了不少新朋友。他们都是著名的书法家、画家、诗人、作家、教授。我们彼此之间，除了真挚的感情和友谊之外，绝无所求于对方。我是相信缘分的，"有缘千里来相会，无缘对面不相识"，缘分是说不明道不白的东西，但又确实存在。我相信，我同朋友之间就是有缘分的。我们一见如故，无话不谈。没见面时，总惦记着见面的时间，既见面则如鱼得水，心旷神怡；分手后又是朝思暮想，忆念难忘。对我来说，他们不是亲属，胜似亲属。有人说："人生得一知己足矣。"我得到的却不只是一个知己，而是一群知己。有人说我活得非常滋润。此情此景，岂是"滋润"二字可以了得！

我是一个呆板保守的人，秉性固执。几十年养成的习惯，我决不改变。一身卡其布的中山装，国内外不变，季节变化不变，别人认为是老顽固，我则自称是"博物馆的人物"，以示"抵抗"，后发制人。生活习惯也决不改变。四五十年来养成了早起的习惯，每天早晨四点半起床，前后差不了五分钟。古人说"黎明即起"，对我来说，这话夏天是适合的；冬天则是在黎明之前几个小时，我就起来了。我五点吃早点，可以说是先天下之早点而早点。吃完立即工作。我的工作主要是爬格子。几十年来，我已经爬出了上千万的字。这些东西都值得爬吗？我认为是值得的。我爬出的东西不见得都是精金粹玉，都是甘露醍醐，吃了能让人升天成仙。但是其中决绝有毒药，绝没有假冒伪劣，读了以后至少能让人获得点儿享受，能让人爱国、爱乡、爱人类、爱自然、爱儿童，爱一切美好的东西。总之一句话，能让人在精神境界中有所收益。我常常自己警告说：人的一生是短暂的，决不能白白把生命浪费掉。如果我有一天工作没有什么收获，晚上躺在床上就疚愧难安，认为是慢性自杀。爬格子有没有名利思想呢？坦白地说，过去是有的。可是到了今天，名利对我都没有什么用处了，我之所以仍然爬，是出于惯性，其他冠冕堂皇的话，我说不出。"爬格不知老已至，名利于我如浮云"，或可能道出我的心情。

　　你想到过死没有呢？我仿佛听到有人在问。好，这话正问到节骨眼儿上。是的，我想到过死，过去也曾想到死，现在想得更多而已。在"十年浩劫"中，在1967年，一个千钧一发般的小插曲使我避免了走上"自绝于人民"的道路。从那以后，我认为，我已经死过一次，多活一天，都是赚的，到现在已经三十多年了，我真赚了个满堂满贯，真成为一个特殊的大富翁了。但人总是要死的，在这方面，谁也没有特权，没有豁免权。虽然常言道："黄泉路上无老少"，但是，老年人毕竟有优先权。燕园是一个出老寿星的宝地。我虽年届九旬，但按照年龄顺序排队，我仍落在十几名之后。

既然已经死过一次，多少年来，我总以为自己已经参悟了人生。我常拿前面提到的陶渊明的四句诗当作座右铭。我逐渐发现，我自己并没能完全做到。常常想到死，就是一个证明，我有时幻想，自己为什么不能像朋友送给我摆在桌上的奇石那样，自己没有生命，但也绝不会有死呢？我有时候也幻想：能不能让造物主勒住时间前进的步伐，让太阳和月亮永远明亮，地球上一切生物都停住不动，不老呢？哪怕是停上十年八年呢？大家千万不要误会，认为我怕死怕得要命。绝不是那样。我早就认识到，永远变动，永不停息，是宇宙根本规律，要求不变是荒唐的。万物方生方死，是至理名言。江文通《恨赋》中说："自古皆有死，莫不饮恨而吞声。"那是没有见地的庸人之举，我虽庸陋，水平还不会那样低。即使我做不到热烈欢迎大限之来临，我也决不会饮恨吞声。

但是，人类是心中充满了矛盾的动物，其他动物没有思想，也就不会有这样多的矛盾。我忝列人类的一分子，心里面的矛盾总是免不了的。我现在是一方面眷恋人生，一方面却又觉得，自己活得实在太辛苦了,我想休息一下了。我向往庄子的话:"大块载我以形,劳我以生。"大家千万不要误会,以为我就要自杀。自杀那玩意儿我决不会再干了。在别人眼中,我现在活得真是非常非常惬意了。不虞之誉,纷至沓来;求全之毁,几乎绝迹。我所到之处,见到的只有笑脸,感到的只有温暖。时时如坐春风,处处如沐春雨,人生至此,实在是真应该满足了。然而,实际情况却并不完全是这样惬意。古人说:"不如意事常八九。"这话对我现在来说也是适用的。我时不时地总会碰到一些令人不愉快的事情,让自己的心情半天难以平静。即使在春风得意中,我也有自己的苦恼。我明明是一头瘦骨嶙峋的老牛,却有时被认成是日产鲜奶千磅的硕大的肥牛。已经挤出了奶水五百磅,还求索不止,认为我打了埋伏,其中情味,实难以为外人道也。这逼得我不能不想到休息。

我现在不时地想到,自己活得太长了,快到一个世纪了。九十多年前,山东临清县一个既穷又小的官庄出生了一个野小子,竟走出了官庄,走出了临清,走到了济南,走到了北京,走到了德国;后来又走遍了几个大洲,几十个国家。如果把我的足迹画成一条长线的话,这条长线能绕地球几周。我看到过埃及的金字塔,看到过两河流域的古文化遗址,看到过印度的泰姬陵,看到过非洲的撒哈拉大沙漠,以及国内外的许多名山大川。我曾住过总统府之类的豪华宾馆,会见过许多总统、总理一级的人物,在流俗人的眼中,真可谓极风光之能事了。然而,我走过的漫长的道路并不总是铺着玫瑰花的,有时也荆棘丛生。

我经过山重水复，也经过柳暗花明；走过阳关大道，也走过独木小桥。我曾到阎王爷那里去报到，没有被接纳。终于曲曲折折，颠颠簸簸，坎坎坷坷，磕磕碰碰，走到了今天。窗外已是寒冬。荷塘里在夏天接天映日的荷花，只剩下干枯的残叶在寒风中摇曳。玉兰花也只留下光秃秃的枝干在那里苦撑。但是，我知道，我仿佛看到荷花蜷曲在冰下淤泥里做着春天的梦；玉兰花则在枝头梦着"春意闹"。它们都在活着，只是暂时地休息，养精蓄锐。

我自己当然也在活着。可是我活得太久了，活得太累了，我也真想休息一下了。但是，这是绝对不可能的。我就像鲁迅笔下的那一位"过客"那样，我的任务就是向前走，向前走。前方是什么地方呢？老翁看到的是坟墓，小女孩看到的是野百合花。我写《八十述怀》时，看到的是野百合花多于坟墓，今天则倒了一个个儿，坟墓多而野百合花少了。不管怎样，反正我是非走上前去不行的，不管是坟墓，还是野百合花，都不能阻挡我的步伐。冯友兰先生的"何止于米"，我已经越过了米的阶段。下一步就是"相期以茶"了。我觉得，我目前的选择只有眼前这一条路，这一条路并不遥远。等到我写《百岁述怀》的时候，那就离茶不远了。

当时只道是寻常

这是一句非常明白易懂的话，却道出了几乎人人都有的感觉。所谓"当时"者，指人生过去的某一个阶段。处在这个阶段中时，觉得过日子也不过如此，是很寻常的。过了十几二十年或者更长的时间，回头一看，当时实在有不寻常者在。因此有人，特别是老年人，喜欢在回忆中生活。

在中国，这种情况更比较突出，魏晋时代的人喜欢做羲皇上人。这是一种什么心理呢？"鸡犬之声相闻，而老死不相往来"，真就那么好吗？人类最初不会种地，只是采集植物，猎获动物，以此为生。生活是十分艰苦的。这样的生活有什么可向往的呢？

然而，根据我个人的经验，发思古之幽情，几乎是每个人都有的。到了今天，沧海桑田，世界有多少次巨大的变化，人们思古的情绪却依然没变。我举一个具体的例子。十几年前，我重访了我曾待过十年的德国哥廷根。我的老师瓦尔德施密特教授夫妇都还健在，但已今非昔比——房子捐给梵学研究所，汽车也已卖掉。他们只有一个独生子，二战中阵亡。此时老夫妇二人孤零零地住在一座十分豪华的养老院里。院里设备十分齐全，游泳池、网球场等一应俱全。但是，这些设备对七八十岁八九十岁的老人有什么用处呢？让老人们触目惊心的是，每隔一段时间就有某一个房号空了出来，主人见上帝去了。这对老人们的刺激之大是不言而喻的。我的来临大出教授的意料，他简直有点喜不自胜的意味。夫人摆出了当年我在哥廷根时常吃的点心。教授仿佛返老还童，回到了当年去了。他笑着说："让我们好好地过一过当年过的日子，说一说当年常说的话！"我含着眼泪离开了教授夫妇，嘴里说着连自己都不相信的话："过几年，我还会来看你们的。"

我的德国老师不会懂"当时只道是寻常"的隐含意蕴，但是古今中外人士所共有的这种怀旧追忆的情绪却是有的。这种情绪通过我上面描述的情况完全流露出来了。

仔细分析起来，"当时"是很不相同的。国王有国王的"当时"，有钱人有有钱人的"当时"，平头老百姓有平头老百姓的"当时"。在李煜眼中，"当时"是"车如流水马如龙，花月正春风"游上林苑的"当时"。对此，他没有别的办法，只有哀叹"天上人间"了。

我不想对这个概念再进行过多的分析。本来是明明白白的一点真理，过多的分析反而会使它迷离模糊起来。我现在想对自己提出一个怪问题：你对我们的现在，也就是眼前这个现在，感觉到是寻常呢，还是不寻常？这个"现在"，若干年后也会成为"当时"的。到了那时候，我们会不会说"当时只道是寻常"呢？现在无法预言。现在我住在医院中，享受极高的待遇。应该说，没有什么不满足的地方。但是，倘若扪心自问："你认为是寻常呢，还是不寻常？"我真有点说不出。也许只有到了若干年后，我才能说："当时只道是寻常。"

季羡林先生与他的爱猫

九十五岁初度

到我九十五岁生日时，我想到一副常见的对联的上联是："天增岁月人增寿。"我又增了一年寿。庄子说：万物方生方死。从这个观点上来看，我又死了一年，向死亡接近了一年。

不管怎么说，从表面上来看，我反正是增长了一岁。

在增寿的过程中，自己在领悟、理解等方面有没有进步呢？

仔细算，还是有的。去年还有一点儿叹时光之流逝的哀感，今年则完全没有了。这种哀感在人们中是最常见的，然而也是最愚蠢的。"人间正道是沧桑。"时光流逝，是万古不易之理。人类，以及一切生物，是毫无办法的。夫"天地者，万物之逆旅；光阴者，百代之过客"。对于这种现象，最好的办法是听之任之，用不着什么哀叹。

我现在集中精力考虑的一个问题是：如何避免"当时只道是寻常"的这种尴尬情况。"当时"是指过去的某一个时间。"现在"过一些时候也会成为"当时"的。这样一来，我们就会永远有这样的哀叹。我认为，我们必须从事实上，也可以说是从理论上考察和理解这个问题。有两个问题，第一个是如何生活，第二个是如何回忆生活。

如何生活？

一般人的生活，几乎普遍有一个现象，就是倥偬。用习惯的说法就是匆匆忙忙。五四运动以后，我在济南读到了俞平伯先生的一篇文章。文中引用了他夫人的话："从今以后，我们要仔仔细细过日子了。"言外之意就是嫌眼前日子过得不够仔细，也许就是日子过得太匆匆的意思。怎样才叫仔仔细细呢？俞先生夫妇都没有解释，至今还是个谜。我现在不揣冒昧，加以解释。所谓仔仔细细就是：多一些典雅，少一些粗暴；多一些温柔，少一些莽撞。总之，多一些人性，少一些兽性；如此而已。

至于如何回忆生活，首先必须指出：这是古今中外一个常见的现象。一个人，不管活得多长多短，一生中总难免有什么难以忘怀的事情。这倒不一定都是喜庆的事情，比如洞房花烛夜，金榜题名时之类。这固然使人终生难忘。反过来，像夜走麦城这样的事，如果关羽能够活下来，他也不会忘记的。

总之，我认为，回想一些"俱往矣"之类的事情，总会有点儿好处。回想喜庆的事情，能使人增加生活的情趣，提高向前进的勇气。回忆倒霉的事情，能使人引以为鉴，不致再蹈覆辙。

我还必须谈一个无论如何也绕不过去的问题：死亡问题。我已经活了九十多年，无论如何也必须承认这是高龄。但是，在另一方面，它离开死亡也不会太远了。

一谈到死亡，没有人不厌恶的。我虽然还不知道，死亡究竟是什么样子，我也并不喜欢它。

写到这里，我想加上一段非无意义的闲话。对于寿命的态度，东西方是颇不相同的。中国人重寿，自古已然。汉瓦当文延年益寿，可见汉代的情况。人名李龟年之类，也表示了长寿的愿望。从长寿再进一步，就是长生不老。李义山诗："嫦娥应悔窃灵药，碧海青天夜夜心。"灵药当即不死之药。这也是一些人，包括几个所谓英主在内，所追求的境界。汉武帝就是一个狂热的长生不老的追求者。精明如唐太宗者，竟也为了追求长生不老而服食玉石散之类的矿物，结果是中毒而死。

上述情况，在西方是找不到的。没有哪一个西方的皇帝或国王会追求长生不老。他们认为，这是无稽之谈，不屑一顾。

我虽然是中国人，是长期在中国传统文化熏陶下成长起来的，但是，在寿与长生不老的问题上，我却倾向西方的看法。中国民间传说中有不少长生不老的故事，这些东西浸入正规文学中，带来了不少的逸趣，但始终成不了正果。换句话说，就是，中国人并不看重这些东西。

中国人是讲求实际的民族。人一生中，实际的东西是不少的。其中最突出的一个东西就是死亡。人们都厌恶它，但是却无能为力。

一个九十多岁的老人，若不想到死亡，那才是天下之怪事。我认为，重要的事情，不是想到死亡，而是怎样理解死亡。世界上，包括人类在内，林林总总，生物上千上万。生物的关键就在于生，死亡是生的对立面，是生的大敌。既然是大敌，为什么不铲除之而后快呢？铲除不了的。有生必有死，是人类进化的规律，是一切生物的规律，是谁也违背不了的。

对像死亡这样的谁也违背不了的灾难，最有用的办法是先承认它，不去同它对着干，然后整理自己的思想感情。我多年以来就有一个座右铭："纵浪大化中，不喜亦不惧。应尽便须尽，无复独多虑。"这是陶渊明的一首诗。"该死就去死，不必多嘀咕。"多么干脆利落！我目前的思想感情也还没有超过这个阶段。江文通《恨赋》最后一句话是："自古皆有死，莫不饮恨而吞声。"我相信，在我上面说的那些话的指引下，我一不饮恨，二不吞声。我只是顺其自然，随遇而安。

我也不信什么轮回转世。我不相信，人们肉体中还有一个灵魂。在人们的躯体还没有解体的时候灵魂起什么作用，自古以来，就没有人说得清楚。我想相信，也不可能。

对我九十多的高龄有什么想法？我既不高兴，也不厌恶。这本来是无意中得来的东西，应该让它发挥作用。比如说，我一辈子舞笔弄墨，现在为什么不能利用我这一支笔杆子来鼓吹升平，增强和谐呢？现在我们的国家是政通人和、海晏河清，可以歌颂的东西真是太多太多了。歌颂这些美好的事物，九十多年是不够的。因此，我希望活下去。岂止于此，相期以茶。

我不能封笔

旧日的学者，活到了一定的年龄，觉得自己精力不济了，写作有困难了，于是就宣布封笔。封笔者，把笔封起来，不再写作之谓也。

到了什么年龄，封笔最恰当？各个人、各个时代都不同。大抵时代越近，封笔越晚。这与人们寿命的长短有关。唐代的韩愈到了五十岁，就哀叹而发苍苍，而视茫茫，而齿牙摇动。看样子已经到了该封笔的时候了。

我脑筋里还残留着许多旧东西，封笔就是其中之一。我现在虽然真正到了耄耋之年，但是，我自己曾在脑袋中做过一次体检，结果是非常完满。小毛病有点儿，大毛病没有。岂止于米，相期以茶，对我来说，绝不是一句空话。在这样的情况下，封笔的想法竟然还在脑筋里蠢蠢欲动，岂不是笑话！

我不能封笔！

有 容 乃 大
天 人 合 一

季羡林
以 川月
乙酉

季羡林先生题写的"有容乃大　天人合一"

再环顾一下我们的生活环境。从全世界来看，中国的崛起已成定局，谁也阻挡不住。十几年前，我就根据我了解的那一点儿地缘政治的知识，大胆地做了一个预言：21 世纪是中国的世纪。虽然遭到了不少人的反对，我却坚持如故，而且信心日增，证据日多。

总之，从全世界形势来看，对中国来说是一个伟大的时代。

我怎么能封笔？

再从我们身边的生活来看，也会看到空前未有的情况。我们的行政领导人是完全可以信赖的。我们真可以说是政通人和、海晏河清。

我不能封笔。

像我这样的老知识分子，差不多就是文不如司书生，武不如救火兵。手中可以耍的只有一支笔杆子。我舞笔弄墨已有七十多年的历史了，虽然不能说一点儿东西也没有舞弄出来，但毕竟不能算多。我现在自认还有力量舞弄下去。我怎能放弃这个机会呢？

我不能封笔。

这就是我的结论。

后记 我写我

我写我，真是一个绝妙的题目；但是，我的文章却不一定妙，甚至很不妙。

每一个人都有一个"我"，二者亲密无间，因为实际上是一个东西。按理说，人对自己的"我"应该是十分了解的；然而，事实上却不尽然。依我看，大部分人是不了解自己的，都是自视过高的。这在人类历史上竟成了一个哲学上的大问题。否则古希腊哲人发出狮子吼："要认识你自己！"岂不成了一句空话吗？

我认为，我是认识自己的，换句话说，是有点自知之明的。我经常像鲁迅先生说的那样剖析自己。然而结果并不美妙，我剖析得有点过了头，我的自知之明过了头，有时候真感到自己一无是处。

这表现在什么地方呢？

拿写文章做一个例子。专就学术文章而言，我并不认为"文章是自己的好"。我真正满意的学术论文并不多。反而别人的学术文章，包括一些青年后辈的文章在内，我觉得是好的。为什么会出现这种心情呢？我还没得到答案。

再谈文学作品。在中学时候，虽然小伙伴们曾赠我一个"诗人"的绰号，实际上我没有认真写过诗。至于散文，则是写的，而且已经写了六十多年，加起来也有七八十万字了。然而自己真正满意的也屈指可数。在另一方面，别人的散文就真正觉得好的也十分有限。这又是什么原因呢？我也还没得到答案。

在品行的好坏方面，我有自己的看法。什么叫好？什么又叫坏？我不通伦理学，没有深邃的理论，我只能讲几句大白话。我认为，只替自己着想，只考虑个人利益，就是坏。反之，能替别人着想，考虑别人的利益，就是好。为自己着想和为别人着想，后者能超过一半，他就是好人；低于一半，则是不好的人；低得过多，则是坏人。

拿这个尺度来衡量一下自己，我只能承认自己是一个好人。我尽管有不少的私心杂念，但是总起来看，我考虑别人的利益还是多于一半的。至于说真话与说谎，这当然也是衡量品行的一个标准。我说过不少谎话，因为非此则不能生存。但是我还是敢于讲真话的。我的真话总是大大地超过谎话。因此我是一个好人。

我这样一个自命为好人的人，生活情趣怎样呢？我是一个感情充沛的人，也是兴趣不老少的人。然而事实上生活了八十年以后，到头来自己都感到自己枯燥乏味，干干巴巴，好像是一棵枯树，只有树干和树枝，而没有一朵鲜花，一片绿叶。自己搞的所谓学问，别人称之为"天书"。自己写的一些专门的学术著作，别人视之为神秘。年届耄耋，过去也曾有过一些幻想，想在生活方面改弦更张，减少一点枯燥，增添一点滋润，在枯枝粗干上开出一点鲜花，长上一点绿叶；然而直到今天，仍然是忙忙碌碌，有时候整天连轴转，"为他人作嫁衣裳"，而且退休无日，路穷有期，可叹亦复可笑！

我这一生，同别人差不多，阳关大道，独木小桥，都走过跨过。坎坎坷坷，弯弯曲曲，一路走了过来。我不能不承认，我运气不错，所得到的成功，所获得的虚名，都有点名不副实。在另一方面，我的倒霉也有非常人所可得者。在那骇人听闻的所谓什么"大革命"中，因为敢于仗义执言，几乎把老命赔上。皮肉之苦也是永世难忘的。

现在，我的人生之旅快到终点了。我常常回忆 80 年来的历程，感慨万端。我曾问过自己一个问题：如果真有那么一个造物主，要加恩于我，让我下一辈子还转生为人，我是不是还走今生走的这一条路？经过了一些思虑，我的回答是：还要走这一条路。但是有一个附带条件：让我的脸皮厚一点，让我的心黑一点，让我考虑自己的利益多一点，让我自知之明少一点。

1992 年 11 月 16 日